On n'est jamais mieux soigné
que par soi-même

*La liste des ouvrages du même auteur
figure en fin de volume.*

Dr Frédéric Saldmann

On n'est jamais mieux soigné que par soi-même

PLON
www.plon.fr

© Éditions Plon, un département de Place des Éditeurs, 2020
92, avenue de France
75013 Paris
Tél. : 01 44 16 09 00
Fax : 01 44 16 09 01
www.plon.fr
www.lisez.com

Mise en pages : Nord Compo (Villeneuve-d'Ascq)
Dépôt légal : janvier 2020
ISBN : 978-2-259-27768-6

Le Code de la propriété intellectuelle interdit les copies ou reproductions destinées à une utilisation collective. Toute représentation ou reproduction intégrale ou partielle faite par quelque procédé que ce soit, sans le consentement de l'auteur ou de ses ayants cause, est illicite et constitue une contrefaçon sanctionnée par les articles L. 335-2 et suivants du Code de la propriété intellectuelle.

Scannez avec l'appli LISEZ la couverture de ce livre
pour visionner une vidéo exclusive du Dr Frédéric Saldmann
à destination de ses lecteurs.

1. Téléchargez l'appli gratuite LISEZ sur votre téléphone.
2. Scannez la couverture de cet ouvrage.
3. Écoutez le Dr Frédéric Saldmann vous présenter *On n'est jamais mieux soigné que par soi-même* et vous prodiguer ses premiers conseils !

Recommandations

Les conseils proposés dans ce livre ne remplacent en rien une consultation chez votre médecin ou avec un spécialiste. Car je ne prétends en aucun cas me substituer à un avis médical, et votre docteur s'avère le seul apte à délivrer un diagnostic et un traitement adéquats, quel que soit votre état. Notez d'ailleurs le numéro des urgences : 112. Notez aussi qu'aucune des données et aucun des produits mentionnés dans cet ouvrage ne sont destinés à déceler, traiter, atténuer ou guérir une maladie, mais à accroître votre information. Ceux qui souhaitent en savoir plus trouveront à la fin du livre les références des études scientifiques évoquées, correspondant aux conseils proposés. Quelques-unes ayant été réalisées sur des quantités restreintes de populations, elles demanderaient à être complétées par des travaux de plus grande envergure ; d'autres n'ont, pour l'instant, été conduites que chez l'animal – mais il faut garder à l'esprit que les effets des médicaments sont d'abord étudiés chez la souris avant de l'être chez l'homme – et que toutes ces études ouvrent des portes et des pistes de réflexion utiles. Dans la mesure où il n'y a aucun risque à appliquer les conseils issus de ces diverses recherches, vous pouvez donc les tester afin de vous faire votre propre opinion. Car une vérité demeure : la personne la plus à même de savoir ce que vous ressentez, c'est vous ! Avec ce livre et les travaux qu'il évoque, forgez votre conviction pour déterminer ce qui vous fait du bien : vous y trouverez le meilleur de votre santé.

Prologue

Et si vous deveniez votre propre médecin ? Et si – oui, vous avez bien lu – celui à appeler au premier rhume, au moindre mal de ventre, à la plus petite douleur, c'était vous-même ? Imaginez : 24 heures sur 24, un docteur personnel serait à votre disposition, interviendrait sans délai et veillerait sur votre santé comme au lait sur le feu. Quoi de plus rassurant, merveilleux, réjouissant même ?

Vous sauriez vous dépanner, tel le meilleur des garagistes ; n'auriez plus besoin d'attendre les secours car le SOS c'est vous qui l'auriez déclenché et y auriez répondu. La crainte, la peur de souffrir – ou pire – qui angoissent et rendent malade disparaîtraient, car vous maîtriseriez la situation. Et vous entreriez de plain-pied dans le champ prometteur et sécurisant de la médecine interactive personnelle.

Voilà la proposition alléchante – et surprenante, je l'avoue – que je fais dans ce livre. Pour la première fois, c'est à vous que l'on va confier le pilotage de la santé. D'une manière on ne peut plus simple : en vous apprenant à utiliser les multiples outils qui permettent de réussir. Je m'engage, ici, à délivrer tout ce que j'ai appris d'essentiel durant mes études, puis ma carrière de médecin. Au terme de cet ouvrage, vous pourrez analyser chaque symptôme en connaissance de cause et vous aurez, ensuite, les bonnes réactions lorsqu'il faudra vous soigner.

Dès lors, c'est le médecin qui est en vous qui apportera la solution : vous saurez ce qui vous fait du bien ou du mal, vous connaîtrez les aliments protecteurs et ceux qui nuisent, vous aurez acquis les gestes sains à adopter et les comportements à éviter. Vous maîtriserez votre poids car vous aurez en tête tous les moyens et méthodes aidant à maintenir la balance sur le chiffre idéal. Vous développerez les réflexes adaptés au stress, gérerez bien votre sommeil, aurez une hygiène parfaite pour vous protéger des infections. Au moindre problème relatif à la sexualité, la solution surgira sans attendre, simple et évidente. Votre cerveau sera entretenu comme une Formule 1, et vos programmes d'activité physique de véritables chefs-d'œuvre ! Enfin, vous saurez freiner le vieillissement et entretenir les hormones du bonheur et du bien-être.

À la lecture de ces promesses, à coup sûr enthousiasme mais aussi inquiétude grandissent en vous. Car comment acquérir ces vastes connaissances en un temps raisonnable ? Les études de médecine durent en moyenne huit ans, et si un enseignement aussi varié est prodigué dans ce livre, ne faudrait-il pas plusieurs tomes !

Rassurez-vous, nous allons procéder autrement.

Sachez d'abord que, pendant leurs études, les apprentis médecins passent beaucoup de temps sur des matières qu'ils n'utiliseront quasiment jamais, comme les mathématiques, la physique, la chimie, la biochimie, la biophysique, l'histologie… À moins d'en faire leur spécialité, ils oublient vite ces cours. Bonne nouvelle : vous, vous en serez dispensé. Et j'irai plus loin : je vais ôter du « programme » tout ce que j'ai appris et qui ne m'a jamais servi, ainsi que l'évocation des maladies rarissimes que l'on ne rencontre presque jamais dans une carrière.

Bref, je dévoilerai uniquement ce dont vous avez réellement besoin pour être en bonne santé.

Si je vous sens tenté de me suivre, quelques réticences persistent probablement. Vous avez peur que soit ennuyeuse une

Prologue

telle somme d'informations délivrée d'un bloc ? Vous pourriez avoir raison. Or mon objectif, avec ce livre, est d'ouvrir, de créer, d'installer un échange actif entre nous. Si vous le lisiez passivement et oubliiez tout dès le lendemain, à mes yeux ce serait un échec. En revanche, si cet ouvrage améliorait ne serait-ce qu'un aspect de votre vie, alors je serais le plus heureux des hommes. Et comme je suis sûr qu'ensemble nous y arriverons…

Pour que mes enseignements soient efficaces, j'ai conçu l'ouvrage que vous tenez en main comme un jeu. Et pour cause : grâce à la zone du cerveau appelée système limbique, outil de mémoire solide fonctionnant sur le mode émotion/mémorisation, on ne retient bien quelque chose que si cela a créé en nous une émotion. D'où mon parti pris : l'amusement – parfois même la légèreté –, pour exposer mon propos. C'est alors en souriant, voire en riant, à tout le moins en étant étonné que vous découvrirez certains passages et mémoriserez sans difficulté les outils aidant à améliorer le bien-être et la santé, instruments aussi précis que fiables.

Dès lors, vous pouvez entamer votre lecture en plongeant dans le thème que vous souhaitez, en débutant par celui qui vous tient le plus à cœur par exemple. N'hésitez pas à bousculer l'ordre des chapitres, ils sont conçus pour être lus indépendamment les uns des autres. Cet ouvrage ressemble en fait à la vie : on peut y rebattre les cartes n'importe quand. Pas de menu imposé : au contraire, choisissez, à la carte, ce que vous préférez et savourez le sentiment d'être le premier à marcher dans un nouvel espace.

Afin de vous former au mieux, j'ai décidé aussi de ne pas me limiter à la médecine standard, telle que nous la pratiquons en Europe. Je vous emmènerai donc en voyage autour de la planète afin de rencontrer les médecines du monde. Vous me suivrez en Inde, auprès de médecins aux pieds nus qui disposent uniquement de moyens naturels pour protéger leurs patients des maladies et les guérir ; vous viendrez avec moi en Sardaigne visiter des populations ayant découvert, en suivant leur seul instinct, l'art de vivre centenaires. Car tous ont beaucoup à nous apprendre.

Ensemble, nous voyagerons aussi dans le temps. En partant à la recherche des mystères de la santé, 1 300 ans avant J.-C., sur les traces des codes cachés derrière les dix commandements, commandements qui, décryptés, feront apparaître de nouveaux messages, créant un lien puissant et fondateur entre spiritualité et santé. Une autre voie s'ouvrira : celle permettant d'atteindre des territoires qui vous semblaient jusqu'alors inaccessibles chaque matin en vous réveillant mais qui, en donnant du sens à la vie, autoriseront à avoir des passions sans contraintes liées. N'est-elle pas là, la clé du vrai bonheur ?

Avec ce livre, vous prendrez conscience que c'est en créant une intimité quasi totale avec vous-même, que vous vous en occuperez au mieux.

Peut-être ne lirez-vous pas, dans cet ouvrage, ce dont vous avez envie. Mais je suis sûr que vous y trouverez de quoi être en pleine santé. Reste une vérité : à moi de vous confier les clés, certes, mais à vous d'ouvrir les fameuses portes.

Maintenant que les règles sont posées et que vous acceptez mon jeu, partons à la découverte de tous ces secrets qui guérissent et aident à vivre « enfin » en bonne santé.

PREMIÈRE PARTIE

MAIGRIR

La nouvelle zone pondérale

Sujet de préoccupation fort, répandu, majeur, touchant aussi bien les hommes que les femmes, le poids est devenu l'ennemi public numéro un. Mincir, maigrir, perdre des centimètres de tour de taille, des kilos en trop, voir la balance osciller dans le bon sens, beaucoup en rêvent. Les méthodes ne cessent de fleurir, puis se faner, disparaître puis réapparaître, relookées, « remarketées ». Reste que ce sujet ne peut être pris à la légère car, derrière ces grammes qui gênent, ces kilos qui pèsent, peuvent se cacher des souffrances psychologiques, des douleurs physiques et des maladies en embuscade. Or, il existe des gestes, des attitudes qui peuvent grandement alléger notre corps comme notre quotidien. Preuve que, là encore, bien souvent on n'est jamais mieux soigné que par soi-même.

Dans cette première partie, je vais donc vous apprendre à maîtriser ce sujet. Comment ? D'abord, en vous donnant les clefs pour manger correctement, pour acquérir les (bons) réflexes permettant de vous alimenter sans vous mettre en danger. Ensuite, en regardant comment font les autres civilisations, celles qui n'ont pas ce problème. Enfin, en déculpabilisant et en faisant confiance à votre meilleur allié : vous !

Cessez d'être votre propre boulet

Nourrir, c'est soigner. Alors cessons de nous infliger, à cause de mauvais choix, une maltraitance alimentaire. Retrouvons nos véritables besoins, ceux qui empêchent de s'alourdir inutilement, et mettons en place des principes simples et faciles à suivre au quotidien.

*Les règles du bien-manger,
une question de plaisir*

La règle principale à suivre pour perdre du poids n'est pas de diminuer drastiquement le nombre de calories ingurgitées par jour, mais de retrouver la joie de manger.

En premier lieu, décidez de ne plus consommer *que* ce qui vous fait plaisir. Chaque soir, avant de vous endormir, accordez-vous une minute pour penser à ce que vous avez avalé durant la journée, puis visualisez les aliments que vous regrettez d'avoir ingérés et ceux que vous avez appréciés. Quand, dans les prochains jours, ces aliments se représenteront sur une carte ou dans votre assiette, vous saurez faire le tri et refuser ceux qui n'étaient pas essentiels. En appréciant d'autant plus ceux conservés.

Ensuite, sauf contraintes sociales, ne passez plus à table parce que c'est l'heure ou pour faire comme tout le monde : si vous n'avez pas faim, ne mangez pas ! Vous éviterez ainsi de créer ces embouteillages qui font que votre système digestif débordé ne sait plus gérer l'excédent d'aliments. L'être humain ne fonctionne pas comme un lave-vaisselle : il doit éliminer les déchets pour rendre son tube digestif propre avant le repas suivant, donc écoutez, avec bon sens, les signaux de l'organisme.

Méditez aussi sur la nourriture. Le choix de ce que vous absorbez n'est en rien anodin. Quand on mange mal, on encrasse son corps. Quand on savoure sain, on en prend soin. Ce qui est possible à tous les prix, petits compris : les légumes en conserve ou surgelés, très abordables, contiennent parfois autant de minéraux, de fibres, d'oligoéléments et de vitamines que les produits frais. Et parfois plus, puisque la vitamine C, très sensible à la lumière, se détruit vite – sauf en conserve –, les fruits et légumes trop longtemps exposés au jour perdant la précieuse vitamine.

Enfin, bichonnez vos intestins, ne les irritez jamais ; ils ont beaucoup à faire pour absorber, chaque jour, tant d'aliments.

Manger en pleine conscience

Quelques changements dans l'alimentation peuvent générer de gros impacts sur la santé. Il suffit de décider chaque jour de manger pour soi et non contre soi. La difficulté rencontrée tient au fait que notre façon de nous alimenter n'a pas de conséquence irrémédiable immédiate sur la santé, si ce n'est une prise de poids facilement corrigeable. De fait, si nous engloutissons un « taudis calorique » en guise de repas, il n'y aura aucune conséquence notable sur l'organisme à courte échéance. Mais c'est là que le bât blesse : car nous gagne la sensation que rien ne peut nous arriver, que les maladies touchent seulement les autres. Nous nous sentons comme des enfants, à la fois tout-puissants et immortels. Or se nourrir, c'est envoyer des messages au corps, dans le bon comme le mauvais sens. Et certains aliments nous détruisent à petit feu sans que nous en ayons conscience.

Donc, dès maintenant, réfléchissez à ce que vous avalez. Faites le ratio entre la nourriture qui vous procure du plaisir et celle qui vous abîme. Veillez sur votre corps comme sur un temple que l'on ne doit en rien profaner. Construisez votre santé tel un mur destiné à vous défendre des maladies, jour après jour, brique après brique. Les aliments sains en seront le meilleur ciment.

Maigrir, c'est du gâteau !

Si, chez certains, réussir à rester mince au long de l'année sans faire le yo-yo est important pour l'esthétique, c'est d'abord primordial chez tous pour une bonne santé. Car l'excès de poids augmente au fil des ans les risques d'apparition de nombreuses maladies, agissant de façon sournoise.

Suis-je en surpoids ?

Comment savoir si l'on est en surpoids ? C'est important car à partir de cinq points d'IMC (indice de masse corporelle) au-dessus de la normale, le risque de cancer monte en puissance. De quelle manière calcule-t-on son IMC ? Rien de plus simple : il s'agit de diviser votre poids en kilogrammes par sa taille en mètre au carré. Si vous faites 1,60 mètre et pesez 60 kilos, divisez 60 par 1,6 × 1,6, soit 2,56. Votre IMC est alors de 23,4. L'IMC normal se situant entre 18,5 et 24,9, vous n'êtes pas en surpoids.

Afin d'affiner l'évaluation, prenez aussi votre tour de taille abdominale à l'endroit où il est le plus important. Comme les muscles sont plus lourds que la graisse, dans certains cas l'IMC peut paraître élevé alors que la personne est, en fait, un sportif très musclé. Permettez-moi en outre une digression : contrairement à une idée reçue, le poids du squelette entre peu en ligne de compte. Entre le squelette d'un sujet frêle et celui d'une personne grande et robuste, il y a juste un kilo d'écart ! En revanche, le tour de taille importe : à partir de 94 centimètres chez l'homme et 80 centimètres chez la femme, les risques métaboliques sont accrus.

Dès lors, rien qu'en achetant une balance et un mètre de couturière, vous pouvez à la fois mesurer les éventuels dégâts causés par une alimentation déséquilibrée et noter les progrès accomplis chaque mois une fois que vous aurez modifié cette nourriture incohérente.

Quels sont les risques liés à l'obésité ?

Épidémie qui se répand rapidement et qui s'accompagne d'une flambée des cas de diabète de type 2 au niveau mondial, l'obésité est un problème de santé publique planétaire.

Et ses maux sont innombrables. Elle favorise d'abord un état inflammatoire chronique de l'organisme, état qui forme le terreau des cancers (c'est désormais bien connu) touchant le côlon, le rectum, l'œsophage, le foie, le pancréas, le sein, l'utérus et la prostate. Sans compter que trop manger équivaut à une ingestion massive des pesticides contenus dans l'alimentation – le proverbe « C'est la dose qui fait le poison » prend ici toute sa dimension...

Les risques d'infarctus du myocarde et d'accidents vasculaires cérébraux montent aussi en flèche avec l'excès de poids. L'obésité a en outre un effet désastreux sur le cœur et les artères qui irriguent le cerveau. L'athérosclérose qui en découle, c'est-à-dire l'obturation progressive des vaisseaux sanguins, diminue le calibre de ces derniers, conduisant à l'hypertension artérielle et, parfois, à l'obturation totale, ce qui provoque un infarctus ou un AVC. De plus, la surcharge pondérale demande à la pompe cardiaque beaucoup de travail pour alimenter le corps en sang oxygéné, trop même : imaginez une automobile à laquelle on accroche en permanence une énorme remorque à tirer ; à terme, cette surcharge est ultra-mauvaise pour le moteur.

Des travaux récents ont par ailleurs montré que les personnes en surpoids risquaient plus de développer la maladie d'Alzheimer passé les 70 ans.

Enfin, le surpoids occasionne souvent des douleurs articulaires, une gêne pour respirer qui limite les efforts même simples, et une sexualité moins harmonieuse et moins fréquente.

Donc, la prudence s'impose et le fait de prêter attention à ce que l'on avale, en qualité comme en quantité.

Les régimes, un cercle vicieux

Quand je rencontre un ou une patiente qui veut perdre des kilos, je lui demande toujours : « Quel poids faisiez-vous à 18 ans et comment vous sentiez-vous alors ? » La plupart du temps, la personne répond qu'à cette époque elle était plus mince.

Alors pourquoi ne pas essayer de remonter le temps afin de retrouver ce poids d'origine, lorsqu'elle – lorsque vous – vivait bien et heureuse sans kilos superflus ? D'autant que, une fois atteint – je vais vous aider à y parvenir –, vous retrouverez l'énergie et la force de votre jeunesse.

À ce moment précis, le ou la patiente ajoute systématiquement : « J'ai tout essayé et, chaque fois, j'ai regrossi dans les mois qui ont suivi la perte de poids. » Soyons honnêtes : 95 % des régimes échouent à court et moyen terme. Mais si les résultats pour lutter contre l'excès de kilos sont médiocres, c'est d'abord parce que le problème est mal posé. Il n'y a pas de bonne réponse parce qu'une erreur perturbe l'énoncé. Entre nous : qui a envie de se punir toute l'année en mangeant des plats tristes et sans goût ? Décider de se priver des plaisirs de la table à perpétuité sans remise de peine n'est jamais envisageable. Et même contre-productif. Nous savons tous que jouir de ce que l'on mange permet de compenser les contrariétés du quotidien, que la nourriture est une façon de se rassurer, d'avoir un geste bienveillant envers soi-même, de se récompenser ; aussi se punir d'avance est intenable.

Or tous les régimes ont pour point commun de couper les circuits de la récompense au niveau du cerveau, d'où leur échec. Une étude parue en 2019 a montré que le fait de proposer une gratification sous forme d'une somme d'argent à des fumeurs ayant arrêté le tabac donnait d'excellents résultats. Usons des mêmes ressorts avec la nourriture. Les circuits de la récompense étant fondamentaux pour se libérer d'une addiction, qu'elle soit alimentaire ou liée à la cigarette, assécher le carburant de la réussite ne mène nulle part. Personne, à l'exception des masochistes avérés, n'aime souffrir, surtout s'il n'y est pas obligé ; donc vouloir mettre en place des régimes restrictifs au long cours va à contresens de la nature humaine.

Entrons plutôt dans une nouvelle dimension de la prise en charge de la surcharge pondérale et cherchons à atteindre le poids voulu en mangeant pour soi et avec plaisir.

Les nouvelles approches de la perte de poids : l'aliment plaisir

Comment réussir ce que beaucoup considèrent comme la résolution de la quadrature du cercle ?

Deux équipes de chercheurs, l'une aux États-Unis et l'autre en Israël, ont apporté les preuves scientifiques de mon énoncé. Le premier réflexe, lorsque l'on décide de perdre du poids, consiste à supprimer ce que l'on avale avec plaisir, en premier lieu les gâteaux. Et pour cause : les pâtisseries concentrent en un produit tous les interdits connus : gourmandise, sucre, fête, etc. Or si vous décidez de les supprimer pendant un an, par exemple, vous ne pourrez pas déguster celui de votre anniversaire, gâteau qui est un symbole fort puisqu'il s'agit de la matérialisation d'un moment important et le point d'orgue (avec les cadeaux) d'une rencontre conviviale et festive célébrant le partage d'une année de vie supplémentaire. Rien que du plaisir pour se faire du bien. Aussi, ne pas savourer de pâtisserie revient à couper le lien symbolique entre bonheur et alimentation. En décidant d'étudier comment maigrir en mangeant des gâteaux tous les jours, les scientifiques américains et israéliens ont eu le courage d'explorer une zone interdite, et ce pour trouver des solutions innovantes et pertinentes faisant avancer la connaissance de la perte de poids. Et ils en sont arrivés à des constats étonnants.

Un gâteau en entrée !

Dont celui d'introduire chaque jour un aliment « plaisir et interdit ». De quoi bousculer les codes, n'est-ce pas ? En vérité, la question qui se pose immédiatement après ce tabou brisé, c'est : comment réussir à maigrir en ingérant un aliment qui fait grossir ?

Eh bien, une solution iconoclaste existe : prendre un dessert en début de repas ! Parce qu'il enclenche la sécrétion de la glucokinase qui, normalement, est produite en fin de déjeuner ou dîner, parce que la glucokinase aide le foie à faire face aux afflux de sucre en période postprandiale afin de le stocker sous forme de glycogène, parce que cette molécule siffle d'une certaine manière la fin de la partie avant que la fête ne commence, elle a un effet coupe-faim.

On se souvient tous des parents qui, autrefois – et pour certains encore aujourd'hui –, demandaient aux enfants de ne pas grignoter de biscuits avant de passer à table pour ne pas se gâcher l'appétit : eh bien, ils n'avaient pas tort.

Si les études réalisées pour « maigrir en mangeant des gâteaux » n'ont pas intégré le fait de prendre le dessert en début de repas, cette option reste envisageable. Grâce à elle, vous augmenterez l'effet coupe-faim tout en vous faisant plaisir.

Maigrir, c'est du gâteau !

Déculpabilisez !

D'aucuns affirment qu'il faut établir une liste d'aliments interdits lors d'un régime. Or elle ne fait que majorer la frustration et la culpabilité chaque fois que la ligne blanche est franchie. Comme il a été scientifiquement démontré que la culpabilité exerce un effet inverse sur le comportement, entraînant une perte de contrôle, une humeur instable et la montée en puissance des pulsions alimentaires, consommer du gâteau au chocolat alors que le régime l'interdit non seulement n'aide pas mais provoque des sentiments anxieux et parfois dépressifs immédiatement après en avoir avalé une bouchée. Le gourmand qui a « craqué » se dit qu'il n'y arrivera jamais et qu'il a encore échoué, provoquant autodépréciation et mauvaise image de lui. Mieux vaut donc éviter ce piège.

Une étude scientifique réalisée aux États-Unis a suivi des personnes qui voulaient perdre du poids en 3 mois. Les résultats ont montré que les participants ayant consommé des gâteaux au chocolat avec culpabilité avaient moins vu leurs kilos baisser que ceux qui avaient dégusté ces pâtisseries avec plaisir. Nous ne sommes pas des robots, mais des êtres de chair et de sentiments qui évoluent en permanence – aussi ce qui est strict et calculé ne fonctionne pas en nutrition !

D'autant que l'aliment défendu a une fonction paradoxale sur le poids. Par exemple, la pâtisserie augmente le métabolisme, entraînant une hausse de la leptine, l'hormone de la satiété. *A contrario*, quand un sujet se trouve en restriction calorique, la sécrétion de celle-ci chute et le métabolisme se ralentit pour ne pas brûler ses réserves trop vite. On constate donc l'effet inverse à celui envisagé.

Une étude américaine a porté sur 193 obèses qui devaient perdre du poids. Ceux-là ont été séparés en deux groupes mixtes, recevant la même quantité de calories quotidiennes : 1 600 pour les hommes, 1 400 pour les femmes. Le premier groupe avait un petit déjeuner à 300 calories, le second à 600 calories, dont le fameux gâteau chocolaté. Les résultats ont montré dans celui-ci des pertes de kilos bien plus conséquentes que chez ceux imposant une restriction à 300 calories. Les participants « 300 calories au petit déjeuner » subissaient un sentiment de frustration et une absence de satiété trop forts. Et les « sorties de route » à répétition avec pulsions vers des aliments gras et sucrés hypercaloriques s'y sont multipliées.

Des scientifiques de Floride ont poussé plus loin l'expérience, en étudiant l'effet de manger du gâteau au chocolat assis à table normalement ou devant un miroir. Ils sont partis du principe que se regarder dans une glace ne donnait pas seulement des informations sur l'apparence physique mais aussi sur la personnalité, tant avaler quelque chose devant un miroir revient à manger sous le regard d'un autre. Or cet autre, c'est nous-même ! Nous sommes donc exposés à notre propre jugement, froid comme le miroir. Eh bien, se regarder absorber des aliments « défendus » diminuait le goût et le plaisir, ce qui conduisit les participants à en consommer moins. Les sujets qui avalaient une salade de fruits, symbolisant l'aliment sain, n'ont, eux, signalé aucun changement de goût ni diminué leur consommation. Comme quoi...

Du gâteau, oui, mais à la fourchette !

Ces mêmes chercheurs ont constaté que le fait de déguster les desserts avec une fourchette au lieu d'une cuillère faisait prendre de plus petites bouchées et rendait plus aisé le contrôle alimentaire. De leur côté, les utilisateurs de cuillères considéraient le même dessert moins calorique que ceux qui avaient recouru à la fourchette – peut-être du fait de la rapidité de consommation de l'aliment. Comme d'autres scientifiques ont observé que, lorsque des sujets en excès de poids prennent des aliments dits « bons pour eux », ils en consomment trop et voient leur note calorique monter en flèche – des portions généreuses compensant le déficit calorique –, on en déduit que les aliments étiquetés sains participeraient à l'épidémie d'obésité précisément parce qu'ils sont considérés bons pour la santé ! Un cercle vicieux, en somme.

Décider de perdre du poids en mettant tous les jours un gâteau au chocolat à son menu est donc possible. C'est sélectionner l'aliment qui tiendra le rôle de « victime expiatoire » pour la journée. Osez prendre ce dessert en le savourant avec une fourchette devant un miroir sera un exercice très efficace pour vous aider à maîtriser les quantités. C'est ce que j'appelle un dérapage contrôlé. Comme tous les régimes échouent – parce que les gens craquent devant des règles diététiques trop rigoureuses –, là, au moins, vous aurez du bonheur en connaissance de cause.

En activant les hormones du plaisir et en stimulant le métabolisme, la sensation de satiété s'installera dans un contexte d'absence de frustration.

Quel gâteau choisir ?

Deux questions se posent à la suite de cette découverte : quel type de gâteau déguster si vous aimez le chocolat, et que sélectionner comme pâtisserie dans le cas contraire ?

L'idéal est de faire vous-même ce dessert. Cela vous prendra quelques minutes de préparation à l'aide d'une recette ultrasimple et accessible à tous qui, croyez-moi, en vaut la peine.

Le gâteau aux plantes

Voici une recette parfaitement adaptée à une alimentation hypocalorique et équilibrée. Mon secret : utiliser des plantes potagères, excellentes pour la santé. L'ingrédient puissant que je vous invite à découvrir est la rhubarbe, utilisée depuis des siècles en médecine chinoise traditionnelle. Bien cuite, elle a de nombreuses propriétés : très faible en calories (14 calories pour 100 grammes), elle est riche en minéraux, vitamines, possède une teneur en fibres exceptionnelle – ce qui permet une régulation du transit et contribue à lutter contre la constipation. Cette dernière propriété est particulièrement intéressante car, dans les régimes hypocaloriques avec restriction de graisses (huiles comme beurre), le transit est souvent rendu difficile, ce qui peut augmenter les gaz et ballonnements. La rhubarbe contribuerait en outre à faire baisser le cholestérol. Je souligne que la partie comestible est uniquement la tige ; les feuilles doivent toujours être enlevées des préparations car toxiques.

Ma recette de gâteau aux plantes comporte aussi du romarin ou du thym, au choix, qui confèrent un goût délicat à la préparation. En effet, quoi de pire, lors d'une alimentation hypocalorique, que de consommer des aliments inodores et sans saveur ?

Voici donc la recette du gâteau aux plantes, pour 6 personnes :

Mélanger dans un saladier 3 jaunes d'œufs et 2 cuillères à soupe de sirop de coco (à faible indice glycémique) ou d'agave.

Ajouter 2 cuillères à soupe bombées de fécule de pomme de terre ou de maïs.

Bien mélanger.

Faire revenir dans une casserole 250 g de rhubarbe (fraîche ou surgelée) avec une cuillère à soupe de sirop de coco.

Dans la préparation du saladier, ajouter la rhubarbe ainsi que 3 pincées de romarin, de thym ou un peu de citron.

Battre 6 blancs en neige très fermement et incorporer au mélange.

Mettre au four dans un moule préalablement graissé à 180 degrés pendant environ 25 minutes.

Déguster avec une infusion de romarin frais ou de menthe fraîche pour décupler la sensation de bien-être et d'apaisement.

Maigrir, c'est du gâteau !

Une part de ce gâteau représente seulement 90 calories et génère une délicieuse sensation de satiété grâce à la texture très aérienne et à la présence de fibres en quantité importante.

Un conseil supplémentaire : pour le manger, isolez-vous, choisissez un endroit calme et prenez le temps de savourer en paix cet aliment plaisir. Vous ne ressentirez ainsi aucune frustration mais, au contraire, un sentiment de plénitude heureuse.

Le gâteau coupe-faim au chocolat

Voici une seconde recette, pour ceux qui aiment le chocolat ; un gâteau au chocolat coupe-faim qui ne demande que 10 minutes de préparation, 30 minutes de cuisson, mais procure 6 heures de satiété !

Le choix du chocolat est essentiel. Le noir 100 % bénéficie d'un effet coupe-faim qui fait baisser la ghréline, l'hormone de l'appétit. Mais son goût très intense n'est pas apprécié de toutes les bouches. Aussi je vous recommande du noir à 85 %.

Faire fondre 180 g de chocolat noir à 85 % avec 2 cuillères à soupe d'eau.

Dans un saladier, verser le chocolat fondu et ajouter 180 g de compote de pommes sans sucre (achetée dans le commerce si vous n'avez pas le temps de la faire vous-même).

Bien mélanger et ajouter 2 cuillères à soupe de fécule de pomme de terre ou de Maïzena, ainsi qu'un demi-sachet de levure chimique.

Dans un saladier à part, monter 6 blancs d'œufs en neige bien fermes.

Incorporer délicatement les blancs au mélange chocolaté.

Mettre au four à 180 degrés dans un moule préalablement graissé.

Laisser cuire pendant 25 à 30 minutes. Sortir du four quand la pointe du couteau est à peine sèche.

Laisser refroidir et déguster !

Une part de ce gâteau coupe-faim contient en moyenne 190 calories, soit 3 fois moins qu'un dessert au chocolat classique. Il est hypocalorique, à teneur très réduite en glucides (il ne contient pas de sucre blanc), sans lipides, à l'exception de ceux du chocolat. Et la teneur en protéines n'est pas négligeable grâce à la présence des blancs d'œufs.

La sensation de moelleux est liée à la présence de la compote de pommes, qui ne confère aucun goût de fruit mais remplace le beurre ou l'huile de façon absolument surprenante. Quant à l'effet coupe-faim, il est immédiat et garanti. Comme vous pouvez consommer une part par jour, vous ne ressentirez aucun sentiment de frustration.

Enfin, bonus non négligeable du gâteau au chocolat à 85 % : il participe à la prévention des caries dentaires. Le cacao contient en effet des tanins qui agissent contre les bactéries buccales, du fluor qui augmente la résistance de l'émail et de la théobromine qui durcit l'émail. Donc n'hésitez pas à croquer le petit carré de chocolat noir qui reste une fois le gâteau terminé !

La satiété jusqu'à plus soif

Il n'y a pas que ce gâteau au chocolat quasi miraculeux qui est à conseiller lorsqu'on a la volonté de maigrir sain. D'autres modes de consommation de produits du quotidien peuvent participer à la traque des kilos qui gênent. Dont certains assez étonnants, vous allez voir.

L'eau « qui fait maigrir »

Rien qu'avec ce titre, je suis convaincu de vous avoir intrigué. Et pour cause : il existe en effet une eau qui fait maigrir dont le principe d'action est simple. On le sait, l'estomac vide déclenche la faim. À l'inverse, quand il est rempli, les barorécepteurs qui se trouvent dans sa paroi, à cause de la pression exercée, envoient un message au cerveau. Qui déclenche, immédiatement, un effet coupe-faim puissant. C'est ce que l'on ressent au moment où on ne peut « plus suivre » même si les plats servis ont l'air alléchants durant un repas riche comme après un déjeuner copieux. De ce processus on peut tirer un atout régime. Puisque faire un plein de l'estomac sans absorber un déluge calorique revient à déclencher une satiété puissante sans grossir, je vous propose ma recette « spéciale eau ». À savoir : boire un verre d'eau épaissie dès l'apparition de la sensation de faim. Sa texture gélifiée assurera une impression de satiété immédiate et ce, sans le moindre apport calorique.

En pratique :

Diluer dans 1 litre d'eau froide 2 g d'agar-agar.
Mener à ébullition.
Verser dans un récipient haut et fin (type gourde).
Ajouter 5 à 6 feuilles de menthe fraîche.
Placer au réfrigérateur et laisser prendre le mélange pendant plusieurs heures.

Quand la faim dirige

« Ventre affamé n'a pas d'oreilles », dit un dicton. On ne peut plus vrai quand on sait que des scientifiques britanniques ont récemment découvert que lorsque l'on a faim, nos résolutions sont uniquement focalisées sur le présent et le court terme. En résumé, il ne faut pas prendre de décisions quand un grand creux s'est créé dans notre estomac, ce ne seront pas les bonnes, l'objectivité ayant disparu. Pour illustrer ce propos, pensez à tout ce que vous achetez en trop et d'inutile si vous faites vos courses le ventre vide. Conclusion : on avale un petit quelque chose pour éviter d'agir mal, voire de manger plus que de raison.

L'expérience épinards

Il n'est pas vraiment beau, pas forcément bon (son goût ne plaît guère aux enfants, par exemple), bref, il semble ne rien avoir d'appétissant, mais est utile à l'évasion des kilos. Ce légume n'est autre que l'épinard.
Jusqu'ici, on le conseillait volontiers dans un régime parce qu'il est peu calorique. Mais on lui a aussi découvert d'autres

vertus. Ainsi, des chercheurs suédois ont montré que l'épinard contenait des thylacoïdes, substances qui favoriseraient la perte de poids en augmentant la satiété et en diminuant l'absorption des graisses.

De leur côté, des scientifiques londoniens ont mis en évidence la présence d'une autre molécule coupe-faim, l'acétate. Émise naturellement par certaines fibres au moment de la digestion, elle est ensuite transmise de l'intestin au cerveau où elle intervient comme un signal coupant l'appétit, ainsi que des expériences l'ont attesté sur des souris.

Si ces premiers travaux demandent à être confirmés chez l'homme, tirons-en déjà des leçons : je vous conseille ainsi de les consommer régulièrement, si possible frais (même si ceux en conserves ou surgelés sont excellents) et en faisant votre marché le plus souvent possible, car quand on stocke des épinards une semaine au réfrigérateur, ils perdent 50 % de leur vitamine B9. Et puis, testez par vous-même l'effet coupe-faim : préparez une belle portion d'épinards sans sel ni beurre en début de repas, attendez 15 minutes et jugez combien ces feuilles vertes, qui tapissent maintenant votre tube digestif, réduisent votre envie de tout dévorer !

Vérifiez vos plaquettes de frein pour éviter l'accident

Même lorsqu'on est le meilleur des conducteurs, lorsque les freins lâchent brutalement, on se retrouve dans le fossé. Pour le contrôle de la faim, c'est la même chose : une fois prise la décision de perdre du poids ou de rester à son poids de forme à l'année, il convient de maintenir son système de freinage des pulsions alimentaires en bon état de fonctionnement. Une pratique et une prudence essentielles quand on veut atteindre de façon pérenne ses objectifs.

L'alcool, l'ennemi numéro un

Les dernières recherches scientifiques viennent de mettre en évidence le plus redoutable des mécanismes de destruction de ces freins : le verre de boisson alcoolisée, que ce soit le vin, la bière ou n'importe quel apéritif. Et pour cause : l'alcool ouvre l'appétit et retarde la satiété.

Comment agit-il concrètement ? Prenez un seul verre d'alcool au moment de l'apéritif, avec en plus des cacahuètes salées, ne serait-ce qu'une petite poignée, et le sel et l'alcool vous feront très vite lâcher les commandes. Comme l'alcool perturbe les hormones impliquées dans le contrôle de l'appétit, il devient très « difficile de s'arrêter de manger quand on a commencé à boire ».

Par ailleurs, la perception des quantités ingérées se retrouve totalement faussée. Les inhibitions et les connaissances diététiques disparaissent pour laisser place à des pulsions vers les plats les plus caloriques possibles.

D'autres recherches ont cherché à comprendre pourquoi beaucoup de personnes, lorsqu'elles rentrent d'une soirée arrosée, se précipitent sur le réfrigérateur pour avaler des aliments gras et sucrés. En comparant un groupe à jeun à un autre ayant absorbé plusieurs verres de boissons alcoolisées, les médecins ont constaté que le sobre ne passait pas par la case frigo avant d'aller se coucher, à l'inverse du second. Comme quoi, l'alcool dérègle tout.

En ingurgiter provoque une consommation d'aliments plus élevée car l'alcool agit sur un type de neurones du cerveau, les AgRP, dont la mission est précisément de contrôler l'appétit. Il les stimule tant que des excès alimentaires fulgurants se produisent sans qu'aucun besoin énergétique n'existe. C'est manger pour manger sans avoir faim. Un désastre physiologique...

À consommer avec modération

Alors, comment prendre un apéritif ou un verre de vin au cours du repas sans perturber son comportement alimentaire ?

Je ne veux évidemment pas vous proposer de vivre en ascète en tournant le dos à tous les plaisirs de la table, puisque nous avons vu que ce n'était pas une solution à long terme et que la joie de vivre est essentielle pour demeurer en bonne santé. Et les apéritifs, les repas partagés en famille ou avec des amis font partie de la convivialité comme de l'équilibre intérieur, tant nous avons besoin d'échanger avec les autres pour nous sentir bien.

La résolution la plus facile à adopter est, en fait, de ne pas boire d'alcool tous les jours et de faire de chaque verre un moment d'exception. Le but est de reprendre la main sur les mauvais réflexes qui, sous couvert de convivialité, mettent en péril la santé. Si vous décidez de faire la fête un soir – et vous avez bien raison –, prenez à ce moment-là la décision que vous ne ferez aucun régime. Vous ne vous sentirez plus coupable et ne serez plus tributaire des pulsions alimentaires qui compensaient votre sentiment de culpabilité.

Ce que nous consommons affecte l'âge et nos erreurs nous font vieillir trop vite. Gardons les commandes pour veiller sur notre capital santé.

Les Japonais, champions du monde de la lutte contre l'obésité

Je l'ai écrit plus haut, l'obésité se répand dans le monde entier comme un vrai fléau. Et attaque toutes les générations, des plus jeunes aux plus âgées. Non seulement l'image de soi s'en trouve abîmée mais notre santé paie les pots cassés. Un désastre ! La communauté scientifique a constaté que certains pays sont particulièrement exposés tandis que d'autres se protègent mieux. Quel est leur secret alors qu'aujourd'hui les mêmes aliments sont disponibles dans les linéaires des supermarchés n'importe où dans le monde ? En fait, ce sont les Japonais qui s'en sortent bien sur ce front, avec un taux d'obésité parmi les plus bas de la planète. Par quel miracle ne tombent-ils pas dans le piège du surpoids sans se priver ?

Pour comprendre, suivez-moi à la découverte des secrets de la cuisine nippone.

« Laver les calories » des aliments
avant de les manger

Le riz blanc est l'un des aliments de base des Japonais... alors qu'il est riche en calories ! Cuit, il contient en effet, pour une portion moyenne de 200 grammes, 250 calories. L'index glycémique, qui indique la capacité d'un aliment à faire monter la glycémie, est en outre élevé, se situant, selon les types de riz, entre 60 et 80. Or plus le taux de sucre dans le sang est élevé, plus les risques de diabète de type 2 augmentent, mais aussi l'obésité, une partie des sucres se transformant en graisses dans le corps humain.

Alors, comment les Japonais parviennent-ils à rester minces en consommant autant de riz ? Eh bien : ils le lavent. En le rinçant plusieurs fois avec soin jusqu'à ce que l'eau devienne pure, ils éliminent une partie de l'amidon, mais aussi des produits qui peuvent s'avérer toxiques, comme l'arsenic. Et éliminer l'amidon diminue le nombre de calories et le taux de sucre dans le sang après le repas.

Un scientifique du Sri Lanka ajoute à ce procédé sa touche personnelle : une cuillère à café d'huile de coco dans l'eau de cuisson, qui accentue le nettoyage.

L'autre conseil pour faire plus encore baisser l'index glycémique du riz – c'est vrai aussi pour les pâtes – est de ne pas trop le cuire. S'il devient mou et collant, l'index glycémique trop élevé favorisera la prise de poids.

En pratique, plus un aliment est cuit, plus rapidement il sera assimilé par l'organisme. Son index glycémique augmente avec la cuisson : carottes cuites, 47 et 16 pour la carotte crue. L'énergie nécessaire à la digestion a été dépensée par la casserole et pas par le système digestif. De plus un excès de cuisson détruit les vitamines.

Donc pourquoi pas une cuisson *al dente* pour plus de vitamines et plus de dépenses caloriques pour miser sur la minceur et l'énergie ?

Prenez donc l'habitude de consommer un riz bien lavé, pur et ferme. Mâchez-le lentement pour mieux le digérer et garder un ventre plat. Évitez aussi de saler l'eau de cuisson. Servez-le sans sel et décidez d'en ajouter seulement si vous trouvez que c'est absolument nécessaire à sa dégustation.

Je me permets là encore un aparté : maîtriser la quantité de sel vous permettra de mieux prendre votre santé en main, car le sel allume l'appétit, augmente les risques d'hypertension artérielle et de cancers de l'estomac. Tentez de diminuer progressivement les quantités ou, pour accompagner le riz, adoptez des mélanges épicés.

Abuser du thé vert

Continuons d'explorer les mystères minceur du Japon et arrêtons-nous un instant sur la boisson nationale : le thé vert. Dans la mesure où il n'est pas servi trop chaud – ce qui augmente les risques de cancer de l'œsophage –, il peut devenir un allié minceur simple au quotidien. Je tiens à souligner qu'il s'agit de thé bu sans sucre et sans édulcorant.

Des recherches récentes montrent que cette boisson millénaire contient des actifs précieux pour garder la ligne. Dans les restaurants japonais, la tradition veut que le thé soit servi tout de suite en arrivant, en même temps que la serviette chaude pour se nettoyer les mains. Le fait d'entamer le repas bien hydraté avec une à deux tasses permet de bien mieux contrôler sa faim, l'estomac à vide étant une poche de 0,5 litre mais qui peut atteindre 4 litres au cours d'un repas abondant. Une fois le thé bu, l'estomac n'étant plus vide on contrôle mieux la situation.

Le thé est ensuite servi tout au long du repas, qui se termine souvent par une autre tasse de thé vert. Celle-ci évite de prendre un dessert tout en passant un moment agréable avec, entre les mains, une boisson que l'on consomme lentement et dont on peut se resservir sans le moindre risque calorique.

Le thé vert agit donc comme un fil rouge au long du repas, imprimant à celui-ci un rythme lent qui permet de ne pas avaler trop vite les aliments – en effet, il est prouvé que plus un sujet mange vite, plus il grossira. Il s'avère donc idéal pour ceux qui souhaitent modifier leur mode de vie et maintenir leur poids de forme à l'année.

Plusieurs études scientifiques ont essayé de comprendre comment cette boisson contribue à la baisse des kilos. Sachez d'abord que son goût relativement neutre n'excite en aucun cas l'appétit. Et, ensuite, que le thé vert contient de la caféine associée à des catéchines, composants dont on pense qu'ils accélèrent le métabolisme, autrement dit font brûler davantage que ce que l'on ingère, en particulier les graisses. Il y a peu, des chercheurs ont découvert aussi que le thé vert avait une action positive sur la flore intestinale, en sélectionnant les bonnes souches pour limiter la prise de poids.

Soyons cependant réalistes : boire du thé vert toute la journée ne vous fera pas perdre les kilos superflus. Sur le plan de sa formulation, je pense même qu'il contribue plutôt modestement à la perte de poids. Mais, dans ce domaine, tout est bon pour mettre les chances de son côté. Au moins, s'adonner au thé vert s'inscrit-il dans une démarche de quête de sérénité et de maîtrise de soi, fondamentale dans celle des apports alimentaires. Face aux compulsions qui poussent à manger n'importe quoi générant la prise de kilos, le thé vert peut être le premier pas vers la sagesse et l'harmonie alimentaires.

Mon conseil minceur : la recette double effet

Pour terminer ce chapitre, je vais vous livrer un secret : à la fin de la préparation du riz, faites infuser dans l'eau de cuisson un sachet de thé vert pendant trois minutes ainsi que deux clous de girofle – qui font office de coupe-faim. Égouttez-le et servez. Vous obtiendrez alors un bol de riz double effet qui vous aidera à atteindre vos objectifs minceur.

Rangez votre cuisine, et vite !

Pour éviter de grossir...

C'est aujourd'hui prouvé : une cuisine en désordre, où l'évier déborde de vaisselle sale, où les poubelles ne sont pas régulièrement descendues, où les emballages traînent un peu partout, où les torchons et les éponges sont tachés et hors d'âge, où la table de cuisine est parsemée de miettes... conduit à prendre des kilos.

Car une cuisine en pagaille peut être le signe que l'on ne contrôle pas les comportements alimentaires, que l'on est soumis à des pulsions telles que l'on n'ose « revenir sur les lieux du crime » pour le ranger.

... et pour contrôler ses pulsions alimentaires

Une récente étude demandait aux participants de s'asseoir soit dans une cuisine bien rangée, soit dans une autre quelque peu chamboulée pour prendre leurs repas, qui, dans les deux cas, se composaient de cookies, biscuits apéritifs et légumes coupés. Les sujets installés dans la pièce mal rangée se sont sentis stressés par l'environnement chaotique et, pour compenser le stress lié à cette vision, ont consommé plus de calories. En moyenne, les membres du groupe « cuisine propre » ont absorbé

38 calories contre 103 pour l'autre. Beaucoup ont même reconnu s'être sentis hors de contrôle.

Décider de maintenir une cuisine ordonnée traduit donc le fait d'être tout autant ordonné dans sa tête. Cela signifie que l'on a la situation en main et que les pulsions alimentaires se trouvent sous contrôle.

Vider ses placards pour mieux les remplir

N'oubliez jamais que la cuisine est le tableau de bord aidant à bien piloter l'alimentation. Ranger placards ou réfrigérateur, cela a du sens. Certains produits sont des bombes caloriques redoutables, qui abîmeront à la fois esthétique et santé ; pas la peine de les conserver à portée de main si vous savez qu'un jour ou l'autre vous pourriez craquer. Ne prenez jamais le prétexte de les dire présents « au cas où des invités débarqueraient à l'improviste » car ils demeurent des tentations terribles – et quand bien même des amis débarqueraient au débotté, pourquoi leur servir des aliments malsains ? Car il arrivera en effet toujours un moment où vous n'aurez pas le moral, où vous serez confronté à une bouffée d'anxiété, où vous vous précipiterez, pour compenser le malaise passager, vers ces aliments gras et sucrés avalés vite et en toute culpabilité sans en tirer le moindre plaisir. Avec, à la clé, des kilos pour rien !

Pour ne plus tomber dans ces pièges et se libérer des déluges caloriques, il faut activer le système limbique « émotion/mémorisation » du cerveau. Mémoriser durablement ce qui crée une émotion est la base pour passer à des comportements alimentaires maîtrisés. La solution : séparez-vous des produits qui se trouvent dans vos placards, réfrigérateur et congélateur, ceux dont vous savez d'avance qu'ils sont malsains pour le corps et la santé. Idéalement, ne les achetez pas, sinon donnez-les – il y a (malheureusement) aujourd'hui dans la rue, près de

Rangez votre cuisine, et vite !

chez vous, des gens qui n'ont aucun problème de poids, bien au contraire, et qui accepteront volontiers de tels dons. Dans le pire des cas, jetez-les. Vous ne vous débarrassez pas d'aliments périmés mais de produits nocifs. Et, dès lors, vous reprenez la main.

Les papilles gustatives, nos alliées pour maigrir

La langue, l'organe du goût

Reprendre la main passe aussi par la connaissance du processus associé à l'absorption de la nourriture. Tout le monde sait et sent, quand il met en bouche un aliment, son goût. Un effet lié au contact avec la langue, qui envoie des messages instantanés au cerveau, messages qui font apprécier ou non, en fonction des souvenirs, du passé, des appétences, les sensations gustatives ressenties. Le goût est donc un filtre efficace, et aussi le gardien de la santé : grâce à lui, nous recrachons par exemple les aliments avariés. Mais il peut aussi faire office d'accélérateur nous incitant à renouveler sans arrêt la sensation délicieuse éprouvée, donc à manger jusqu'à saturation. Ce goût, il conviendrait de le maîtriser, sinon le dompter.

Le goût fonctionne par ailleurs de façon étroite avec l'odorat – vous en avez toutes et tous fait l'expérience : enrhumé, les aliments vous paraissent fades. Fades mais pas sans existence, des recherches récentes ayant permis d'identifier des récepteurs de l'odorat au niveau de la langue expliquant pourquoi nous conservons quand même un résidu de perception gustative malgré un nez bouché. D'autres facteurs interviennent au niveau organoleptique : la chaleur, la texture et l'aspect visuel, pour ne citer que ceux-là.

Les vecteurs du goût sont évidemment les papilles gustatives, qui sont en moyenne 10 000 sur la langue, d'où le fait que celle-ci semble rugueuse. Quant aux commissures des lèvres, elles sont la zone la plus réactive au salé et à l'acidité. Pour évaluer l'amertume d'une boisson ou d'un plat, il faut se servir du fond de la langue, sa spécialité. Sachez enfin que tous les dix jours, 10 000 papilles toutes neuves réapparaissent, rythme de leur renouvellement.

La saveur d'un produit se perçoit lorsque les papilles sont en milieu aqueux, ou alors baignées de salive. Enfin, notez que le goût évolue au fil de la vie et que, plus on avance en âge, moins il s'avère sensible.

Des papilles gustatives existent ailleurs

Découverte récente, la langue n'est pas le seul organe à posséder des papilles gustatives. Je vais vous surprendre, mais on en trouve aussi dans des parties du corps pour le moins insolites.

Une équipe de scientifiques a un jour décidé d'étudier les récepteurs du goût de la souris. Et elle a été surprise de découvrir des papilles gustatives sur les testicules du rongeur, qui plus est très sensibles à la saveur sucrée. Une fonctionnalité liée en fait à la reproduction. Autre source d'étonnement, ces papilles étrangement placées perçoivent la même saveur que celle de la sauce soja des restaurants asiatiques, l'umami. En bloquant les récepteurs du goût chez les souris, les scientifiques ont réussi à les rendre infertiles, faisant chuter la mobilité des spermatozoïdes et augmenter le taux de malformations. De quoi en tirer des liens et enseignements chez l'humain pas inintéressants.

D'autres récepteurs du goût ont même été mis en évidence... au niveau de l'estomac, du pancréas et de l'anus. Comme quoi, dans ce domaine, il reste encore beaucoup à apprendre.

Le goût des aliments sains, c'est bon pour le moral !

Ce que l'on sait, c'est que le bon goût des produits sains protège le moral, la libido et l'énergie. Il vient ainsi d'être démontré que les graisses saturées issues de produits comme les chips, les burgers, les pizzas passaient, *via* le flux vasculaire, vers le cerveau, en particulier l'hypothalamus, lequel intervient dans le processus de déclenchement des émotions et pourrait être un facteur déclencheur de dépression – c'est peut-être pour cette raison que les traitements antidépresseurs fonctionnent mal chez les obèses. En tout cas, on comprendrait mieux l'addiction et le « plaisir » que ces mets procurent à beaucoup. D'autres travaux ont montré que des sujets qui suivaient des régimes faibles en graisses et riches en fibres et minéraux présentaient une meilleure humeur et moins de symptômes dépressifs. Tout est lié.

En résumé, pour garder le moral, moins de fast-foods et de sucres raffinés, plus de fruits et légumes !

Goût et surpoids

Enfin, terminons ce chapitre en évoquant de très récents travaux scientifiques ayant diagnostiqué, chez des sujets obèses, un état inflammatoire des papilles gustatives, inflammation réduisant le goût des aliments qu'ils avalent. Une avancée primordiale puisqu'elle signifie que plus une personne est en surpoids, moins elle perçoit le goût ; traduction : elle mange pour tenter de combler le qualitatif perdu en le remplaçant par le quantitatif. Un levier important à connaître et actionner dans le cadre d'un régime.

Le jeûne nu

Le jeûne, vous le savez peut-être, j'y suis favorable. Il permet de retrouver sa nature originelle en ne consommant que le nécessaire, d'aller vers ce que j'appelle l'« optimisation de soi ». Avec lui, vous bénéficierez d'une énergie physique nouvelle et d'une puissance mentale supérieure, car la partie de votre énergie utilisée à digérer le trop-plein d'aliments se retrouve disponible pour le fonctionnement optimal du cerveau et du corps. Mieux, comme un corps encrassé génère des maladies, en nettoyant grâce à lui l'organisme, vous diminuerez le risque d'en être atteint. Pratiquer le jeûne, c'est en fait développer une nouvelle relation avec son corps. C'est l'écouter et lui parler pour le transformer en source de bien-être.

Depuis un an, de nombreuses recherches consacrées au jeûne ont abouti à des résultats passionnants. Il est ainsi avéré, aujourd'hui, que lorsqu'on jeûne, on brûle les graisses alimentaires que l'on gardait en réserve. Tout se passe comme si, au lieu de s'alimenter de l'extérieur, une énergie intérieure nourrissait nos cellules. Du ver de terre (des études le concernant l'ont prouvé aussi) aux humains, le jeûne permet en fait une diminution globale de l'inflammation de l'organisme et un allongement de la durée de vie en bonne santé de chaque être vivant.

Le nouveau jeûne séquentiel

Le jeûne séquentiel, je l'appelle aussi le « jeûne nu ». Cela signifie pratiquer, tous les jours, une pause alimentaire. De 14 heures sur les 24 que compte une journée. Par exemple : si lundi vous terminez de dîner à 21 heures, vous ne recommencerez à manger que le lendemain, mardi, à 12 ou 13 heures, soit au déjeuner.

Je tiens à préciser que je préconise, avant de commencer le moindre jeûne séquentiel, de demander l'avis de son médecin traitant. Et que je ne le recommande jamais aux enfants et adolescents en pleine croissance. Ces contre-indications s'étendent aussi aux femmes enceintes, qui ont besoin de davantage d'énergie pour le développement du fœtus, aux sujets qui font de l'hypoglycémie, à ceux qui doivent prendre des médicaments avec un repas ou qui présentent des troubles du comportement alimentaire.

Ces précautions prises et exceptions notées, sachez que bien des travaux scientifiques soulignent les atouts de cette pratique. 14 heures sans manger mais en buvant de l'eau, du thé, des tisanes sans sucre et sans édulcorant est une durée efficace, en particulier pour faire baisser le taux d'inflammation de l'organisme. Laquelle inflammation est, vous le savez, la porte d'entrée de toutes les maladies.

Un jeûne qu'il faut strict

En pratique, le jeûne séquentiel fait passer à deux repas par jour au lieu de trois. Et, souvent, celui qui saute le plus facilement, c'est le petit déjeuner. On me demande fréquemment si on peut quand même s'autoriser le matin un ou deux citrons pressés dans un verre d'eau chaude. Eh bien, je réponds toujours la même chose : un citron de taille moyenne contient l'équivalent d'un morceau de sucre. C'est peu, mais suffisant pour réveiller la machinerie digestive avec ses sécrétions d'hormones et d'enzymes. Et c'est demander au pancréas, qui était en repos, de fabriquer de l'insuline pour faire face au sucre apporté par ledit citron. En somme, cela revient à mettre tout un système en route pour trois fois rien et stopper, dès lors, les effets bénéfiques du jeûne séquentiel.

Personnellement, j'aime boire un jus de citron avec de l'eau. Mais je me réserve ce plaisir à l'occasion du repas ou entre les deux principaux repas. Attention toutefois à ne pas abuser : le citron en excès attaque l'émail des dents, l'acidité dissolvant progressivement l'émail, assaut qui laissera passer les microbes vecteurs de caries. Conseil pour protéger les dents si on est amateur de citron pressé : le prendre au cours d'un repas. Et si vous voulez coûte que coûte sacrifier à ce rituel le matin à jeun, chaud ou froid, au moins buvez, juste après, un grand verre d'eau en faisant circuler la première gorgée entre vos dents comme si vous vous rinciez la bouche : cela enlèvera l'acidité.

En revanche, ne soyez pas inquiet de l'acidité du citron dans l'estomac. Tous les jours, ce dernier produit un litre et demi d'acide chlorhydrique concentré destiné à maintenir un pH très acide entre 1 et 3. Plus un pH est bas, plus un liquide est acide. Pour mémoire, l'eau a un pH de 7. C'est pour cela que je reste dubitatif quant à la notion d'aliments acides ou basiques puisque, après être avalés ils se trouvent immédiatement dans un bain très acide. Lequel est une très bonne chose puisque l'acidité gastrique attaque les agents infectieux et active les enzymes digestifs nécessaires à la digestion. Quant aux parois de l'estomac, elles bénéficient d'une couche de mucus qui les protège efficacement. La nature est donc bien faite, aucune crainte à avoir.

Bref, si vous décidez de suivre quotidiennement le jeûne séquentiel, au moins ne faites pas semblant. Toutes les religions du monde l'ont d'ailleurs compris : quand elles parlent de jeûne, elles l'exigent strict. Parce que le moindre écart ruine la démarche spirituelle mais aussi le bénéfice de santé. Parce que commencer à tricher sur la nourriture, c'est tricher avec soi-même. Une simple cerise ou une fraise annulera ce jeûne, souvenez-vous-en !

Si, le pratiquant, vous n'avez pas pris de repas depuis une durée de 14 heures, il arrive que, bien hydraté, vous n'ayez pas faim. Ne cédez pas à la tentation de craquer en pensant qu'un simple gâteau apéritif, une tranche de saucisson ou une petite olive ne déclenchera rien de grave. Or ils allument un appétit qui, alors, deviendrait difficile à contrôler.

Jeûner, c'est être libre

Certains pratiquent le jeûne nu durant 24 heures – comme Bouddha –, ce qui correspond à un seul repas par jour. En fait, au-delà de 14 heures, c'est à vous de déterminer la durée du processus, et ce en fonction de votre appétit. L'homme étant le seul être vivant qui mange en regardant sa montre, avec des horaires réguliers pour le déjeuner et le dîner, ne vous mettez pas à table par réflexe ou parce que l'heure est venue, mais parce que vous avez tout simplement faim.

Le temps nécessaire pour digérer un aliment est long. Il n'a rien à voir avec les quelques secondes que ce dernier passe entre la bouche et l'estomac. C'est une fois dans cet organe important que le travail commence et que l'usine digestive se met en marche. Les aliments restent dans l'estomac 3 à 4 heures, parfois jusqu'à 9 heures. Pendant ce temps, ils sont malaxés comme par un mixeur avec des sécrétions d'hormones et d'enzymes destinées à les préparer afin d'être absorbés. Étape suivante : le passage dans l'intestin grêle, où ils vont séjourner 6 à 7 heures pour que l'absorption intestinale se réalise. Dernière phase, 7 heures de nouveau, où les résidus alimentaires arrivent dans le côlon avant de finir dans le rectum. Où ils restent l'équivalent de 6 heures avant d'être évacués par l'anus. Selon notre métabolisme et ce que nous mangeons, nous ne digérons évidemment pas tous à la même vitesse. Donc se remettre à table sous prétexte que c'est l'heure et alors que nous sommes en pleine digestion et n'avons pas faim, est-ce utile ?

Notre organisme, comme n'importe quelle machine, a besoin de souffler pour se réparer et se régénérer. Imposer au corps un travail digestif quasi permanent, 365 jours par an, 7 jours sur 7, 18 heures par jour, n'est en rien raisonnable.

Lorsqu'un sujet est jeune, cela ne crée aucun problème. Les organes mobilisés pour la digestion sont performants : les filtres, comme le foie ou les reins, chargés d'éliminer les déchets fonctionnent à plein rendement, le pancréas démarre au quart de tour pour délivrer l'insuline. Hélas, au-delà de 40 ans, ce n'est plus la même histoire. Les organes vieillissent et perdent en efficacité. L'exemple le plus caractéristique est la fréquence de la stéatose hépatique (le foie gras) chez les sujets en suralimentation après 40 ans.

Le jeûne séquentiel permet en fait de découvrir ses propres rythmes biologiques et de s'alimenter en fonction de ses véritables besoins. Faites-en l'expérience. Une expérience qui permet d'analyser ce que l'on ressent en prenant juste deux repas dans la journée. Vous seul déciderez, en fonction de votre ressenti, de votre énergie et de votre bien-être, de la suite. Et de la durée idéale du jeûne séquentiel, celle qui vous correspond précisément, tant ce qui est vrai pour l'un ne le sera pas forcément pour l'autre.

Décider de pratiquer le jeûne séquentiel n'est toutefois pas une décision anodine. C'est placer sa santé en haut de ses priorités, devant les obligations sociales. C'est aussi, parfois, s'opposer aux règles des repas imposées depuis l'enfance qui ne nous correspondent pas. C'est ne plus se forcer pour faire comme tout le monde, mais décider d'être soi. C'est, enfin, ne plus céder au « il faut passer à table », mais s'y installer parce qu'on a réellement faim.

Pratiquer le jeûne séquentiel revient à affirmer sa propre liberté.

Jeûne séquentiel, tour de taille et ventre plat

Nombre de mes patients qui pratiquent le jeûne séquentiel m'ont signalé combien leur ventre est devenu plus plat, leur tour de taille a diminué – certains me donnant les mesures des centimètres perdus, un mètre de couturière enroulé à la taille. Évidemment, j'en suis heureux. À quoi tiennent ces évolutions ? Le ventre diminue de volume grâce au jeûne parce que les gaz intestinaux baissent, la graisse abdominale fond.

En tant que médecin, j'attache une haute importance prédictive à la donnée qu'est le tour de taille, tant il est avéré que, lorsque celui d'un homme passe de 90 à 110 centimètres, son risque de décès prématuré bondit de 50 %. Tandis que la femme, elle, accroît ce risque de 80 % si son propre tour de taille passe de 70 à 90 centimètres. Je vous invite donc à mesurer le vôtre sans tarder.

Pourquoi le jeûne séquentiel réduit-il les gaz intestinaux ? En fait, supprimer un repas baisse mécaniquement la production de gaz correspondant à chaque repas, ici d'un tiers par jour. D'autre part, il diminue l'inflammation digestive, ce qui provoque une autre réduction de la formation des gaz intestinaux. Or avoir le ventre moins tendu de gaz optimise le bien-être digestif et favorise la convivialité. Avoir un ventre plat donne également une meilleure confiance en soi.

Quant aux mauvaises graisses situées au niveau de l'abdomen – ce que l'on appelle en langage populaire la « bedaine » –, une étude scientifique a montré que les sujets qui suivaient au long cours le jeûne intermittent les voyaient diminuer de 4 à 7 %.

Opter pour le jeûne séquentiel, c'est donc en quelque sorte mettre en place son propre développement durable, se placer du bon côté de la force alimentaire.

Des souris et des hommes

Des chercheurs californiens ont mené une expérience édifiante : ayant nourri des souris 18 semaines durant avec un régime hypercalorique, gras et sucré, ils ont constaté qu'elles avaient toutes développé des foies gras, des pancréatites et du diabète. Ce qui reproduisait, en accéléré, ramené à leur durée de vie, ce qui survient chez l'être humain. Les scientifiques ont ensuite constitué un second groupe qui, lui, absorbait le même type de repas, les mêmes calories, mais sur un espace de 8 heures, donc avec la méthode du jeûne séquentiel. Eh bien, ce panel, sur les 18 semaines d'expérience, est resté mince et en bonne santé bien plus longtemps.

L'explication, simple, s'applique aux humains. La faim stimule la ghréline (hormone de l'appétit) qui booste l'autophagie, à l'inverse de l'insuline qui la diminue. L'autophagie permet d'activer les défenses immunitaires et d'éliminer les cellules malformées, malades ou mortes, génératrices de maladies. L'insuline est sécrétée par le pancréas dès que nous avalons le moindre aliment qui contient un tout petit peu de sucre. Or elle intervient comme un fixateur des graisses dans le corps et fait grossir en agissant directement au niveau du cerveau pour bloquer la sensation de satiété et réduire les dépenses énergétiques. Alors l'appétit augmente et les dépenses en calories chutent. Soit un vrai désastre si l'on veut perdre du poids, puisque le contrôle énergétique du corps se trouve perturbé dans le mauvais sens. De quoi faire bondir l'aiguille sur la balance !

Le jeûne séquentiel rend heureux

Cerise sur le gâteau, il vient d'être démontré que le jeûne jouait de façon positive sur le BDNF (Brain-Derived Neurotrophic Factor), facteur neurotrophique qui intervient dans la croissance des neurones, la mémoire, les capacités intellectuelles et la bonne humeur. Concernant ce dernier point, faites un test. Pensez à votre énergie et à votre joie de vivre en digérant un repas lourd, vous vous sentez toujours fatigué et vaguement mélancolique. Maintenant, imaginez que vous ayez faim et que vous allez vous mettre à table après le jeûne : vous vous trouvez plein d'énergie et de bonne humeur.

Le jeûne, un excellent anti-âge

Autre vertu du jeûne séquentiel : son effet anti-âge. En 2019, des scientifiques californiens se sont intéressés à cette question, étudiant en particulier les rythmes circadiens, soit l'horloge interne qui permet de maintenir en permanence notre homéostasie, autrement dit l'équilibre biologique intérieur. Ils ont constaté le bénéfice du jeûne sur cet équilibre qui nous permet de bien résister aux changements environnementaux brutaux et contribue à notre force intérieure.

Le jeûne comme prévention du diabète de type 2

Par ailleurs, d'autres chercheurs, la même année 2019, ont découvert que le jeûne intermittent, chez la souris, avait une action de prévention efficace sur l'apparition du diabète de type 2. Tout fonctionne comme si cette pratique alimentaire permettait au pancréas de moins s'user. En somme, ne pas avoir à fournir de façon continue des doses d'insuline économise ce précieux organe vital.

Quel repas supprimer ?

Demeure une interrogation : quel repas ôter si nous actons le jeûne séquentiel ? On a dit plus haut que le petit déjeuner était le plus facile à supprimer, mais chaque être humain est différent. Certains, du fait d'hypoglycémies à répétition au cours de la journée, ne peuvent le pratiquer. Pour les autres, il faut choisir le repas à supprimer le plus aisément selon ses obligations sociales et familiales, tant participer à des moments conviviaux, échanger fait partie de l'équilibre personnel.

Évitez aussi de soustraire le repas qui correspond au moment de la journée où votre appétit est le plus fort. Quel qu'il soit (petit déjeuner, déjeuner ou dîner), il ne faut pas le sauter car cela perturberait l'harmonie de votre horloge biologique interne.

Si vous faites partie de ceux qui ont le choix entre les trois, je préfère que vous transformiez le déjeuner en repas principal. Parce que je me réfère à une étude britannique qui a comparé des femmes prenant exactement le même nombre de calories au déjeuner ou au dîner pendant 3 mois, et constaté que celles ayant absorbé les repas caloriques le midi pesaient, en fin d'expérience, 1,5 kilo de moins.

Un repas par jour ?

Si vous en arriviez (ou arrivez déjà) à un seul repas par 24 heures, sachez que vous pourriez pousser plus encore les effets positifs du jeûne séquentiel : on constate ainsi, chez les sujets ne s'alimentant qu'une fois par jour, une chute globale de l'inflammation de l'organisme, qui se traduit par la baisse de la protéine C réactive, la CRP, dans le sang.

Mais soyons réaliste : il s'agit d'« un luxe » que peu de personnes peuvent s'offrir. Ainsi, lorsque vous suivez le jeûne séquentiel de 14 heures, observez ce que vous ressentez. En un mot : déterminez le moment précis où la faim s'allume en vous. Je le répète, car c'est important : dans le cas d'un jeûne long, hydratez-vous en buvant en abondance de l'eau, des tisanes, un peu de thé et de café sans sucre. C'est à cette condition que cette expérience sera bénéfique pour votre santé.

Quand la faim arrive, voilà, pour vous, le bon moment de passer à table. Vous ne suivez plus le rythme des autres, mais vous vous alimentez selon vos cycles et votre physiologie propres. C'est l'idéal.

Pour que les effets biologiques du jeûne séquentiel apparaissent, ce dernier doit durer au minimum 14 heures. Certains peuvent être tentés de le prolonger jusqu'à 18 heures. Là encore, tout dépend de ce que vous ressentez, tant nous sommes chacun différents. Si vous n'avez pas faim au bout de 14 heures et conservez une excellente énergie, pourquoi ne pas tenter d'aller plus loin ? C'est vous qui êtes le ou la mieux placé(e) pour écouter les signaux émis par votre corps, le ou la seul(e) à vous donner la – bonne – marche à suivre.

La faim est le signal qui indique qu'il convient de s'alimenter. Si vous ne la ressentez pas, c'est que votre organisme a tout ce qu'il faut pour bien fonctionner. Ne forcez pas inutilement les choses parce que « c'est l'heure de manger ». Apprenez à respecter votre corps en ne le gavant pas sans raison. Vous pouvez très bien vous asseoir à table en famille ou avec des amis, et prendre un thé, une infusion. Expliquez-leur que vous avez grand plaisir à partager ce moment mais que vous n'avez pas faim pour autant.

Attention cependant : au terme des 24 heures de jeûne, je recommande de prendre un repas même si la sensation de faim n'est pas apparue. Pour moi, telle est la limite à ne pas franchir. Vous constaterez d'ailleurs, après quelques bouchées, que l'appétit revient. Veillez, enfin, si vous ne prenez qu'un repas dans la journée, à ne surtout jamais chercher à rattraper les deux autres en mangeant trop et trop vite.

Une chose est sûre : en pratiquant régulièrement le jeûne séquentiel, vous finirez par atteindre ce point d'équilibre qui vous correspond, ce point qui préserve les ressources naturelles de l'organisme.

Faire pénitence

Beaucoup vivent la suppression d'un repas comme une pénitence. Il est d'ailleurs difficile de conduire un jeûne séquentiel lorsqu'on est cerné par les odeurs, les bruits de fourchettes ou la vision de plats appétissants. Plus le niveau de stimulation neurosensorielle est fort, plus la tâche sera ardue.

C'est pourquoi il ne faut pas que la suppression soit vécue comme une souffrance. Jamais de privation quand l'on est en quête d'une libération ! Gagné par le sentiment de mener une lutte acharnée contre vous-même, comprenez que vous ne tiendrez pas. Non seulement vous craquerez, mais en plus vous vous en voudrez d'avoir été faible. Or nous savons tous, par expérience, que lorsqu'on ne suit ni n'atteint l'objectif fixé, par dépit on se « lâche » en avalant n'importe quoi, on maltraite son corps pour se punir et on se dit : « Au point où j'en suis... » Alors le cycle des échecs à répétition se déclenche.

Les premiers temps, je conseille donc, quand vous décidez de sauter un repas, de vous isoler. Faites de ce moment une rencontre privilégiée avec vous-même. Votre énergie n'étant pas descendue dans le ventre pour assurer la digestion, elle offre une puissance qui aide à penser plus vite et plus fort. De même, profitez de l'heure du repas manqué pour pratiquer un exercice, l'effet sur votre organisme n'en sera que plus efficace. N'oubliez pas, aussi, de bien vous hydrater, vous brûlerez alors plus vite, et de façon plus importante, les graisses.

À certains moments, vous n'aurez pas d'autre choix que de participer à un repas. Dans ce cas, ne restez jamais devant une assiette vide car vous allumeriez les circuits de la frustration.

Pour ma part, je remplis mon espace sur la table avec plusieurs boissons : une tisane, un thé vert, un expresso sans sucre ni édulcorant. De quoi m'hydrater tout en occupant mes mains sans manier le couteau ni la fourchette.

Dix heures pour s'alimenter

Si vous suivez le jeûne séquentiel et réussissez à passer de trois à deux repas, il restera 10 heures pour vous alimenter. Se pose alors la question de savoir si la même quantité d'aliments, consommée dans un créneau de 10 heures, produit les mêmes effets sur l'organisme que sur 18 heures.

Une expérience réalisée chez la souris est édifiante. Lorsqu'on expose l'animal à de la nourriture grasse à profusion 24 heures sur 24, il devient obèse et sujet à de nombreuses maladies. À l'inverse, si les mêmes souris ont les mêmes apports, mais cette fois étalés durant 10 heures, elles restent minces et ne développent aucune maladie.

À la bonne heure !

Des scientifiques de Louisiane ont eu l'idée de rechercher les heures idéales du jeûne séquentiel. Partant du fait que la coordination des rythmes circadiens avec les prises alimentaires permettrait d'optimiser les capacités du métabolisme en jouant sur sa flexibilité, ils cherchaient à déterminer l'impact des horaires de jeûne sur la diminution de l'appétit et le fait de brûler plus ou moins de cellules graisseuses.

Pendant deux ans, ils ont suivi des volontaires hommes et femmes, en excès de poids et divisés en deux groupes. Le premier prenait trois repas entre 8 et 20 heures, les autres heures correspondant à une période de jeûne de 12 heures, tandis que l'autre se mettait à table entre 8 et 14 heures – en pratique, cela revenait à dîner à 14 heures –, soit un jeûne séquentiel de 18 heures. Pour ce groupe, les chercheurs ont observé une baisse de la ghréline, donc une diminution de l'appétit, et des examens ont montré que le taux de cellules graisseuses brûlées était plus important. L'un des médecins a conclu : « Avec cette technique nous avons réussi à tuer deux oiseaux à l'aide d'une seule pierre. » Autrement dit : moins de graisses et moins d'appétit. Certes, il s'agit d'une première étude qui devra être confirmée avec des échantillons de population plus importants, mais elle ouvre une nouvelle voie de réflexion.

Comment déterminer les bonnes durées du jeûne et l'heure pour s'alimenter ? Par l'expérience personnelle. Testez le jeûne séquentiel en supprimant un ou deux des repas : petit déjeuner, déjeuner, goûter, dîner – j'inclus dans la liste le goûter car, si c'est le repas que vous préférez, sélectionnez-le. Puis définissez la durée du jeûne qui vous correspond le mieux pour être en forme. Très vite, vous allez trouver le rythme qui vous fait du bien et prendre vos marques. De quoi, par la suite, sereinement reproduire chaque jour le jeûne séquentiel idéal, c'est-à-dire déterminant quel repas conserver et à quelle heure le consommer. Vous remarquerez aussi, très vite, que l'organisme s'habitue. Si, par exemple, vous n'avalez plus de petits déjeuners mais y buvez seulement du thé ou du café, le jour où vous en prendrez un parce que des croissants et de la confiture sauront vous tenter, vous vous sentirez fatigué toute la matinée et gagné par la sensation d'une digestion interminable. C'est désagréable mais aussi la preuve que vous aurez réussi à régler votre horloge biologique de manière optimale et au grand bénéfice de votre développement durable. Vous gagnez des années de bonne santé.

En vérité, choisir le jeûne séquentiel revient à opter pour un mode de vie qui économise l'organisme et préserve ses ressources naturelles. Cette pratique illustre le vieux proverbe « Qui veut voyager loin ménage sa monture », tant elle offre des périodes de repos au système digestif, ce qui l'aide à se régénérer. S'y adonner, c'est agir à double titre sur le développement durable : sur le nôtre en allongeant la durée de vie en bonne santé, et sur celui de la planète en consommant moins. D'une pierre deux coups et plein d'atouts.

*Savoir briser le jeûne
pour mieux le reprendre ensuite*

Je souhaite ajouter une dernière remarque : pour que le jeûne s'inscrive sans effort au quotidien, il faut savoir le briser de temps en temps, histoire d'éviter que naissent des sentiments de frustration qui risqueraient de vous faire tout lâcher. Imaginez que l'on vous propose un petit déjeuner de rêve, avec des viennoiseries maison, un pot de confiture, des fruits du jardin, du pain chaud à peine sorti du four... Eh bien, autorisez-vous à craquer, mais comportez-vous comme le ferait un critique gastronomique : mangez lentement pour apprécier et analyser chaque goût, chaque saveur. En mémorisant le plaisir ressenti, vous saurez décider dès la première bouchée, le jour où vous serez confronté de nouveau à ce genre de tentation, si le jeu en vaut la chandelle.

*

Suivre un jeûne séquentiel n'est pas s'engager dans un régime : c'est choisir un mode de vie différent qui permet de prendre soin de son corps et de son esprit, c'est vous rapprocher de l'essentiel et maîtriser les justes apports dont vous avez besoin. C'est, en définitive, un chemin vers l'authenticité et ses besoins fondamentaux. Un premier pas vers la liberté !

Les nouveaux jeûnes sélectifs

Que celles et ceux qui éprouvent encore quelque doute sur leur capacité à appliquer cette diète séquentielle, mais en voient les atouts, se rassurent : le jeûne est une pratique multiple. Si sauter un repas ou ne pas manger plusieurs heures d'affilée ne vous convient en rien, testez le jeûne sélectif. Dont le principe est simple puisqu'il s'agit de supprimer un aliment que l'on a l'habitude de consommer tous les jours, durant un temps déterminé. Soyons franc : cette méthode a tout de l'épreuve de vérité. Et ce, à plusieurs titres. Car vous réaliserez notamment si la boisson ou l'aliment ôté vous manque, auquel cas vous seriez addict. Comme l'addiction est un ensemble de chaînes invisibles qui vous rendent prisonnier d'un produit sans l'avoir choisi, et qui se traduisent par un état de manque – le même que celui enduré par les fumeurs, les alcooliques et les drogués –, la découvrir avec un compagnon anodin du quotidien apparaît très souvent comme une totale révélation.

Or constater combien l'on peut s'en passer, sentir que l'on reprend sa liberté en l'éliminant font un bien immense. Car il existe une différence fondamentale entre avaler une boisson ou un aliment par pulsion réflexe et choisir volontairement de la/le déguster. Dans le premier cas, cela ressemble au processus faisant que l'on se gratte parce que cela démange : on l'avale vite sans la/le savourer. Dans le second émerge au contraire une douce caresse sur les papilles et la langue, dans le seul but de se faire du bien.

L'aliment miracle n'existe pas

Une règle demeure intangible : la bonne alimentation est diversifiée et variée. Alors qu'on me demande souvent s'il existe un super aliment, un aliment miracle même, capable de procurer du plaisir sans faire grossir, ma réponse claire est sans appel : pas du tout. Aucun ne contient l'ensemble des éléments nutritifs nécessaires au bon fonctionnement de l'organisme. C'est seulement en associant les aliments que l'on obtient le meilleur résultat pour son corps. Les addictions alimentaires ruinent notre santé, elles poussent à perdre le contrôle, à manger trop et tout le temps la même chose, ce qui est préjudiciable, voire nocif.

J'ai en tête l'image des oies que l'on gave pour obtenir du foie gras. Au début, le gavage est un supplice pour les animaux, que l'on force à manger en plaçant dans leur gosier un entonnoir. Mais, après quelque temps, plus besoin de les contraindre, car ce sont elles qui réclament de plus en plus de nourriture. Et qui finiront avec un foie gras, indolore mais néfaste pour leur avenir (dans les deux sens du terme). Un tel destin arrivera aux humains s'ils continuent – pour ceux qui le peuvent dans les pays développés – à se gaver de nourriture.

Le foie est un filtre nécessaire au bon fonctionnement du corps. Gras (en médecine on parle pudiquement de « stéatose hépatique »), il ne fait plus son travail correctement. Et, comme lorsque n'importe quel filtre se trouve bouché, les substances toxiques, notamment les pesticides cancérigènes, s'accumulent. La mauvaise alimentation se lisant sur le visage, je reconnais les personnes adeptes de fast-food – qui absorbent le cocktail aliments gras, sucrés et salés – d'emblée à leur teint brouillé, à leur air fatigué et prématurément vieilli. Or c'est exactement le contraire qui apparaît chez ceux privilégiant les aliments sains au quotidien : leur vitalité et leur fraîcheur de vivre se remarquent au premier regard. Ils sont aussi plus dynamiques.

Et pour cause : la digestion d'une orgie calorique implique, pour l'organisme, une énergie considérable, forcément épuisante.

Décidez d'arrêter un aliment ou une boisson et analysez votre ressenti dans les semaines qui suivront. Vous verrez que, passé la période délicate de la première semaine où vous êtes encore accro, de nouvelles sensations apparaîtront, qui vous surprendront. Et si vous reprenez la consommation de l'aliment ou de la boisson laissés un temps de côté, vous constaterez ne plus le ou la consommer de la même façon. La compulsion aura laissé la place au plaisir.

L'expérience du café

Des médecins britanniques de l'université du Sussex ont procédé à une enquête approfondie auprès de 800 personnes ayant décidé d'arrêter, un mois durant, leur consommation de café sous toutes ses formes. Les résultats ont montré, dans les 6 mois suivant ce jeûne, des résultats étonnants. D'abord, leur consommation de boissons alcoolisées avait baissé. Ensuite, une légère perte de poids a été notée. Surtout, une amélioration du sommeil ainsi qu'un meilleur fonctionnement des fonctions immunitaires sont apparus.

Comme beaucoup de personnes ont tendance, au fil des ans et à leur insu, à accroître leur absorption de café, ces conclusions sont instructives. Si 3 cafés par jour pourraient avoir des effets bénéfiques sur la santé, à partir de 6 tasses c'est l'inverse qui se produit. Le trop est, là encore, l'ennemi du bien.

Exercice pratique : arrêter le sel

Autre ingrédient auquel nombre de consommateurs sont addicts : le sel. Là encore, osez vous en passer. Faites l'essai suivant : mangez sans en ajouter dans aucun de vos plats durant plusieurs semaines. Au début, vous trouverez ceux-ci fades et insipides. Aussi, n'hésitez pas à utiliser des herbes et des épices, du poivre, à recourir au vinaigre, au gingembre frais ou au citron pour relever le goût de ce que vous avalerez. Évitez aussi, pendant cette période, les aliments trop « naturellement » salés qui excitent l'appétit, tels que les poissons fumés, certaines charcuteries, les anchois, les olives, les gâteaux apéritifs… Certes, l'expérience sera délicate, mais dès la troisième semaine, vous constaterez combien vous aurez changé.

D'abord, vous ne ferez plus partie de celles et ceux qui salent avant même d'avoir goûté, votre seuil de tolérance en ce condiment s'étant effondré. D'autre part, sans suivre d'autre régime que de diminuer la consommation de sel, vous donnerez un coup de frein à votre appétit et perdrez des kilos. Enfin, vous réduirez de façon drastique le risque d'hypertension artérielle et de cancer de l'estomac.

Osez bannir d'autres produits

Maintenant que vous avez réussi avec le sel, passez au sucre. En arrêtant les sucres dans les boissons et les desserts durant trois semaines, vous modifierez le seuil sucré de votre cerveau. Et baisserez le risque de diabète de type 2 ainsi que le chiffre affiché sur votre balance.

Par la modification des seuils sucrés et salés cérébraux, non seulement vous désamorcerez les leviers d'addiction des boissons et des aliments, mais vous n'aurez plus à faire de régime pour rester mince et en bonne santé. Seuls vos nouveaux critères de plaisir vous guideront désormais sur la voie du succès.

Permettez-moi un aparté relatif aux boissons alcoolisées : le jeûne sélectif est très efficace dans la consommation d'alcool. Très vite, en vous les interdisant, vous vérifierez si vous contrôlez ou non la situation, et s'il est temps de prendre le problème à bras-le-corps.

Les nouveaux jeûnes sélectifs

Lorsqu'on est conscient de consommer en excès tel aliment ou telle boisson, faire le test du jeûne sélectif pour évaluer son degré de dépendance et retrouver les chemins de la liberté est aussi révélateur que salutaire voire primordial. Certes, on doit au début mobiliser toute la force de son mental pour réussir – la plus grande difficulté durant les jeûnes sélectifs consistant à ne pas replonger à la moindre contrariété –, mais quelle fierté et quelle meilleure santé au bout du compte.

Alors, maintenant, lancez-vous, tenez bon et foncez droit vers le vrai plaisir.

L'avocat me fait mentir

Depuis toujours je recommande, afin d'être en bonne santé, une alimentation équilibrée et surtout diversifiée au quotidien, qui permet de délivrer chaque jour à l'organisme les nutriments lui étant nécessaires. Pourtant il existe un aliment que je proposerais régulièrement à vos menus : l'avocat.

Notre organisme, mécanique de haute précision, devient très fragile avec le temps. Si l'on cherche à éteindre la faim avec une bonne satiété à 40 ans comme à 20 ans, la machine, forcée de fonctionner en surrégime, risque de lâcher. Or l'inflammation qui découle d'une alimentation déséquilibrée, porte d'entrée de toutes les maladies, est l'ennemi de la santé. S'autoriser des écarts de temps en temps n'est pas grave, ils font partie de la vie, mais la répétition des erreurs alimentaires, elle, est problématique. En particulier l'excès de sucre sous toutes ses formes. Pour absorber celui-ci, le pancréas doit produire de l'insuline. Moins les aliments sont sucrés, moins nous le sollicitons et plus nous le préservons. Les aliments ne sont-ils pas, d'ailleurs, classés par rapport à leur charge glycémique, qui détermine leur impact en termes de sucre sur le corps ?

Des chercheurs de l'Illinois ont découvert en 2019 que consommer ce fruit frais à chaque repas permet de diminuer de façon significative la prise de carbohydrates, d'obtenir une satiété heureuse et un excellent indice de satisfaction alimentaire, notamment chez les sujets en excès de poids. Pourquoi ? Parce que l'avocat favorise la sécrétion du peptide YY, une hormone qui intervient dans la satiété. Il est donc un excellent allié pour perdre durablement des kilos. De plus, il a une action anti-inflammatoire en neutralisant les effets nocifs des aliments pro-inflammatoires, car il tapisse en douceur notre tube digestif pour le protéger des agressions.

Petit conseil pratique :

Vous pouvez vous faire un toast minceur à l'avocat : mixer un avocat avec le jus d'un citron et déposer la purée d'avocat sur des branches de céleri. Le céleri représente seulement 16 calories pour 100 grammes et contient des fibres en quantité, qui accélèrent le transit. Le céleri nécessite de bien mâcher ce qui n'est pas le cas de l'avocat : cela régule l'appétit et aide à avoir un ventre plat.

Objectif ventre plat

Je l'ai écrit plus haut, les excès de sel dans l'alimentation – inclus ou ajouté – sont un fléau. Pour les artères, le cœur, le goût... mais aussi les intestins et le ventre. Manger salé génère en effet un ballonnement intestinal marqué. Par opposition, en réduire la consommation diminue le symptôme désagréable dit du « ventre gonflé », aussi inesthétique qu'inconfortable. Une vérité qui découle d'une étude.

Le sel, star de la gonflette

Ainsi, des scientifiques ont analysé l'effet du sel en excès dans l'organisme. Ils ont mis en évidence une augmentation des gonflements liés à sa consommation chez les hommes comme chez les femmes. Un effet encore plus marqué si l'alimentation du sujet comporte des fibres, en particulier apportées par des légumes crus. L'explication est simple et vérifiable visuellement par tous : mettez à cuire une casserole pleine de carottes, de poireaux, de haricots verts, de concombres, de navets, de choux, et, très vite, vous constaterez un dégagement de vapeur assez important. Si vous utilisez une Cocotte-Minute, vous entendrez rapidement le sifflet de celle-ci se mettre en route afin d'évacuer la pression des gaz. Eh bien, lorsque vous mangez cru, les aliments, afin d'être bien digérés et assimilés, sont

« cuits » à l'intérieur du corps. Une cuisson intérieure qui, elle aussi, dégage des gaz. Or cette fois-ci, pas de sifflet pour les évacuer : c'est votre anus qui, sous leur pression, les éliminera *via* les pets.

Pour éviter de gonfler, ne mangez donc pas de légumes crus en les trempant dans une sauce salée, par exemple. Faites-les plutôt cuire en remplaçant le sel par des épices, qui donneront autant de goût, mais autrement. Testez ainsi les carottes au cumin avec un peu de citron et d'huile d'olive, véritable baume pour les intestins qui, alors, sauront demeurer silencieux : non seulement vous vous ferez plaisir – c'est délicieux – mais votre ventre restera plat.

Il arrive que l'organisme soit particulièrement réactif aux aliments crus ; dans ce cas consommez les fruits sous forme de compotes. N'ajoutez surtout pas de sucre à la cuisson, qui accroît les calories pour rien. En revanche, aromatisez le mélange avec de la vanille, des tests ayant montré qu'elle possédait un pouvoir sucrant tout en ajoutant un goût très agréable. *Idem* pour la cannelle.

Le cumin : une épice moderne

Il est de bon ton, aujourd'hui, de vanter les mérites des épices. Soit, mais faut-il gober tout et n'importe quoi les concernant ? Évidemment non. Il en existe une qui met toutefois la communauté scientifique d'accord : le cumin.

Le cumin est utilisé, pour son goût comme ses propriétés médicinales, depuis plus de 5 000 ans. Les archéologues ont ainsi découvert que les pharaons égyptiens en connaissaient les propriétés. Elle est pourtant une épice « moderne » tant les études scientifiques relatives à cette plante n'ont été menées que récemment.

Quels sont les bienfaits du cumin ?

Plusieurs études réalisées dévoilent d'abord une action sur l'intestin irritable, les gaz et flatulences. Cette épice agit en effet comme un anti-inflammatoire et un antispasmodique naturels, permettant d'obtenir un ventre aussi plat que calme. Le cumin absorberait, dit-on, les gaz et adoucirait la paroi interne des intestins.

D'autres travaux ont mis en avant la participation de cette plante à la perte de poids. Deux études scientifiques ont en effet démontré que des sujets ayant ajouté du cumin à tous leurs repas avaient perdu 1,5 à 2 kilos. Les participants étaient répartis en deux groupes, qui bénéficiaient des mêmes plats et apports caloriques identiques. Eh bien, celui « cumin » a perdu du poids comparé au groupe neutre.

Comment expliquer ce phénomène ? Le cumin contient une molécule active, la thymoquinone, qui interviendrait dans l'activation du métabolisme et l'élimination des graisses. En outre, son goût très particulier retient de saler les aliments ; le sel allumant l'appétit, l'épice représente donc une piste sérieuse dans toute démarche minceur.

En pratique, vous pouvez utiliser le cumin comme épice pour parfumer les plats ou le prendre sous forme de tisane en mettant l'équivalent d'une à deux cuillères à café dans une tasse, selon le goût souhaité.

La menthe poivrée, chef d'orchestre de la digestion

Je l'avoue, j'ai un faible pour les remèdes naturels. Chaque fois qu'il me faut soulager des troubles fonctionnels et que c'est possible, je m'efforce d'éviter de passer par la case médicament en regardant si des plantes pourraient être efficaces. La difficulté est qu'il existe peu d'études sérieuses consacrées aux remèdes millénaires, sans doute à cause du fait qu'ils ne peuvent bénéficier des brevets utilisés par l'industrie pharmaceutique.

Ce fut pourtant le cas, jusqu'à il y a peu, pour la menthe poivrée. Son utilisation ne date pas d'hier, puisqu'on la retrouve dans les pyramides égyptiennes datant du Ier millénaire avant J.-C. Parmi les qualités qu'on lui attribue, sa réputation d'agir sur l'intestin irritable, les spasmes digestifs et l'aérocolie. En pratique, elle diminue les gaz coliques et aide à avoir un ventre plat : la réduction des flatulences après les repas durant lesquels elle a été consommée a été mise en évidence chez un nombre significatif de patients. Elle permet encore d'apaiser les reflux acides de l'estomac vers la cavité buccale. Elle est, enfin, « une potion » qui a bon goût et procure une haleine fraîche et agréable.

La recherche nous donne des éclairages objectifs sur ses effets concernant la sphère digestive. En 2019, des médecins californiens ont démontré qu'une cuillère à café de menthe poivrée aidait la nourriture à « descendre plus vite ». Les scientifiques ont étudié des sujets présentant, après le repas, des reflux acides ou d'air avec une sensation de gêne et de pesanteur au niveau de l'estomac, tous ayant fait au préalable un bilan complet montrant qu'ils ne souffraient d'aucune maladie. Il s'agissait donc d'un problème spastique et de mauvaise synchronisation dans la digestion. Après avoir avalé une petite cuillère de menthe poivrée, les résultats ont évolué : 63 % des sujets virent ces symptômes désagréables disparaître complètement. Les médecins en ont conclu que la menthe poivrée agissait en relâchant les muscles de la partie basse de l'œsophage.

Comme elle peut être prise de différentes façons – en tisane très concentrée, en faisant infuser des feuilles fraîches soigneusement lavées –, vous pouvez boire l'équivalent d'une tasse chaude ou froide, selon votre goût – ou sous forme de préparations à base d'huiles essentielles. S'en passer serait dommage[1].

---

1. N'oublions pas que, pour limiter au maximum les gonflements, le repas doit être pris assis, en mangeant lentement, en prenant le temps de bien mâcher les aliments afin qu'ils soient ensuite faciles à digérer grâce à l'action des enzymes. Le tout en évitant les boissons gazeuses. C'est mettre toutes les chances de son côté pour avoir un ventre plat et élégant.

Six conseils
pour maîtriser son poids

Comment s'y retrouver au milieu des multiples injonctions entendues ici ou là, colportées ici et là, lorsqu'on veut faire attention à son poids ? Cette question, bien des personnes se la posent, perdues et éperdues d'apprendre des conseils simples et efficaces tenant à distance les kilos superflus. Voici quelques idées reçues à bannir et bons plans à suivre.

*« Dis-moi comment tu te tiens,
je te dirai ce que tu manges »*

Se tenir debout avant un repas change la perception des goûts. C'est le constat fait par des chercheurs de Caroline du Sud. Qui expliquerait pourquoi tant de sauces accompagnent les plats proposés dans les fast-foods : les clients de ce type de restaurant attendant debout leur commande, il faudrait relever le goût de ce qu'ils vont manger.

Pour retrouver votre palais, si vous êtes resté debout un quart d'heure avant le repas, attendez donc cinq minutes avant d'entamer celui-ci. Un tête-à-tête avec votre assiette qui vous aidera à retrouver le goût de ce que vous avalez, mais aussi à mieux maîtriser vos pulsions alimentaires en prenant votre temps.

Que se passe-t-il en cas d'orage calorique inhabituel ?

Nous ne sommes pas de marbre, capables de résister à toutes les tentations. L'envie, parfois, est si forte que nous cédons. Alors nous mangeons sans compter, y compris les aliments que nous nous interdisons d'ordinaire.

Dans ce cas, pour ne pas vous faire plus de mal que de bien, deux règles d'or : d'abord, prendre du plaisir à cette sortie de route, l'assumer sans le moindre sentiment de culpabilité... et faire en sorte qu'elle conserve un caractère exceptionnel. Pourquoi ? Parce que le sens de la fête est important et fait partie du bonheur comme de la joie de vivre.

Ce que l'organisme ne supporte pas, c'est la répétition des déluges caloriques. La suralimentation répétée lui demande des efforts constants et (trop) importants pour éliminer les calories en excès, aussi la mobilisation du pancréas devient délicate. Si l'excès est ponctuel, il n'y aura pas d'augmentation de la masse grasse et le kilo pris le lendemain se verra rapidement éliminé les jours suivants.

Ces stress qui font grossir

Chaque jour nous sommes soumis à des stress d'intensité variable. Et nous avons tous constaté combien nous ne sommes, là encore, pas égaux face au phénomène : certains les « gèrent » mieux que d'autres. La répercussion de ces tensions sur la santé dépend essentiellement de la façon dont nous réagissons : le même stress aura un impact puissant chez l'un et passera inaperçu chez l'autre.

L'une des réactions fréquentes face à un pic d'angoisse est de le compenser, en avalant vite quelque chose de gras et sucré. Tels des nourrissons qui pleurent et qui se calment une fois leur

Six conseils pour maîtriser son poids

tétine dans la bouche, une nourriture riche serait censée rassurer. À tort, réécrivons-le. Mais comment, dès lors, éviter de se jeter sur elle à la moindre contrariété ?

Des scientifiques de Floride viennent de mettre en évidence que, avec un même apport calorique, les sujets stressés grossissent davantage que les personnes détendues. Responsable de ce phénomène, une molécule, le NPY, dont la sécrétion est accélérée en cas d'anxiété. Entrant en jeu dans le processus de l'appétit, le NPY augmente par ailleurs la quantité de graisse dans le tissu adipeux, favorisant la prise de poids.

Les kilos pris pour compenser sont redoutables. D'autres travaux scientifiques ont attesté que les aliments à haute valeur calorique – ceux avec lesquels nous nous rassurons quand la tension menace – faisaient davantage grossir lorsque les sujets étaient en état de stress. Alors le cercle vicieux s'installe : je stresse, je mange gras et sucré sans éprouver le moindre plaisir, je prends d'autant plus de poids que je suis anxieux, et me regarder dans le miroir devient un calvaire… alors je stresse, etc.

La solution est de garder une distance mentale par rapport à ce qui se passe. En d'autres termes, il ne faut pas réagir instinctivement, comme lorsque l'on se gratte parce que ça démange, sinon on s'abîme et s'use prématurément. Comment faire ? Inventez-vous un rituel à reproduire chaque fois que vous êtes stressé : au lieu de vous jeter sur des barres chocolatées, avalez un grand verre d'eau, sortez marcher ne serait-ce que dix minutes, mettez une musique que vous aimez… Puisque nous savons désormais que si les compensations alimentaires hypercaloriques passent en mode chronique elles génèrent des symptômes de détresse psychologique, ce qui rend malheureux au long cours, instaurer un rituel vous protégera du réflexe de vouloir compenser et des kilos qui l'accompagnent. De quoi préserver l'image que l'on a de soi et sa santé.

Vraiment bon, le poisson ?

La grande majorité des régimes met en avant la consommation de poissons comme atout majeur de la perte du poids. Mais qu'en est-il réellement ? Quelle est la valeur nutritionnelle du poisson comparée aux autres sources de protéines, et peut-on en manger tous les jours ?

Depuis une décennie, les poissons gras ont la cote, car ils permettent de faire le plein d'oméga 3, lesquels améliorent le fonctionnement du cerveau mais réduiraient aussi les risques de cancer du côlon, comme l'a démontré une étude récente. Les chiffres prouvent en effet que 360 grammes de poisson par semaine baissent de 12 % les risques de cancer du côlon.

Reste toutefois un problème avec les poissons gras comme le thon, le saumon ou l'espadon : leur teneur en métaux lourds, à savoir le plomb, le cadmium ou le mercure. Donc, en manger trop souvent revient à absorber trop de polluants. Alors, pour bénéficier de l'effet oméga 3, mieux vaut choisir des sardines ou du maquereau, du fait de leur petite taille.

Mon intime conviction

Systématiquement, lors d'un dîner, les convives, en fixant mon assiette, me demandent : « Alors docteur, qu'est-ce que je dois manger pour être en bonne santé ? » Je leur réponds volontiers, ayant la passion de mon métier. Quand on fait ce que l'on aime, a-t-on vraiment l'impression de travailler ? Aussi, dans cette partie, nous avons fait comme si nous partagions un repas en tête à tête. Avec un condensé de conseils au menu et de recommandations au dessert.

Dont le plus instructif peut se résumer ainsi : pour gagner la partie il faut jouer le duo gagnant *Jeûne séquentiel + baisse calorique.*

Le jeûne séquentiel de 14 heures, nous l'avons dit, fait chuter l'inflammation de l'organisme et réduit son cortège de maladies chroniques. Grâce à la diminution calorique, le système immunitaire est stimulé, lui, cet ange gardien qui veille sur nous 24 h/24. En le pratiquant, vous activez à l'intérieur du corps des réactions chimiques invisibles mais réelles et hautement protectrices. Le jeûne séquentiel permet de sortir d'un mode de vie pro-inflammatoire et de booster le système immunitaire.

Des études publiées fin 2019 ont montré que plus nous consommons de produits gras et sucrés, moins le plaisir ressenti est important. Aussi, pour conserver le même degré de satisfaction, il faut augmenter les quantités. D'où la dérive et la courbe de poids qui monte, doucement mais sûrement. À l'inverse, chez ceux qui consomment rarement de junk food, le plaisir ressenti lorsqu'il leur arrive d'en manger est très fort. Ils sont en outre hermétiques aux publicités alors que, chez les gros consommateurs, celles-ci déclenchent des pulsions alimentaires.

Relisez cette partie calmement. Car vous avez désormais en main les outils pour constituer un bouclier protégeant de nombreuses maladies. À vous, maintenant, d'en tirer profit et d'enseigner à ceux que vous aimez les clés d'une belle santé.

DEUXIÈME PARTIE

JEUX SÉRIEUX POUR ADULTES

Leçon de médecine très particulière

La magie d'un livre, c'est qu'il crée une communication unique entre l'auteur et le lecteur. Quand le second se pose des questions sur des sujets intimes et jugés tabous, le premier peut les anticiper et y répondre en toute franchise, sans qu'entre en jeu la timidité ou la pudeur, voire la peur, qui paralysent, parfois, dans un cabinet médical. La sexualité, malgré notre époque qui en parle beaucoup, la prétend débridée, ouverte, facilement exprimable, reste pour bien des gens un thème délicat à aborder. On n'ose pas tout raconter, dévoiler, on craint d'être jugé.

Avec moi, aucun interdit, aucun jugement. Je suis prêt à vous donner un cours très particulier de sexualité, à évoquer ce qui ne pourra jamais être enseigné dans une classe de SVT, mais qui est pourtant essentiel à l'épanouissement personnel. Puisque tout un chacun rêve d'avoir une vie sexuelle épanouie, osons donc bousculer réticences, retenues, pruderie, embarras, interdits afin de parler non pas cru, mais vrai.

Accéder à une sexualité intime et intense suppose de pouvoir accepter tout ce qui arrive. Admettre de s'ouvrir à la part d'irrationnel qui est en soi et sans laquelle la vie serait lugubre. A contrario, consentir à s'inscrire dans le prévisible, c'est se mettre – inconsciemment – dans la posture sinistre d'attendre la mort. Car une vérité émerge en ces domaines : le bonheur se situe souvent dans le hasard. Pour vivre une sexualité heureuse, il faut en fait tout le temps se réinventer. C'est en échangeant, en refusant répétition et routine que l'on accède aux plus précieux moments de la vie, que l'on parvient à créer son monde en libérant des forces aussi secrètes qu'invincibles. D'autant que la sexualité participe à la bonne santé, elle qui est régie par la physiologie, nos hormones, notre psychisme et les messages de la société qui indiquent ce qui est acceptable ou non.

Il arrive parfois, dans un couple, de voir la vie sexuelle perdre de son allant, l'envie s'éloigner et le désir disparaître. Comment éviter ces écueils ou les franchir ? En sortant de sa zone de confort, en créant des situations nouvelles, inattendues, en partant à la redécouverte de son corps mais à deux. Le jeu, sans calcul ni tabou, est souvent la clé permettant de lever les chapes de plomb qui empêchent la sexualité de s'exprimer librement. Il aide celle-ci à s'inscrire de nouveau dans la joie de vivre, la créativité et le bien-être, et non plus à rester enfermée dans le non-dit, la frustration et l'obligation.

La sexualité révèle une part de qui nous sommes vraiment. Pas ce que nous voulons croire, pas ce que nous voulons montrer, mais le plus profond de notre être. Or nous avons souvent tendance à cacher les plus belles parts de nous-même. Partir à la découverte de ce qui nous excite le plus, des désirs inavoués enterrés sous le sable du quotidien ou de la pudeur, c'est apprendre à se connaître et briser les chaînes qui volent notre liberté.

Faire l'amour est un acte magique qui permet d'entrer dans une nouvelle dimension. Aussi, après ces minutes intenses, prenez soin de ne pas passer tout de suite à autre chose. Consacrez dix minutes à intégrer les bienfaits procurés par ces instants forts. Prolongez le temps où votre sexe a permis à votre corps et à votre esprit d'entrer en fusion et d'accéder à des territoires touchant au spirituel.

Afin d'atteindre ces paradis, il faut savoir faire le vide en soi pour s'ouvrir à l'autre. Attention : s'ouvrir ne signifie pas tout se dire. Les secrets alimentent la créativité. Il faut toujours garder une part de mystère afin d'indiquer à son ou sa partenaire qu'il ou elle n'a pas tout découvert de vous, notion de découverte qui comporte une part excitante, aussi ne vous en privez jamais.

Leçon de médecine très particulière

Les commencements d'une histoire à deux font du bien car tout, alors, semble neuf. L'enjeu, avec les mois et les années, consiste à faire que l'autre persiste à ressentir la sensation de nouveauté. C'est entretenir la flamme, si vous préférez. En y arrivant, vous aurez le sentiment que chaque moment partagé avec votre partenaire est un cadeau de la vie, vous libérerez des émotions intenses qui alimenteront votre bonheur et votre joie de vivre.

Résumons d'une formule simple tout ceci : le sexe, c'est sain, naturel et innocent.

Une sexualité épanouie nécessite d'avoir une grande intimité (sans tabou) avec soi-même. Le sexe ne fait pas bon ménage avec la culpabilité ou toutes les formes de répression. Ne cherchons donc en rien l'approbation des autres, décidons nous-même ce qui nous rend heureux et nous correspond en fonction de ce que nous ressentons.
Dans le couple, merveilleux territoire d'échange et de communication, faire l'amour revient à renouer avec des langages oubliés afin de communiquer autrement. Se toucher, se caresser, c'est entendre les messages de l'autre qui nous aime mais ne sait parfois comment l'exprimer avec des mots ; c'est aussi faire exister le couple avec bienveillance, chacun construisant sa vie à partir de l'autre. Il ne faut donc pas penser en termes de bien ou de mal, tant on peut trouver dans ce qui nous semble mauvais les germes du meilleur.
Dès lors, pensons la sexualité avec bienveillance et sans culpabilité. Cessons de la caricaturer, de la dévaloriser, de l'extérioriser : les plaisanteries à son propos, les railleries, la pornographie cassent la beauté de l'acte. Il faut penser celui-ci comme la source d'une beauté excessive et mystérieuse. Et garder à la sexualité une dimension joyeuse, qui doit rester privée. L'intimité permet de jouer, de se libérer et de développer une vraie complicité avec son partenaire.

Jeux sérieux pour adultes

Si vous gardez en mémoire que faire l'amour rapproche de la spiritualité intérieure, vous comprendrez à quel point les « blagues » à ce sujet peuvent empêcher la communion avec vous-même. Choisissez les mots les plus beaux pour parler de ce qui touche à l'acte sexuel et ne stigmatisez personne par rapport à sa sexualité sous prétexte de plaire aux autres. Apportez votre part de rêve, d'art et de poésie dans un univers souvent froid et hostile. En mettant l'acte d'amour sur un piédestal, vous monterez sur ce piédestal.

La sexualité vous relie aussi à votre imaginaire, à votre enfance, à tout ce que vous n'osez jamais dire. Lorsque vous faites l'amour, ce sont les recoins les plus secrets de vous-même que vous laissez s'exprimer. Plus vous serez vrai et authentique dans ce domaine, plus vous correspondrez à ce que vous êtes, vous vous ferez du bien et ferez du bien à l'autre.

Chaque fois que nous créons des décalages entre ce que nous sommes et nos actes, nous ouvrons la porte à des risques de maladies. Notre cerveau, notre corps ont un besoin vital de s'exprimer. « Il faut que ça sorte », comme on dit, sinon il y a refoulement. Tracer la voie d'une sexualité épanouie est donc l'une des clés de la joie de vivre et du bonheur. Être en accord, se réconcilier avec soi-même permettent d'exister dans une dimension qui nous correspond parfaitement. Ne traversez pas votre vie dans des habits qui ne sont en rien les vôtres, vous seriez mal à l'aise et triste. Créez le monde qui vous correspond et dans lequel vous vivrez de façon heureuse, voilà la solution.

Enfin, comprenez que, dans la sexualité, rien n'est jamais figé. Ce qui vous convient aujourd'hui peut devenir ce que vous détesterez demain. On peut à la fois être sincère à un instant T et changer radicalement l'instant d'après, au point de ne plus correspondre à ses choix passés. Qu'importe : là est la complexité du couple, deux êtres en perpétuel mouvement.

Le couple doit être l'espace où chacun laisse éclore ce qu'il a de plus fragile et délicat. Il est le territoire où nous pouvons révéler sans crainte nos faiblesses comme nos forces, le lieu pour apprendre à s'aimer et se faire aimer en mettant au jour le meilleur de chacun.

À sexe vaillant, rien d'impossible

La sexualité, de la puberté à 40 ans

Contrairement aux idées reçues, il y a quelque chose de très fragile dans la sexualité masculine. Aragon écrivait : « Rien n'est jamais acquis à l'homme, ni sa force ni sa faiblesse » ; il avait entièrement raison, et ces mots pourraient résumer mon propos. Si, à 20 ans, les érections se déclenchent tout de suite pour de simples stimulations sensorielles – un vêtement léger, un mot chuchoté à l'oreille, un frôlement d'épaule… –, sont fermes, dures, stables, avec un excellent angle ; s'il est alors possible de « remettre le couvert » plusieurs fois de suite sans stimulation artificielle et que les érections matinales se révèlent constantes, au fil des années de telles « performances » s'amenuisent, ce dont il ne faut pas prendre ombrage, pas plus qu'il ne faut se laisser gagner par l'angoisse. Car à la sexualité instinctive immédiate du corps jeune peut succéder une autre, différente et tout aussi épanouissante.

Du reste, à tout âge existent de grands moments comme des inconvénients. Les jeunes de 20 ans aussi connaissent des doutes : ainsi, les phénomènes d'éjaculation précoce sont fréquents lors du premier rapport, en raison de trop d'émotions mal maîtrisées, les choses s'arrangeant souvent au rapport suivant, quand la tension psychologique est moins forte. Comme quoi.

Notons enfin, dans ce petit préambule, une vérité méconnue des ébats sexuels très « chauds », dont toutes les générations bénéficient : la dépense énergétique pour atteindre le 7e ciel est inférieure à celle nécessaire pour monter deux étages à pied, mais pas négligeable ! Si faire l'amour n'aide pas vraiment à maigrir, le plaisir est bien plus fort qu'une séance de step, en somme.

La façon de marcher traduit la qualité de l'érection

Des scientifiques japonais viennent de faire une découverte étonnante. Leur étude montre que les hommes marchant avec de petites foulées ont, dans 40 % des cas, des problèmes d'érection fréquents, dont des érections instables ou insuffisantes pour la pénétration.

Les médecins ont cherché à comprendre le lien entre ces deux phénomènes : en fait, ils ont établi une corrélation entre les petites foulées (à la fois en longueur et hauteur) et une musculature pelvienne insuffisante. Ils estiment donc que ces muscles interviennent dans le maintien de l'érection. Par ailleurs, la force et la flexibilité du pelvis apparaissent comme un autre facteur important.

Un exercice physique quotidien d'au moins 30 minutes accroît la libido et optimise la qualité des artères, et en particulier celles des vaisseaux qui interviennent dans l'érection. En pratique : marchez donc 30 minutes par jour avec des grandes foulées pour bénéficier d'une sexualité rayonnante.

Continuons notre petit tour du monde en notant que des chercheurs turcs ont mis en évidence que la stimulation électrique de faible intensité du nerf tibial au niveau de la cheville permettait de diminuer les cas d'éjaculation précoce. Une nouvelle piste de recherche ?

À sexe vaillant, rien d'impossible

La sexualité de 40 à 120 ans...

Avec l'âge, donc, la sexualité change. Elle ne diminue pas, mais fonctionne autrement. Les érections ne se déclenchent plus de la même façon et pas toujours pour les mêmes raisons. La jouissance et le plaisir peuvent rester identiques, ou même, avec l'expérience, devenir plus intenses afin d'atteindre des sommets. Aussi, avoir appris à bien maîtriser ces instants et à goûter son plaisir fait toute la différence.

Il est important de connaître les modifications naturelles de la sexualité pour apprendre – en douceur – à découvrir cette pratique différente, réinventée. Bien des hommes, à un moment de leur vie, s'inquiètent de la diminution des érections spontanées, qu'elles soient occasionnelles ou matinales, le risque encouru étant alors une perte de confiance en soi : en se répétant « je n'y arriverai pas, cela ne viendra pas », ils finissent par renoncer progressivement à toute tentative d'avoir des rapports sexuels, craignent de ne pas être à la hauteur, donc préfèrent s'abstenir que d'essayer. Or la sexualité ressemble à l'appétit : moins on mange, moins on a envie. Et l'abstinence sexuelle a des conséquences physiologiques importantes : prolongée trop longtemps, le niveau de testostérone chute, le risque d'andropause guette. Les répercussions sont multiples : la masse musculaire baisse, la peau se fait plus fine et ridée, les érections deviennent impossibles, faute de toute envie. C'est le « coup de vieux », qui plus est souvent associé à des troubles dépressifs et du sommeil.

Une étude publiée en août 2019 par des scientifiques britanniques a même démontré que l'abstinence sexuelle augmenterait de façon significative les risques de pathologies graves. Réalisée sur un échantillon large de 2 577 hommes et 3 195 femmes âgés de 50 ans et plus, l'enquête a établi que les hommes n'ayant plus du tout de rapport sexuel augmenteraient de 63 % leurs risques de déclencher des cancers et de 41 % ceux d'être touchés par des maladies chroniques. Et chez les femmes dans la même abstinence les risques grimperaient de 64 %... Les chercheurs ont noté également que la diminution de la libido pouvait être le signe d'une maladie sous-jacente. J'attends donc avec une certaine impatience les prochains travaux de recherche sur ce sujet afin de mieux comprendre le potentiel protecteur des rapports sexuels.

En réalité, la baisse de fréquence des érections spontanées en cas de faibles stimulations ne traduit nullement un arrêt de la sexualité, mais un changement de mode d'emploi qu'il suffit de connaître. Car vouloir absolument reproduire la sexualité que l'on avait à 20 ans est absurde, c'est comme s'habiller avec des vêtements remontant au siècle dernier qui, à la fois, ne siéent plus et rendent ridicules.

Lorsque des troubles de l'érection surviennent, la première chose à faire est de consulter son médecin traitant. Parce que, en fait, ils peuvent être synchrones de maladies à éliminer, tels le rétrécissement du calibre des artères coronaires – cela peut entraîner un infarctus du myocarde et, dans ce cas, la pose de simples stents résoudra le problème –, la découverte d'un diabète, la prise de médicaments associés qui ne font pas bon ménage avec la sexualité... Contrôler la prostate est, aussi, utile.

Dès que le bilan médical montre que tout va bien, placez-vous sur le pas de tir et préparez le décollage de votre nouvelle sexualité vers le nirvana.

Facile comme un timbre-poste

L'érection nocturne persiste avec l'âge. Vous en doutez ? Pour en avoir le cœur net, essayez un test tout simple à réaliser.

Le soir avant de vous endormir entourez, messieurs, votre pénis d'une bande de timbres collée à ses extrémités. Si, au réveil, vous découvrez la bande déchirée, vous saurez que j'avais raison !

À sexe vaillant, rien d'impossible

Les interrupteurs de l'excitation

Chez l'homme mature, l'excitation sexuelle naît de stimuli bien différents de ceux qui attisent les sensations du jeune. Les stimulations manuelles notamment prennent bien plus d'importance pour « allumer le feu ».

Parfois, de simples caresses de sa partenaire font que le désir monte. Prodiguées à une vitesse de 5 centimètres seconde sur la face interne des cuisses, elles seront particulièrement efficaces, certains points du corps agissant comme de véritables interrupteurs. Citons les corpuscules de Krause, zone située au niveau du petit filet sous le pénis, au départ du gland, région particulièrement réactive pour déclencher le désir sexuel. En pratiquant seul – ou à deux – de légers massages circulaires, avec les doigts ou la langue, l'effet s'avère quasi immédiat.

Et quand – cela arrive – ces manœuvres ne suffisent pas à déclencher l'érection, mieux vaut passer à l'étape supérieure.

Quand la machine s'enraye...

Les dysfonctions sexuelles chez l'homme existent, bien sûr, et sont mêmes fréquentes. Toutes les tranches d'âge sont concernées par les troubles de l'érection, qui touchent plusieurs millions de Français. Ainsi, 42 % des hommes reconnaissent avoir été confrontés à cette défaillance une fois dans leur vie. Entre 40 et 70 ans, ces désagréments touchent plus de la moitié de la population masculine. Les plus sujets à une sexualité « défaillante » sont les fumeurs, les buveurs excessifs d'alcool, les sédentaires et les personnes en surpoids. Et les causes qui provoquent ce trouble sont multiples mais liées à ce constat : le stress, des pathologies vasculaires ou le diabète.

On le voit, le surpoids, une alimentation déséquilibrée jouent. Une consommation excessive, et quotidienne, d'aliments gras et sucrés favoriserait à elle seule un pénis mou. Et pour cause, elle encrasse les très fines artères génitales – essentielles pour obtenir une érection de qualité – qui n'assurent plus le débit suffisant. Chez les sujets obèses, les kilos en trop font chuter le taux de testostérone et mettent la libido en berne. En résumé quelque peu expéditif mais limpide : plus le ventre tombe, plus l'angle d'érection chute. Une sexualité épanouie sur le long terme est donc la traduction d'une hygiène de vie irréprochable.

Les aliments aphrodisiaques

Nous disposons de bien peu d'études scientifiques sur les aliments aphrodisiaques. Or de nombreuses légendes circulent depuis des centaines d'années, légendes auxquelles manquent les preuves de l'efficacité réelle des produits vantés par elles. L'absence de travaux médicaux fiables sur ces sujets s'explique par le fait qu'on ne peut breveter un aliment, à l'inverse de la molécule d'un médicament, donc qu'il n'y a aucun enjeu économique nécessitant d'apporter une réponse à de telles questions...

C'est pourquoi j'ai porté mon attention sur une étude menée en 2019 par une équipe de scientifiques universitaires espagnols, qui ont décidé d'analyser les effets de la consommation de noix sur la sexualité masculine, ce fruit ayant des vertus fertiles selon les textes anciens, comme l'atteste le « une noix me rend toute ronde » de Jean de La Fontaine. Ces chercheurs ont mis au jour qu'une certaine quantité de noix mangée quotidiennement augmenterait les fonctions sexuelles masculines et l'intensité des orgasmes.

Ces experts avaient déjà prouvé, à l'occasion de travaux antérieurs, les liens existant entre la consommation régulière des mêmes noix et la qualité du sperme – mobilité, vitalité et concentration des spermatozoïdes. Soit dit en passant, la qualité du sperme n'a rien à voir avec celle de la vie sexuelle, certains hommes bénéficiant d'un sperme parfait pouvant connaître des problèmes d'impuissance, tandis que d'autres, à la sexualité active et heureuse, en posséderont un comportant peu de spermatozoïdes actifs. Comme quoi...

En 2019, d'autres chercheurs se sont intéressés, eux, à la fertilité masculine, dont a été constaté le déclin dans les pays industrialisés. Ils ont découvert que la consommation de tomates améliorait la fertilité du sperme parce qu'elles contiennent du lycopène, substance qui optimiserait la qualité des sécrétions. Le lycopène aurait également une action de prévention des cancers de la prostate. Pour mémoire, là encore, contrairement à des idées reçues, la sauce tomate en boîte contient plus de lycopène que les tomates fraîches. Une question de concentration, en somme... comme le sperme !

De belles noix dans le slip

Pour réaliser leur étude, les médecins ont donné 60 grammes de noix – soit 8 fruits – par jour à un groupe de 83 hommes âgés de 18 à 35 ans, et ce durant 14 semaines. Au terme de celles-ci, les chercheurs ont noté une nette augmentation du désir sexuel et des orgasmes, ainsi qu'une sexualité vigoureuse et plus fréquente.

Les noix utilisées par les chercheurs espagnols étant des noix brutes, je vous conseille celles que vous aimez au goût ainsi que les mélanges constitués de noix, d'amandes et de noisettes. Surtout, prenez-les sans sel – la quantité de sel recommandée par jour étant de seulement 5 grammes.

L'idéal est de les consommer en début de repas car vous bénéficierez en plus de l'effet coupe-faim de ces fruits à coque. Ce traitement inédit étant sans danger – sauf si vous êtes allergique, bien sûr –, tentez l'expérience et prolongez-la 3 mois et demi. Vous jugerez des résultats par vous-même... Pour l'anecdote, il semblerait que l'odeur du sperme des végétariens soit beaucoup plus neutre et douce.

Booster l'érection sans médicament ?
Mangez sainement et faites de l'exercice...

Une érection de bonne qualité, autrement dit ferme et stable, est importante pour l'harmonie du couple ainsi que pour le moral et la confiance en soi. Parce qu'elle fonctionne, chez beaucoup

Quand la machine s'enraye...

d'hommes, comme un baromètre de l'humeur. Si la vigueur pointe longuement vers le ciel, celle-ci sera au beau fixe pour la journée.

Des chercheurs ont voulu en savoir plus sur ces questions en étudiant une population masculine de moins de 40 ans. Et ont constaté que plus de 44 % des sédentaires présentaient des troubles de l'érection, taux élevé qu'ils n'avaient ni envisagé ni imaginé. Ils ont découvert aussi que, au quotidien, ce problème survient chez seulement 21 % des hommes dépensant au minimum 1 400 calories en pratiquant de l'exercice physique.

Un constat quelque peu logique puisque la qualité du système vasculaire est la clé d'une bonne érection. L'afflux de sang vers la verge ne doit donc pas être freiné par des artères qui commencent à s'encrasser. Bouchées partiellement, l'irrigation ne s'effectue plus correctement. De fait, quand un médecin est informé de troubles de l'érection chez un patient, il contrôle d'abord ses artères du cœur, conscient qu'il existe des liens étroits entre ces maladies coronaires et ces ennuis érectiles.

... et lâchez vos écrans !

Dans un tel contexte, j'avoue être inquiet des conclusions d'une étude scientifique britannique. Un professeur de statistiques anglais soutient en effet qu'en 2030 les couples ne feront plus l'amour. Ayant interrogé des couples de 16 à 64 ans sur la fréquence de leurs rapports sexuels au fil des années, il lui est apparu que si en 1990 la moyenne se situait à 5 rapports mensuels, elle est tombée à 4 en 2000 et trois actuellement ! En suivant cette trajectoire, nous risquerions effectivement d'approcher du zéro en 2030. Le chercheur a évidemment voulu comprendre ce recul. Eh bien, parmi les pistes évoquées, apparaissent la croissance fulgurante des réseaux sociaux comme la mise à disposition des séries télévisées ou accessibles sur son smartphone en permanence.

Jeux sérieux pour adultes

Soyons lucides et même francs : nous passons tous de plus en plus de temps devant nos écrans – télé, ordi, smartphone, etc. – et de moins en moins à faire autre chose. Une addiction, une dépendance qui nous rendent passifs, spectateurs, à l'inverse par exemple de la lecture qui est un geste actif en demandant un effort pour tourner les pages, se concentrer, réfléchir à ce que l'on lit, du cinéma, qui exige de sortir de chez soi. Autrefois, à la télévision, les films s'arrêtaient vers 22 h 30 et on pouvait filer au lit faire l'amour. Aujourd'hui, avec un spectacle qui ne s'interrompt jamais, celui des draps perd de ses attraits. Même les repas sont commandables par des applications et livrés tout prêts, ce qui réduit le goût de les préparer ensemble comme de s'extraire de son domicile. Je ne peux m'empêcher de penser à nouveau aux oies que l'on engraisse dans un espace exigu et clos afin de produire du foie gras. Alors commencez à résister en manifestant à votre façon : par l'extinction de vos écrans et le plaisir de faire l'amour.

Panne sexuelle et attrait de la nouveauté

L'impuissance sexuelle, même occasionnelle, provoque plus de dégâts qu'on l'imagine parfois. Car elle touche l'homme qui en est victime mais atteint aussi le couple. Le premier se sent coupable et dévalorisé, vit cet épisode comme une catastrophe, au point que craindre la panne en vient parfois à la provoquer, début d'un cercle vicieux douloureux. Quant aux paroles prononcées au moment où celle-ci survient – « Ce n'est pas grave... », « Alors je ne te plais plus »... –, elles peuvent susciter des traumatismes psychologiques qui déstabiliseront le couple.

Avec le risque de voir certains conjoints être tentés de régler le problème et d'oublier l'expérience malheureuse en cherchant une autre partenaire. Pourquoi ? Parce que cette perspective permet de penser que ce n'est pas soi le responsable de l'échec, mais l'autre. Et comme l'attrait de la nouveauté induit un « allumage

Quand la machine s'enraye...

sexuel » plus efficace chez l'homme, donc une érection plus aisée, s'il passe à l'acte il le croira. Or aller voir ailleurs est loin d'être la solution miracle : il arrive en effet fréquemment que les incidents d'impuissance se reproduisent immédiatement avec une nouvelle partenaire.

Parlons technique : la méthode du « bourrage »

La femme joue un rôle clé lors d'un épisode de panne. Et pas seulement en prononçant les mots bienveillants qui rassurent et redonnent confiance. Car elle est le partenaire idéal pour aider à faire l'amour en l'absence d'érection, avec ce qu'on appelle la méthode « du bourrage » – terme peu élégant, j'en conviens –, excellent dépannage express quand ce dysfonctionnement survient.

Cette technique est simple : la partenaire saisit le membre mou, le guide délicatement des doigts vers son vagin préalablement très lubrifié, et le fait pénétrer. Qu'il n'y ait pas d'érection préalable ou un début insuffisant pour une pénétration autonome n'a aucune importance : l'absence de rigidité de la verge ne constitue pas un problème avec cette méthode. Une fois le sexe introduit, l'homme doit se coller le plus possible à sa compagne pour éviter que le pénis ressorte inopinément. Celle-ci continue à le maintenir avec ses doigts et le pousse vers l'intérieur du vagin. Il est recommandé de ne pas bouger pendant deux minutes, minutes durant lesquelles elle peut prodiguer à l'aide de son autre main des caresses au niveau des fesses et de l'anus du conjoint, zones très érogènes qui participent largement à « l'allumage ». La femme entame ensuite des mouvements lents et réguliers de va-et-vient. Et, en général, après quelques allers-retours, une belle érection se déclenche spontanément. Le tout fait avec attention, complicité, douceur, respect, de l'érotisme salvateur en somme.

Une telle méthode permet de pallier une défaillance sans recourir au moindre médicament. Juste en accordant confiance à sa partenaire, un aléa intime ne se transforme pas en drame ou angoisse récurrente. Bonus, il est fréquent d'observer que les rapports suivants se passent bien voire de mieux en mieux. L'homme, libéré par sa réussite, voit, ensuite, son cerveau érotique excité et sa libido (re)monter en puissance.

L'âge avance, les envies évoluent

Les sources de stimulation sexuelle se modifient souvent avec l'âge. En d'autres termes… ce qui vous excitait autrefois ne fonctionne plus forcément aujourd'hui. À cela, rien d'anormal, juste une évolution classique : les goûts changent, les sensations aussi. Pourtant, il s'agit parfois d'une étape déstabilisante pour le couple : chaque partenaire, sûr de son fait et de ses habitudes, peut se retrouver dans des situations vécues comme un échec là où, il y a encore quelques semaines, il était certain d'amener l'autre au nirvana… Les conflits éclatent alors – souvent pour un rien –, chacun rejetant la « faute » sur l'autre ; à terme, un grand nombre d'unions se fissurent puis éclatent. D'autres restent ensemble, mais chacun replié sur soi, ce qui est peut-être encore pire…
Premier conseil quand cette évolution apparaît chez l'un ou l'autre des partenaires, voire les deux : surtout ne pas culpabiliser. Prenez soin d'être à l'écoute de ces nouveaux désirs avec bienveillance. Mieux, dans la mesure où ils ne sont pas illicites, allez vers eux. Et comprenez qu'en les ignorant vous risqueriez de saborder votre sexualité.
L'important est de trouver son propre équilibre sexuel dans ce paysage intime mouvant. Or la difficulté tient au fait que cet équilibre change sans cesse. Trouver son propre point de gravité nécessite donc de porter attention, après avoir fait l'amour, à ce qui vous a fait le plus de bien à vous mais aussi ce qui a fait du

Quand la machine s'enraye...

bien à votre partenaire. Le cerveau contient des neurones miroirs qui nous font ressentir ce que l'autre ressent, utilisons-les : en se mettant en résonance, le plaisir monte. Un exemple : si vous voyez une personne déguster un Esquimau avec délectation, vous en aurez envie aussi. Eh bien, quand on fait l'amour, c'est pareil : votre partenaire et vous libérez ensemble un cocktail d'hormones « du bonheur » – les désormais bien connues dopamine, ocytocine, sérotonine et endorphines –, et le plaisir de l'un emporte l'autre vers les sommets.

Une sexualité heureuse oblige à sans cesse se réinventer afin de déceler les potentiels enfouis au plus profond de soi. Pour cela, interrogez-vous, apprenez à mieux vous connaître : « Comment naît mon désir ? », « Pourquoi existe-t-il ? »... Le secret d'une vie sexuelle épanouie est de savoir précisément ce que l'on désire. Pensez par exemple à ce qui vous traverse la tête quand vous cherchez à vous exciter davantage avant l'amour et vous glanerez des indices permettant de découvrir vos secrets les plus intimes, secrets où, souvent, se cachent les racines de votre créativité et de votre joie de vivre.

Passer du mode sympathique
au mode parasympathique

Guère évident, dans nos vies millimétrées, stressées, hyper-organisées, de se retrouver pour faire l'amour. Or, pour que le désir monte, il est primordial de prendre le temps de déconnecter, de se préparer mentalement et physiquement à l'acte, d'ouvrir un sas pour passer du mode « sympathique au mode parasympathique » afin que les rapports sexuels se savourent en harmonie.

Le mode « sympathique » correspond à l'action, la vigilance, la vie professionnelle intense, tout ce que l'on doit faire avec attention et concentration. Il est caractérisé par la sécrétion d'adrénaline, laquelle accroît l'efficacité des missions que

Jeux sérieux pour adultes

l'on doit conduire au mieux. Or ce système bloque l'érection chez l'homme, empêche la lubrification du vagin – qui se met en position « fermée » – chez la femme. Tout se passe comme le dit l'expression populaire : « Je n'ai pas la tête à ces choses-là. » À l'inverse, le système « parasympathique » met en avant la relaxation, la détente, le bien-être. C'est la digestion paisible, la sieste tranquille. Cette activité favorise donc les érections spontanées, la lubrification et l'ouverture des grandes lèvres, d'où des moments riches et partagés.

Dans de nombreuses pannes sexuelles, c'est souvent l'hyperactivité du système sympathique avant de faire l'amour qui est en cause. L'un des partenaires, voire les deux, n'est pas en condition, encore dans le flux de sa journée, perturbé par ses ennuis, obnubilé par les nombreuses tâches à exécuter. Comment mettre en place, dès lors, le fameux sas de décompression ? En se posant, en réfléchissant : chacun sait ce qui le détend, ce qui le fait passer à autre chose, ce qui le met en condition pour apprécier un moment à deux – pour certains, il s'agit de mots doux accompagnés de baisers, pour d'autres d'un verre de vin, d'une musique relaxante, d'un bain coquin –, alors songez-y et mettez-le (ou les) en pratique…

Bien sûr, il convient de doser cette phase de transition, faute de quoi elle peut aboutir à l'effet inverse de celui désiré. Trop d'alcool, par exemple, ôterait l'envie de faire l'amour ; trop de relaxation par des caresses ou un bain chaud serait capable de provoquer l'endormissement (qui ne fait jamais bonne impression auprès de son ou sa partenaire)…

Attention à ne pas confondre les différentes façons, propres à chacun, de passer du mode sympathique à celui parasympathique avec les préliminaires, tel le massage clitoridien avec le doigt ou la langue, la fellation ou la masturbation. Ces stimulations-là ne doivent pas commencer quand le sujet est encore en mode sympathique ; les leviers physiologiques nécessaires à l'éveil sexuel n'étant pas encore en route, ce serait l'échec assuré.

Quand la machine s'enraye...

D'une certaine manière, le mode en passage parasympathique correspond à l'apéritif et les préliminaires à l'entrée... avant le plat de résistance, qui est l'acte sexuel lui-même.

Un café, l'addition ?
Non : un dessert d'abord !

Une fois le « plat » consommé, au lieu de demander « un café et l'addition », autrement dit de filer vous coucher et vous endormir, commandez plutôt un dessert. Vous découvrirez alors un moment merveilleux pour l'épanouissement et le bonheur du couple. Prenez en effet le temps d'explorer, à deux, de nouveaux territoires de plaisir. Vous constaterez combien la jouissance ne se trouvait pas forcément où vous l'attendiez, mais réside sur un autre versant du couple que vous ne soupçonniez en rien.

Une équipe de scientifiques d'outre-Atlantique a lancé la première étude sur ce qui arrive juste après l'amour. Ces chercheurs ont analysé les réactions et sensations éprouvées par 335 participants qui, après un rapport sexuel, se blottissent l'un contre l'autre durant au moins un quart d'heure. Avec comme position notée la plus fréquente, celle en petite cuillère : le couple allongé sur le côté, la femme assise sur les genoux de l'homme ou l'inverse.

Eh bien, les résultats ont surpris. Les réponses aux questionnaires ont en effet montré que les couples qui pratiquaient ce rapprochement après l'amour ressentaient un plaisir souvent plus important que pendant le rapport sexuel lui-même. Mieux encore, que la sensation de plénitude et les sentiments affectifs étaient beaucoup plus forts chez ces couples que parmi ceux qui regagnaient tout de suite après leur côté du lit pour s'endormir. En somme, tout se passe comme si ce quart d'heure prolongeait et même augmentait le plaisir de l'acte.

Ce constat est flagrant chez ceux ayant de jeunes enfants à la maison. Et s'explique facilement : quand un couple devient parents, chaque partenaire doit renoncer à laisser s'exprimer l'enfant qui est en lui parce qu'il lui faut devenir une grande personne. Une frustration qui crée un manque, inconscient, lequel manque nuit à l'épanouissement comme au bien-être. Réussir, l'espace de quelques minutes, à redevenir un enfant, en se mettant bien au chaud sur les genoux de son ou sa partenaire, aide à se relier à ses jeunes années par les sensations ressenties. C'est pourquoi le mélange de tendresse-douceur après l'acte sexuel génère tant de plaisir. Il s'agit d'une forme de célébration de l'amour, d'une façon de mieux encore le savourer.

En plus de nous ouvrir les yeux, cette étude a donc un énorme mérite : dans une période où le zapping domine, où on passe rapidement d'une activité à une autre sans jamais analyser ce que l'on a ressenti exactement, elle nous incite, nous pousse même à prendre le temps, à faire attention à nous et à ce que l'on ressent profondément, réellement.

Les bonheurs de l'after-sex

Les mêmes scientifiques ont conduit une seconde étude, consacrée aux conversations intimes, aux caresses et aux positions des participants après l'amour. Résultat de leurs observations : ces comportements, chez les hommes comme chez les femmes, augmentent de façon significative le sentiment de satisfaction de la vie amoureuse.

Autre constat important mis en évidence, dans les semaines ayant suivi l'« after-sex », les participants en ressentaient encore les bénéfices. Pourquoi ? Parce que consacrer du temps à l'amour après l'amour permet de fixer dans la mémoire du cerveau érotique ces moments de plaisir durable. Le processus est aisé à appréhender : imaginez que vous veniez de terminer un merveilleux repas gastronomique ; vous vous asseyez dans un endroit tranquille et, pendant un quart d'heure, vous ne pensez plus qu'à ces bons instants ; vous constaterez alors, des mois plus tard, que vous n'aurez rien oublié du délicieux moment, déjeuner ou dîner, qui vous semblera encore meilleur tant vous l'aurez sublimé. Votre cerveau ayant été activé pour qu'il se souvienne longtemps du meilleur, vous aurez réussi à décupler votre jouissance et à la faire durer au long cours.

Faire l'amour, c'est un peu comme partir en vacances, s'embarquer vers une autre dimension. On sait que, durant un voyage, c'est la fin du séjour qui marque le plus. Parce que la mémoire se concentre davantage sur les bienfaits des derniers moments, il est préférable de ne pas programmer de corvées la veille du départ, jamais bonnes pour le moral. Au contraire, passer la dernière journée de vacances en y incluant ce que l'on a préféré durant les congés – par exemple un déjeuner dans son restaurant favori ou sa balade fétiche – vous aidera à faire durer longtemps le plaisir. De même, pour prolonger celui-ci, racontez les vacances à vos amis au retour : l'important, c'est un ressenti, à domicile, le meilleur possible. Vous ferez ainsi le plein d'énergie pour les semaines à venir. Certes – il s'agit de la grande différence entre les vacances et l'acte sexuel : difficile de faire durer le plaisir en le... racontant à tout le monde !

Le royaume mystérieux des odeurs corporelles

Même les hommes les plus élégants s'adonnent à des plaisirs que d'aucuns pourraient qualifier d'« étranges »…

Ainsi, sans s'en rendre compte, la plupart des hommes se touchent régulièrement les bourses, le pénis ou l'entrecuisse, et reniflent ensuite leurs doigts avec délectation. Je vous vois déjà froncer les sourcils, l'air dégoûté à la lecture de cette vérité. Il ne faut pas. Car ce geste furtif, souvent exécuté à l'abri des regards lorsqu'il est conscient, ne participe en aucun cas d'un besoin masculin de vérifier que « tout est en place » et se rassurer, ou, comme le croient certains, de savoir si l'on doit prendre une douche… Fondamentalement, il s'agit de bien autre chose : sentir les odeurs de certaines parties de son corps consiste à se connaître intimement. C'est être en relation avec la part animale qui demeure en soi.

Mais d'où vient ce réflexe ?

Notre odeur, notre identité

Chaque individu possède une odeur unique, et la façon dont il l'interprète n'appartient qu'à lui. Cette odeur est en lien direct avec la mémoire profonde, l'enfance. Un étranger ne pourrait jamais savoir ce que nous ressentons en humant celle-ci, enfin, celles-ci, car il y en a plusieurs selon les endroits, tant elles font office de signature distinguant chacun des autres, tant elles relèvent du territoire secret. L'odeur humaine est si unique qu'il existe des éponges à odeurs servant aux experts scientifiques à identifier un délinquant, ces « parfums » fonctionnant comme une empreinte digitale ne pouvant s'effacer d'une scène de crime. De fait, les chiens disposent naturellement d'un GPS à odeurs, eux qui retrouvent les traces d'un être humain après avoir reniflé un vêtement qu'il portait.

Cette odeur personnelle originelle est liée aux micro-organismes qui se trouvent sur la peau ainsi qu'à l'ADN, les senteurs liées à l'absorption de médicaments, à l'alimentation, aux boissons, tabac, parfums s'ajoutant à l'odeur de base.

Sentir avec les doigts

Dès lors, beaucoup d'hommes recourent à leurs doigts pour établir la carte de leur identité olfactive. Et les orientent prioritairement vers les zones les plus riches en diffusion de senteurs intimes : les aisselles, les parties génitales ou le sillon interfessier. Certains reconnaissent par exemple explorer ces zones avant de s'endormir parce qu'ils en retirent un sentiment de sécurité. Retrouver des odeurs connues et personnelles revient à se sentir dans une bulle aussi protectrice que bienveillante. C'est se coucher dans un territoire olfactif familier qui va, dans l'obscurité, servir de cocon apaisant. Une réminiscence des temps anciens, où vraisemblablement nos ancêtres utilisaient leur odorat pour repérer une odeur étrangère la nuit et, ainsi, être alertés des dangers.

Odorat altéré, santé fragilisée

Connaître sa propre odeur permettrait donc de mieux distinguer celle des autres et, dès lors, de flairer d'éventuelles menaces. Mais bien percevoir les odeurs constitue aussi un atout santé. Et se sentir revient à entraîner son odorat à être plus performant. Une étude récente a ainsi montré que les sujets obèses avaient un odorat moins performant, mais aussi que lorsqu'ils revenaient à des poids dans les limites de la normale, un odorat de qualité réapparaissait. D'autres recherches ont attesté qu'il existe un lien entre longévité en bonne santé et odorat, les personnes ayant un odorat peu efficient rencontrant un taux de maladies neurodégénératives plus élevé que les autres.

Le langage des odeurs corporelles

Les senteurs sont en lien direct avec le cerveau et conditionnent les comportements. Commencer à aimer ses odeurs corporelles, c'est commencer à s'aimer. Et avoir confiance en celles-ci génère sérénité, bien-être, nous rend plus ouvert aux rapports sexuels. Là est toute leur ambivalence : elles excitent et repoussent à la fois. Où se fait la bascule ?

Mode de communication à la fois avec soi et avec les autres, comme une encre sympathique, une écriture secrète, l'odeur intime fait passer des messages que l'on n'ose exprimer de vive voix. À la fois pérenne et volatile, elle peut être partiellement gommée, intensifiée ou masquée, mais toujours elle existe et diffuse un message. Le bon comportement à adopter avec les parfums ajoutés est donc de réussir à garder son identité olfactive originelle sans la masquer.

Il arrive, en revanche, que certaines odeurs repoussent le ou la partenaire. C'est le cas de celles dégagées par le sillon interfessier : trop fortes, elles peuvent en effet s'avérer négatives pour des relations sexuelles épanouies. De fait, il s'agit d'une zone sujette aux macérations liées à la position assise prolongée, à la transpiration, aux nourritures trop épicées, voire à un manque d'hygiène après l'évacuation des selles. Permettez-moi un aparté à ce propos : pensez à vous savonner, rincer et bien sécher les parties intimes après avoir été à la selle. De même, évitez de porter des sous-vêtements en tissu synthétique et trop serrés.

L'odeur des larmes

Une étude scientifique a montré qu'une autre odeur méconnue – cela va vous étonner – contrariait la libido des hommes, celle des larmes des femmes. En effet, en leur faisant sentir des échantillons, des chercheurs ont noté une baisse du désir sexuel, le liquide lacrymal contenant certains signaux chimiques agissant directement sur le cerveau.

Pour autant, je déconseille fortement aux femmes de se retenir de pleurer lorsqu'elles en éprouvent le besoin. Car pleurer aide à ralentir la respiration lors de situations anxiogènes et stressantes, et produit un effet apaisant, les larmes agissant en régulateurs de l'humeur qui permettent de trouver son équilibre en situation émotionnelle instable. Elles opèrent comme une vague qui nettoie la plage. Quand l'envie de pleurer survient, il ne faut pas résister, donc les laisser couler (cela vaut aussi pour les hommes), tant elles éjectent à l'extérieur ce qui fait du mal à l'intérieur.

Les odeurs des poignées de main

La poignée de main est une pratique ancestrale pour communiquer de façon positive. Pour autant, une équipe scientifique a observé qu'un nombre significatif de gens se sentaient discrètement les mains juste après en avoir serré d'autres ! Et a même découvert un phénomène étonnant : quand deux personnes du même sexe se donnent une poignée de main, celles ayant l'habitude de se sentir les mains reniflaient toujours celle qu'elles venaient de serrer. Mais, à l'inverse, entre sexes opposés, la main reniflée était toujours celle qui n'avait pas été utilisée pour serrer l'autre. C'est comme si, après une poignée de main entre sexes différents, chacun souhaitait se rassurer sur son attractivité olfactive. Dans l'autre cas, c'est une façon de renifler l'autre pour apprendre à mieux le connaître. Cette pratique apparaît comme un reliquat de réflexes acquis au fil des siècles... qui ne sont plus tout à fait adaptés au monde actuel, avouons-le.

Des petites fuites aux petites hontes

Quand on évoque les hospices pour personnes âgées, immédiatement viennent à l'esprit des images de dépendance, de solitude et... d'incontinence urinaire voire anale. En somme, la déchéance et ses symptômes qui font peur et honte. Or ces sujets intimes, il faut en parler tant ils concernent plus de gens qu'on ne le croit. Alors, puisque nous sommes en tête à tête et que personne ne nous écoute, je me lance...
Devoir porter des couches en fin de vie – quotidien de nombreux pensionnaires de ces établissements – fait froid dans le dos. Et avoir recours à une assistance pour faire ses besoins est, logiquement, vécu comme une souffrance, une humiliation quotidienne. Mais à quoi tient ce rejet ? À la petite enfance. Au fait qu'au plus profond du cerveau est ancré ce que votre mère enseignait, avant l'âge de 2 ans, les « Il faut que tu apprennes à être propre, alors va sur le pot », « Maintenant tu es grand, tu n'as pas besoin de porter de couches »... et autres phases d'autant plus culpabilisantes qu'elles relèvent de ce qui fait l'éducation et traduisent que l'on est « devenu grand ». Aussi, un adulte qui attend, dans ses excréments, qu'une personne vienne le changer, endure ce moment comme une épreuve psychologique, une régression insupportable. Pour beaucoup, c'est même un facteur de dépression : se voir et se savoir dans un tel état de dépendance provoque une dépréciation de l'image et casse le moral du pensionnaire, quel que soit le professionnalisme des soignants.

Or, se prémunir au maximum contre ces déboires est possible. À condition de garder ses sphincters en bon état. La prévention en la matière est essentielle car elle change la donne tant l'incontinence, qu'elle soit urinaire ou anale, ne survient pas du jour au lendemain. De fait, il existe des phases intermédiaires qui doivent attirer l'attention et inciter à mettre en œuvre au plus vite les mesures possibles.

Face à un sujet aussi grave, ne nous voilons plus la face. Surtout, osons l'évoquer ouvertement et sans jugement. Quitte à être parfois trivial en appelant un chat un chat.

L'incontinence urinaire : un sujet à prendre très au sérieux

L'incontinence urinaire touche plus fréquemment les femmes (3 à 5 millions d'entre elles) que les hommes. Dont trop peu consultent le médecin, alors que leur vie sociale s'en trouve douloureusement impactée. Ne plus voir ses amis ou oser avoir de rapports sexuels à cause de cet embarras est dangereux pour la santé psychologique et engendre même, à terme, des états anxieux ou dépressifs.

Le responsable de la fuite, c'est le relâchement du périnée, ce petit muscle situé entre l'anus et les organes génitaux externes qui supporte à lui tout seul les 30 kilos du tronc. Et qui, lors des grossesses, est soumis à rude épreuve et peut perdre de sa tonicité, de même qu'à la ménopause voir les tissus perdre de l'élasticité du fait des déficits hormonaux.

Dénonçons aussi d'emblée une idée reçue : l'incontinence ne touche pas exclusivement les sujets âgés. Deux exemples montrent que ce fléau est pangénérationnel. Celui d'une femme enceinte, qui peut temporairement, durant la grossesse ou juste après, connaître de petites pertes d'urine incontrôlées – des séances de rééducation permettent en général de retrouver la continence originelle. Ou celui de la femme jeune qui,

Des petites fuites aux petites hontes

à la suite d'un éternuement, d'une toux ou d'un éclat de rire, peut elle aussi retrouver quelques gouttes d'urine dans son slip – l'expression populaire « se pisser dessus de rire » prend alors tout son sens...

L'incontinence qui apparaît lors d'une toux ou d'un effort physique est directement liée à la pression dans l'abdomen. Parfois encore, la vessie étant trop réactive, elle se contracte pour des quantités d'urine minimes. Si tel est votre cas, n'hésitez pas à consulter votre médecin afin d'en trouver l'origine. Car il peut s'agir d'une infection urinaire ou gynécologique, d'un calcul, de polypes vésicaux ou d'un diabète. À d'autres moments, le déclenchement est lié au bruit de l'eau qui coule ou au lavage d'un pull-over à l'eau froide dans un lavabo, par exemple, le contact des mains avec celle-ci étant un facteur déclenchant connu. Autre circonstance d'incontinence mineure possible, savoir que l'on arrive chez soi et que, d'ici cinq minutes, on sera aux toilettes, excitation qui déclenche une envie impérieuse d'uriner mais qui voit les réactions pour se retenir se bloquer.

Même si elle est plus rare chez l'homme, la fuite urinaire survient aussi, à travers la fameuse goutte retardataire qui salit slip ou draps, ou *via* des envies impérieuses d'aller uriner alors que le jet est faible. Pour les gouttes retardataires, essayer d'appuyer sur la trajectoire du canal de l'urètre au niveau du pénis pour faire sortir les derniers reliquats d'urine.

Dans tous les cas, je conseille vivement de consulter. Ainsi, traiter l'adénome prostatique, augmentation bénigne de la prostate, permet de guérir ce genre d'inconvénient.

Incontinence urinaire, la double peine

En plus d'être très inconfortable, la sensation d'avoir des difficultés à se retenir et de devoir foncer aux toilettes plusieurs fois par jour provoque, chez celles et ceux touchés, un état de stress permanent, qui en pousse certains à ne plus sortir de chez eux. Avoir peur d'aller au cinéma par crainte de déranger les spectateurs pour se rendre aux toilettes, comme rechercher dès qu'on arrive quelque part où se situent celles-ci épuisent, à la longue, et restreignent toute velléité de sortir.

Musclons le périnée pour éviter les fuites

En pratique, lorsqu'un patient signale une incontinence urinaire, je recommande toujours de consulter son généraliste. Car, dans nombre de cas, en traitant le problème originel, le symptôme disparaîtra.

Quant à ceux qui, aujourd'hui, ne se sentent pas concernés, mieux vaut qu'ils mettent toutes les chances de leur côté pour ne jamais être victime de la moindre incontinence.

Premier acte, pensez à muscler votre périnée. Et ce chaque jour pendant une minute. Placez-vous en position assise, faites comme si vous reteniez un jet d'urine et percevez, alors, la sensation éprouvée : vos muscles du périnée se resserrent. Reproduisez 30 fois cette contraction, en comptant jusqu'à 5 lors de chacune. Eh bien, 3 mois plus tard, vous vous découvrirez un périnée musclé, gardien fidèle de votre continence urinaire. Puisque nous perdons physiologiquement 1 à 2 % de muscles chaque année à partir de 30 ans, ce petit muscle auquel on demande tant perdra trop vite son pouvoir de contrôle de la sortie des urines si on ne le fait pas travailler quotidiennement, aussi protégeons-le !

Préservons la vessie pour contrôler notre continence

La vessie aussi, il importe d'en prendre soin. D'abord en ne fumant pas, le tabac étant l'une des causes importantes de ses cancers. Ensuite en limitant la consommation de café à trois tasses quotidiennes, passé ce seuil le risque de vessie instable se voyant multiplié par 2,4. Enfin, en évitant l'alcool comme de boire trop en un minimum de temps.

Comment savoir si l'on souffre de réelle incontinence ? Commencez par définir la fréquence de vos mictions : en ayant en tête que, chez l'adulte, c'est jusqu'à 6 fois par jour et une fois la nuit, avec émission d'entre 350 et 500 millilitres d'urine à chacune. Mais entre 250 et 400 millilitres pour les plus de 65 ans en raison de la capacité vésicale avec, sans que cela soit problématique, jusqu'à 8 mictions quotidiennes.

Si vous dépassez ces chiffres et que votre médecin n'a pas relevé de problèmes médicaux spécifiques, une seule option : rééduquer sa vessie. À la première envie d'uriner, essayez de vous retenir au lieu de vous rendre illico aux toilettes. Et notez le temps écoulé entre l'apparition du besoin et celui où vous avez cédé ; ensuite efforcez-vous d'allonger cette durée jusqu'à 15 minutes. Pour tenir plus longtemps, je vous conseille de rester assis(e) sans bouger, mais en pensant à autre chose. Écrivez des SMS à vos amis, consultez votre smartphone… pendant ce temps l'un des muscles puissants qui se trouve dans la vessie – le détrusor – accroîtra sa puissance et sa capacité. Alors, progressivement, vous remarquerez la diminution du nombre de vos mictions quotidiennes, ce que votre confort appréciera énormément.

Anus pas horribilis

Avoir confiance dans son sphincter anal, c'est avoir confiance en soi. Car les gaz maîtrisés, on peut alors les émettre de la façon la plus discrète possible sans craindre les fuites, qui à la fois soulèvent des questions d'hygiène et de convivialité dans le couple. Aussi, porter attention à ce sphincter en le traitant tel un organe comme les autres et non honteux accroît les chances d'éviter la douloureuse expérience des incontinences anales une fois âgé.

L'incontinence fécale, dont on parle trop rarement, touche pourtant un nombre considérable de personnes : 9 % des hommes et 13 % des femmes. Elle se traduit par une fuite des matières fécales incontrôlable, qu'elles soient sous formes solides ou de diarrhée – j'exclus les épisodes ponctuels liés à une gastro-entérite –, qui est aussi humiliante que douloureuse, à la fois physiquement et psychologiquement.

Les premiers signes peuvent être des culottes salies au niveau du pli interfessier, des envies pressantes d'aller aux toilettes sans avoir le temps d'y arriver, des gaz émis sans contrôle de la situation. Autant de situations embarrassantes – et je suis en dessous de la vérité éprouvée par les victimes – alourdies par l'impression ressentie « de sentir tout le temps mauvais » évoquée, qui limite les relations sociales et celles de couple.

Vous êtes concerné ? Ne restez pas à endurer un tel inconfort, voire cette honte – qui n'en est pas une –, consultez votre médecin. Il recherchera une éventuelle cause organique à l'origine des symptômes et saura trouver comment vous soulager au mieux.

Quant aux autres, n'oubliez pas que la prévention de la tonicité du sphincter anal est le meilleur rempart contre son éventuelle incontinence.

Assumer sa sexualité tout en prenant soin de soi/de son anus

La sodomie, dans les couples homosexuels comme hétérosexuels, est de plus en plus pratiquée[1]. Ainsi, 40 % de femmes

---

1. En France, chacun fait ce qu'il veut dans son lit – ou ailleurs – avec qui est consentant. La sodomie a même été déclarée légale en 1791 par les révolutionnaires. Mais ce n'est pas le cas dans bien des pays. Ainsi, en Inde, les contrevenants risquent la prison, en Arabie saoudite la lapidation. Uniquement pour des questions morales ou religieuses.

Des petites fuites aux petites hontes

entre 20 et 24 ans déclarent avoir eu cette pratique dans l'année, et 20 % pour celles entre 25 et 39 ans.

Si l'usage se développe, il n'en reste pas moins que certaines précautions s'imposent, comme la douceur et le recours aux lubrifiants, les rapports brutaux sans gel pouvant endommager le sphincter et, plus tard, entraîner incontinence partielle ou totale. La position de la personne pénétrée compte beaucoup. En étant installé de façon genu-pectorale, c'est-à-dire en se mettant à genoux avec les pectoraux à plat sur le lit, ou allongé(e) sur le dos avec les poings serrés sous les fesses, on facilite l'ouverture de la marge anale. Notons aussi qu'après la sodomie, en cas de rapports sexuels vaginaux à suivre, il importe de changer de préservatif ou de se laver le pénis afin d'éviter de mettre la flore vaginale en contact avec un milieu inhabituel.

Précisons deux points importants concernant cette position sexuelle : *primo*, il n'y a aucun jugement moral à avoir dessus. *Secundo*, il n'est pas question de penser en termes de ce qui est sale et de ce qui est propre lorsqu'on s'y adonne car, à chaque selle, le rectum se vide complètement et les deux feuillets de l'ampoule rectale se rapprochent. Le rectum, simple passage, est même une zone érogène importante : sa richesse en terminaisons nerveuses explique que des hommes comme des femmes obtiennent de véritables orgasmes lors des sodomies. Chez l'homme, le contact avec la prostate augmente même le plaisir et peut déclencher des sensations identiques à la jouissance ressentie au moment de l'éjaculation. Pourquoi, chez certains couples hétérosexuels, pendant le rapport, la partenaire pratique-t-elle un toucher rectal en massant doucement de façon circulaire la prostate qui se situe en avant de l'anus, sinon parce que son conjoint comme elle en éprouvent une grande satisfaction ? Attention toutefois : une trop grande excitation de la prostate peut être à l'origine d'une éjaculation précoce. J'en profite pour vous confier une technique efficace si l'envie devient trop forte : écartez les cuisses le plus possible, prenez une bonne inspiration et maintenez le pénis introduit : succès garanti.

Physiologiquement, pratiquée avec douceur et sans brutalité, la sodomie ne présente pas le moindre risque pour la santé.

À noter toutefois que la muqueuse anale étant plus perméable que la muqueuse vaginale, cela peut favoriser la transmission de maladies infectieuses. Le port du préservatif est d'autant plus important. Je suis néanmoins toujours frappé par la culpabilité de nombreux couples homo ou hétérosexuels qui la pratiquent. Certains pensent encore – à tort je le réécris – que c'est honteux ou sale. Or la sexualité est un territoire libre et insouciant où l'on doit s'exprimer sans tabou. Elle s'inscrit dans le jeu, la spontanéité et la joie. Dès lors, culpabiliser, c'est abaisser son plaisir et augmenter son stress. Les rapports sexuels vécus de façon coupable perdent l'essentiel de ce qui fait du bien au couple, et l'effet si bénéfique pour l'esprit et le corps humain du cocktail dopamine, ocytocine, sérotonine, endorphine sera alors quasiment inexistant. Pourquoi se laisser restreindre ainsi ?

*

Accepter toutes les dimensions de sa sexualité, c'est apprendre à s'aimer et à s'accepter tel que l'on est et non tel que les autres veulent que l'on soit.

Si votre vie vous correspond, vous pourrez dire : « J'aime ma vie », ce qui est le plus beau des hommages à vous rendre. Quand il y a décalage entre ce que l'on est et ce que l'on fait, on ouvre grand la porte à un mal-être profond, qui s'exprimera par des pulsions alimentaires non contrôlées, la prise de tabac et/ou d'alcool en excès, parfois par l'usage de stupéfiants. Des comportements compensateurs qui agissent comme des béquilles et libèrent le champ des maladies qui les accompagnent.

Votre sexualité est votre épreuve de vérité. Vous pouvez faire semblant, tricher, mais au fond de vous-même vous vous sentirez mal. Vous vous maltraiterez, alors que ce plaisir constitue une source importante de jouvence comme de bien-être.

Des petites fuites aux petites hontes

Une zone devient érogène à partir du moment où on « l'attribue ». Ainsi, pensez aux endroits précis du corps qui vous génèrent le plus de sensations érotiques, et ce, sans tabou. Le fait de bien les identifier et mémoriser augmentera votre plaisir à chaque stimulation. Le cerveau garde en mémoire ce qui lui procure le plus de bien pour libérer, à chaque fois, davantage d'hormones du bonheur que j'appelle la Dose (Dopamine, Ocytocine, Sérotonine, Endorphines). En connaissant ces zones intimes, vous créerez votre carte personnelle de la jouissance, et baisserez en même temps le stress tout en augmentant l'espérance de vie en bonne santé... en vous faisant encore plus de bien.

Ensemble maintenir la flamme

À la naissance d'un couple, le désir sexuel est intense. Mais, au fil des années, chez beaucoup il s'amoindrit peu à peu, laissant place à de la tendresse et de l'amitié pour certains, des regrets et des frustrations pour d'autres. Cette diminution de la libido n'est pas toujours bien vécue chacun ne se pensant plus désirable, ouvrant la porte à des sentiments d'anxiété, à une perte de confiance en soi qui peuvent mener droit vers un épisode de dépression, souvent masquée. Des attitudes compensatrices surviennent : pulsions alimentaires, trop de tabac, d'alcool parfois de drogues... ou envie d'aller voir ailleurs si l'herbe est plus verte.

Maintenir la dynamique positive du couple nécessite une volonté commune. Des scientifiques américains ont par exemple noté que les couples qui s'engagent dans de nouvelles activités – un loisir, de la randonnée, des voyages, une activité sportive, des cours de cuisine, la découverte d'un instrument de musique, la maîtrise d'une langue étrangère – pulsent leur libido.

Mais le couple qui tombe dans la routine et s'endort, endort en même temps sa sexualité. D'un point de vue neuropsychologique, le phénomène est aisé à comprendre. Quand deux personnes se rencontrent, les premiers rapports sexuels sont aussi fréquents qu'intenses. La découverte fait sécréter des hormones spécifiques, comme la dopamine, qui agissent sur le cerveau érotique et le stimulent. Or commencer une activité non encore pratiquée en commun met en action les mêmes hormones ; celles-ci s'éveillent et éveillent, du même coup et de façon spectaculaire, le désir sexuel. Observez autour de vous les duos qui se lancent dans quelque chose de nouveau, et remarquez à quel point ils rayonnent de bonheur.

Vous êtes deux depuis longtemps ? Tentez l'expérience ! Il existe forcément un terrain de jeux où vous saurez vous engager ensemble. Écrivez une nouvelle page de votre histoire, encore plus belle que les précédentes, et vous ferez d'une pierre deux coups : accroître vos libidos et augmenter vos puissances cérébrales, tant, plus on s'ouvre à de nouvelles activités, plus les capacités du cerveau se développent, la nouveauté constituant un élixir antivieillissement des neurones et cellules grises. Alors que la routine, elle, est un poison qui les détruit lentement.

Dans tous les cas, le fait d'être deux s'avère essentiel. Si une étude récente a montré que les hommes prenaient autant de plaisir dans les rapports sexuels vaginaux ou buccaux, elle a établi, en revanche, que la jouissance était beaucoup plus faible en cas de masturbation solitaire.

Les secrets de l'orgasme féminin

L'orgasme féminin ne se déclenche pas sur commande et nécessite l'activation du cerveau érotique. Si le partenaire sexuel correspond aux fantasmes profonds, il a plus de chance de se déclencher. Là est toute l'ambivalence de l'orgasme féminin : un partenaire peut sembler parfait – beau, intelligent, attentionné – mais rien ne se produit. À l'inverse, l'orgasme peut survenir lors d'un rapport sexuel avec un « bad boy » qui ne correspond en rien à l'image valorisante qu'on aimerait avoir de soi et de ses choix.

L'orgasme féminin flirte avec l'inconscient et le non-dit. En lien direct avec les désirs cachés qui remontent parfois à l'enfance, avec l'expression des envies enfouies jusqu'à parfois être oubliées, il est la part inavouée dissimulée au plus profond de soi qui peut en être le moteur. Aussi, pour atteindre l'orgasme, il faut qu'une femme ose se risquer dans l'interdit et l'inexprimable.

La chimie de l'orgasme

Une équipe médicale internationale a voulu comprendre les ressorts anatomiques qui augmenteraient la fréquence de l'orgasme féminin. Et ces scientifiques ont constaté que les baisers préliminaires profonds aident à la synthèse de la kisspeptine, une hormone qui fonctionne tel un allume-feu et dont les stimulations buccales ou manuelles au niveau vaginal ou clitoridien favorisent aussi la sécrétion. Les chercheurs ont également observé que la durée idéale du rapport afin d'optimiser les chances d'atteindre l'orgasme se situe entre 7 et 13 minutes.

D'autres facteurs favorables ont été notés : innover avec de nouvelles positions sexuelles, parler de sexe pendant le rapport afin d'exprimer ses sensations, porter de la lingerie sexy ou pratiquer des stimulations anales. La relation avec le partenaire est évidemment importante : la présence de sentiments, le fait que chacun demande à l'autre ce qu'il désire, l'attention aux fantasmes et aux jeux qu'ils suggèrent augmentent la fréquence des orgasmes. Les textos coquins en guise d'apéritif permettent aussi de mieux se préparer psychologiquement et participent au lâcher-prise nécessaire à tout rapport sexuel de qualité.

Prédispositions physiques

D'autres scientifiques ont recherché s'il existait des prédispositions physiques à l'orgasme. Dans le cadre de ces travaux, ils ont noté que les femmes ayant une proéminence du tubercule de la lèvre supérieure vivaient des orgasmes plus récurrents. Grâce à cette zone située au centre du haut de la lèvre qu'on appelle aussi « arc de Cupidon », leur fréquence augmenterait même de douze fois.

D'autres singularités organiques ont été signalées par des chercheurs. Par exemple, une distance entre le vagin et le clitoris supérieure à celle relevée entre l'extrémité et la base du pouce, ferait que la pénétration n'entraînerait pas de stimulation clitoridienne à elle seule.

Orgasme vaginal ou clitoridien ?

De fait, pour certains gynécologues, l'orgasme ne viendrait pas du vagin mais de la proximité du clitoris, la pénétration provoquant une stimulation de ce dernier au moment des va-et-vient. Bien entendu, vous connaissez tous le point de Ernst Gräfenberg, qui fut raccourci, plus tard, dans la dénomination « point G » ! Certains pensent même que l'hypothétique point G correspondrait à cette zone de contact entre vagin et clitoris, les nerfs sensitifs étant plus pauvres au niveau vaginal que clitoridien. Une équipe de gynécologues et d'urologues a observé que la pénétration vaginale entraînait un mouvement clitoridien plus ou moins intense selon les caractéristiques anatomiques initiales, la racine du clitoris étant étirée par le pénis et compressée contre la paroi vaginale.

Le sérum de vérité

Dans les facteurs favorisant l'orgasme, d'autres chercheurs ont mis en évidence le fait que le manque de sommeil améliorerait la lubrification vaginale et le désir fantasmagorique survenant au matin. Il est possible que ce constat soit lié au niveau de testostérone mais aussi à l'effet « sérum de vérité » qui ferait lâcher prise. Est appelé « sérum de vérité » le fait de mettre un sujet dans un état intermédiaire, entre veille et sommeil, souvent pour le faire avouer. Aux États-Unis, dans certaines enquêtes policières par exemple, cet état réduit les résistances psychologiques, et le sujet exprime alors ce qu'il n'aurait vraisemblablement pas dit en parfait état de conscience. Dans notre cas, il ne s'agit évidemment pas d'injection d'une substance quelconque favorisant cet état, mais au fait qu'être en retard de sommeil profond propulse dans le même entre-deux.

Pour conclure, ressort de façon significative des nombreuses études scientifiques sur le sujet que l'orgasme féminin est plus fréquent en cas de pénétration vaginale avec stimulation clitoridienne préalable ou simultanée. Les chiffres parlent d'eux-mêmes : jusqu'à 60 % avec stimulation clitoridienne contre seulement 30 % d'orgasmes lorsqu'elle n'y apparaît pas.

Sexualité : l'ouverture vers sa liberté intérieure

Dans un couple, la sexualité est le territoire privilégié pour exprimer librement ses envies. Une étude a d'ailleurs démontré qu'il y avait corrélation entre le fait de parler du sujet en faisant l'amour et l'épanouissement de la vie intime.

La sexualité est aussi le territoire des paradoxes. Des scientifiques ont ainsi été surpris de découvrir que les sensations de douleur et de plaisir activaient les mêmes mécanismes neuronaux du cerveau. Et des chercheurs canadiens ont révélé que les adeptes d'un sadomasochisme léger reconnaissaient que leurs pratiques érotiques particulières les aidaient à lâcher prise et à se relaxer en profondeur.

En termes de sexualité, il faut donc tout oser se dire et trouver le ou la partenaire qui correspond à ses tendances profondes, qui « colle » à ce que nous sommes afin de pouvoir, ensuite, entrer en vibrations avec lui ou elle. Lorsque cela arrive, quelle grande chance. Mais y parvenir et en parler, toute la difficulté est là, les choix profonds intimes ne correspondant pas forcément au politiquement correct. Dans tous les cas, il ne faut jamais se sentir angoissé ou coupable par rapport à ses attirances sexuelles dès lors que celles-ci ne sont pas hors la loi.

Branchez-vous sur la bonne fréquence sexuelle

L'appétit vient en mangeant. Pour les rapports sexuels, il en va de même : plus on fait l'amour, plus l'envie monte en puissance. Les câlins réguliers empêchent par exemple nos appareils sexuels de s'endormir, stimulent davantage les hormones, entraînant une boucle vertueuse qui pousse à renouveler l'acte amoureux.

Une récente étude vient de démontrer que, au sein des couples ensemble depuis longtemps, l'homme propose trois fois plus souvent que la femme des ébats amoureux. À l'inverse apparaît une augmentation de la fréquence des rapports mensuels chez ceux où la femme prend plus fréquemment l'initiative. Les chercheurs en ont conclu que c'est la femme qui a la main, et non l'homme, faisant voler en éclats l'une des idées reçues les plus répandues en matière de sexualité.

Quand l'excitation précède le désir

Et ce n'est pas la seule…

Des scientifiques américains viennent de publier des recherches qui changent jusqu'aux fondamentaux de la sexualité.

Depuis longtemps, on professe que la libido est le carburant qui alimente l'envie de faire l'amour, l'étincelle pour allumer le feu en somme. Et, de façon traditionnelle, on ajoute que le désir arrive en premier, suivi bientôt par l'excitation sexuelle. Eh bien, ces spécialistes ont démontré que le processus ne suit pas cet ordre-là. C'est même l'inverse : l'excitation sexuelle apparaît en premier, le désir sexuel survenant après.

Ce détail n'en est pas un tant il a de l'importance. L'excitation sexuelle fonctionne sur un mode marche/arrêt, alors que le désir sexuel, lui, est complexe et en lien avec de multiples facteurs. Ces médecins ont effectué des IRM à des volontaires auxquels étaient présentées des images pornographiques. Ils visaient à analyser les réactions des sujets en temps réel, leur objectif étant de situer les territoires cérébraux de l'excitation et du désir. Conclusion : les zones du cerveau qui déclenchent l'envie de faire l'amour s'enflammaient lors de l'excitation immédiate, bien avant que le désir, lui, ne se mette en place.

Ces résultats vont donc à l'inverse de ce que l'on imaginait. Et disent qu'on ne décide pas de l'envie de faire l'amour, que la partie se déroule autrement. Que plus l'excitabilité monte dans un premier temps, plus le désir progressera rapidement dans un second temps. C'est comme si, une fois excité, on construisait une histoire dans sa tête pour justifier l'état d'euphorie sexuelle dans lequel on se trouve. Cela revient à valoriser artificiellement le meilleur de l'autre et à le mettre en avant afin que le désir s'inscrive dans une forme de rationalité.

Un espoir pour les troubles de la libido

Cette révélation est importante pour mieux comprendre et traiter les baisses de la libido. Au lieu de commencer par rechercher ce qui peut augmenter le désir des hommes comme des femmes, mieux vaut identifier d'abord ce qui peut faire monter en flèche l'excitabilité des deux sexes, trouver le bouton qui déclenche celle-ci.

L'excitabilité est quelque chose de très fragile, un départ de feu qu'il convient d'entretenir tant il peut s'éteindre au premier coup de vent. Dans le cerveau, certains circuits poussent l'excitation avec enthousiasme tandis que d'autres, stimulés, l'arrêtent d'emblée, comme si nous disposions d'accélérateurs et d'inhibiteurs sexuels internes. Des inhibiteurs qui peuvent prendre plusieurs formes et varient d'un individu à l'autre : une odeur, un mot qui fait retomber l'ambiance, un regard froid, le fait de penser à ses activités professionnelles ou à des soucis familiaux, une musique qui rappelle de mauvais souvenirs...

Quand l'excitabilité survient, si le partenaire envoie des signaux de consentement – un regard appuyé par exemple –, il faut maintenir l'excitation avec ferveur et sans culpabilité, se laisser porter en se préoccupant uniquement du moment présent, comme si nous étions dans une bulle, coupés du monde. Ce qui provoque l'excitation sexuelle n'est en rien rationnel, n'essayez donc pas de la comprendre ou de l'analyser : vivez-la, tout simplement.

L'entretien de l'excitabilité au moment même du rapport est essentiel aussi, il va sans dire. C'est le moment de caresser les parties du corps où l'épiderme est fin et sensible : les lèvres, que l'on peut lécher avec la langue, la peau sous les yeux, l'intérieur du bras, l'anus pourquoi pas, le frein qui se situe à la partie inférieure du gland et, bien sûr, le clitoris.

Quand la sexualité interroge

En tant que médecin, il m'est arrivé – lors d'un dîner privé ou en consultation – d'avoir à répondre à toutes sortes de questionnements sur le sexe et la sexualité. Certaines questions ouvrent de nouvelles perspectives.

Le sexe et l'argent

Les rapports entre sexe et argent ont toujours été ambigus. Certains chercheurs ont tenté d'établir une échelle hiérarchique du plaisir en posant la question suivante : « Lequel, du sexe ou de l'argent, provoque en vous le plus de plaisir ? » et en mobilisant de gros moyens, dont l'IRM fonctionnelle cérébrale. À leur surprise, ils ont découvert que ces deux plaisirs n'étaient pas localisés dans les mêmes parties du cerveau : celui lié à l'argent stimule des zones précises qui n'ont rien à voir avec celles qui réagissent au plaisir sexuel.

En pratique, ces zones différenciées – qui s'activent pour générer des sensations toutes deux agréables – sont deux systèmes physiologiques distincts qui ne communiquent pas l'un avec l'autre d'un point de vue anatomique. Les expériences qui produisent du plaisir sont conservées en souvenir grâce au système limbique cérébral qui associe émotion et mémorisation. Le fait est connu : par réflexe, on cherche à reproduire les expériences qui ont procuré un bien-être puissant, constat qui permet d'expliquer pourquoi nous choisissons souvent le même type de partenaire.

Intéressons-nous donc, à l'avenir, plus précisément aux zones du cerveau concernées lors de relations sexuelles avec argent à la clé. Laquelle des deux s'active ? Celle liée à la rémunération ou celle correspondant au plaisir sexuel ? La question reste entière...

Faire l'amour pour maigrir ?
Oui, mais pas comme on le pense

Faire l'amour pendant 25 minutes fait en moyenne perdre 100 calories pour un homme et 70 calories pour une femme. On est donc loin de l'idée reçue qui affirme qu'avoir des rapports sexuels aide à maigrir, tant cela reste modeste – à moins que les rapports soient particulièrement « sportifs » et durent longtemps.

Pour autant, des scientifiques anglais ont mis au jour l'existence d'un effet coupe-faim des rapports sexuels : l'acte diminue de manière nette la tendance au grignotage, vecteur de kilos inutiles. Comme le grignotage survient rarement en cas de faim réelle et s'exprime par des séries d'envies mal contrôlées, comme son but est de faire baisser un stress, une angoisse, de balayer un coup de déprime en cherchant un réconfort *via* la nourriture qui tombe sous la main – de préférence grasse et sucrée –, un acte sexuel répond à de telles pulsions.

Et pour cause : lors d'un rapport, le corps sécrète de l'ocytocine, molécule de l'attachement mais aussi du plaisir. Laquelle hormone provoque une profonde relaxation, active naturellement les circuits de récompense du cerveau, qui n'ont, dès lors, plus besoin de grignotage pour s'activer ponctuellement.

Jeux sérieux pour adultes

De belles dents pour une sexualité magnifique

Pour terminer ce chapitre, je suis heureux de vous livrer l'une des dernières découvertes de la communauté scientifique. Une trouvaille qui, je l'avoue, m'a énormément plu, moi qui, après des années de pratique de la médecine, m'émerveille d'en apprendre encore chaque semaine sur cette étonnante machine qu'est le corps humain.

Des chercheurs de Grenade, en Espagne, ont constaté que les hommes présentant une inflammation chronique des gencives connaissaient deux fois plus de troubles de l'érection que leurs congénères aux dents saines. La parodontite fait le lit de nombreuses bactéries qui peuvent ensuite être parachutées dans toutes les parties du corps, dont les cellules des vaisseaux sanguins du pénis – qui participent au flux sanguin pour obtenir une belle érection !

Conclusion aussi logique que quelque peu surréaliste : une consultation annuelle chez le dentiste et un brossage quotidien (*a minima*) soigneux des dents permettent d'allier belle haleine et… belles érections ! Qui l'eût cru ? Comme quoi une bonne hygiène bénéficie à tout, ainsi que nous allons maintenant nous en apercevoir.

TROISIÈME PARTIE

L'HYGIÈNE CIBLÉE

*Les réservoirs cachés de microbes
qui déclenchent des maladies*

Les microbes sont partout, les gestes qui les diffusent nombreux. L'hygiène se préserve et se maîtrise au quotidien. Comme on va le voir.

Les doigts dans le nez

Ah, se curer le nez... Un sport national, voire mondial, pratiqué par tout être humain ayant quelques minutes à tuer. En voiture, devant la télé, au cinéma... plonger avec délectation le doigt dans l'une de ses narines est courant.

Se curer le nez, un geste santé ?

La nature aurait-elle bien fait les choses, avec la taille d'un index parfaitement adaptée à la circonférence de nos narines ?
Nous disposons en permanence, à portée de main, de l'outil idéal pour nous nettoyer le nez. Au fil de la journée, les narines, qui fonctionnent comme des filtres, sont encombrées par des crottes procurant une désagréable sensation de gêne. Seul dans son automobile au feu rouge, dans l'intimité des toilettes, de la salle de bains comme une fois au lit lumière éteinte – qui ne s'est jamais demandé quoi faire de l'encombrant butin extrait ? –, chacun fouille méthodiquement l'intérieur de son appendice nasal. Mais pas au même rythme les uns que les autres, ainsi que des chercheurs l'ont démontré.
Une équipe scientifique américaine a en effet réalisé une étude clinique consacrée aux personnes qui mettent les doigts dans leur nez. Et a découvert que 1,2 % de la population se le récurait de façon répétitive voire compulsive au moins une fois par

L'hygiène ciblée

heure, certains quasiment tous les quarts d'heure. Par ce geste, les concernés contrecarraient en fait des situations de stress et d'anxiété, certains anticipant la remarque d'une personne indiquant que quelque chose sortait de leur nez, réflexion qui aurait provoqué chez eux une honte inenvisageable. Les chercheurs ont nommé ce comportement obsessionnel la « rhinotillexomania ». Ils ont même trouvé des personnes qui, à cause de gestes brutaux, se blessaient : l'un avait réussi à perforer sa cloison nasale, l'autre à entailler la narine de l'ongle, une femme était allée jusqu'à s'infliger une perforation du sinus.

D'autres médecins – en Inde – ont étudié la pratique chez les enfants et adolescents. Qui, tous, ont admis se curer le nez environ 4 fois par jour. Ce qui est intéressant, c'est que 12 % ont reconnu agir par pur plaisir, afin de générer une sensation de bien-être et alors qu'ils n'éprouvaient aucun besoin réel de se dégager les narines.

Chez les sujets adultes aussi existent des personnes qui font ce geste uniquement « pour se sentir bien ». N'y voyez pas une quelconque obsession sensuelle de ma part, mais je ne peux m'empêcher de penser à l'image du doigt qui entre dans une cavité chaude et humide, genre petit coït symbolique vite fait bien fait, manière inconsciente de se rassurer et d'évacuer des frustrations en reproduisant, de façon clandestine, un rapport amoureux imaginaire. En tout cas, voilà un terrain de jeux idéal pour les psychanalystes interprètes du quotidien. Notez du reste, pour mémoire, qu'il a été observé que les garçons se curaient le nez plus souvent que les filles. Allez savoir pourquoi...

Ne vous curez pas le nez avec des doigts sales

Une chose est sûre : se curer le nez avec des mains sales comporte des risques pour la santé. Car les microbes qui se trouvent sur les doigts – comme les staphylocoques dorés, vecteurs de maladies – passent alors de l'extérieur à l'intérieur de l'organisme. Or, parachutées dans un milieu humide à 37 degrés idéal pour leur croissance et bénéficiant, à partir du nez, de voies naturelles de diffusion, ces bactéries pathogènes peuvent provoquer des infections dans différentes parties du corps.

Des scientifiques de l'université de Cambridge ont ainsi noté que les personnes qui se curent très souvent le nez avaient une contamination aux infections par staphylocoques dorés significativement plus élevée. D'autres chercheurs ont découvert, eux, que les sujets qui farfouillaient beaucoup dans leurs narines étaient plus fréquemment victimes de streptocoques pathogènes, causes de pneumonies.

On ne mange pas !

Un grand nombre d'enfants, mais aussi quelques adultes, mangent leurs crottes de nez. Je suppose le dégoût de certains lecteurs, or la question à se poser n'est pas celle du « c'est bien ou mal » mais plutôt quels sont les risques d'un tel comportement ?

Le premier d'entre eux est d'avoir un taux de bactéries pathogènes plus fort que la normale. Si certains ont avancé – de façon étonnante – que cette habitude pas vraiment gastronomique renforçait les défenses immunitaires, cela n'a jamais été prouvé. Dès lors, dans le doute, abstenons-nous.

S'arracher les poils du nez : attention danger

Les poils du nez fonctionnent comme de petits balais. Une de leurs fonctions est de contenir les microbes à l'extérieur en protégeant les fosses nasales, portes d'entrée vers le reste du corps. Ils forment donc une sorte de barrière protectrice idéale, un rempart qui a fait dire à un médecin new-yorkais : « S'arracher

L'hygiène ciblée

les poils du nez peut être à l'origine d'infections pouvant même être parfois mortelles. »

Nous inspirons par le nez et expirons par la bouche, ce qui permet à l'air extérieur d'être humidifié, filtré et réchauffé avant de se voir utilisé par les poumons. Or des scientifiques ont noté que s'arracher les poils du nez augmentait la fréquence des allergies en laissant le champ libre aux allergènes, staphylocoques dorés et molécules toxiques, notamment celles liées à la pollution. Chaque poil tiré contribue donc à détériorer un filtre naturel. D'autant que, une fois celui-ci ôté, subsiste une inflammation locale parfaite comme niche à microbes agressifs.

Les staphylocoques dorés sont à l'origine de maladies allant des bénins mais douloureux panaris, furoncles, aux graves intoxications alimentaires, pneumonies, infections des valves cardiaques en passant par les septicémies, mortelles en cas de résistance aux antibiotiques. Les poils nasaux peuvent contenir des bactéries pathogènes : se frotter les yeux juste après les avoir triturés provoque parfois des conjonctivites.

Comment faire pour ne plus voir les poils qui dépassent des narines ? Les couper avec des ciseaux désinfectés avant et après usage. Si vous utilisez une tondeuse, cette dernière doit avoir été nettoyée de la même façon, mais surtout être strictement personnelle. Mieux vaut donc le faire soi-même, à la maison, que chez son coiffeur dont certains utilisent une tondeuse à nez collective.

Bien se curer le nez, tout un art

Se curer le nez fait partie des gestes naturels qui procurent un bien-être immédiat parce qu'on se sent plus propre une fois débarrassé des indésirables qui l'occupent ou l'obstruent. Quelques règles.

Il importe de bien se laver les mains au préalable, pour éviter l'importation dans les narines des bactéries pathogènes ou virus évoqués plus haut. La règle est de se nettoyer avec délicatesse, de tout faire pour que les ongles ne blessent pas. Et de se laver les mains ensuite.

Existe-t-il un moment adapté ? À mon sens, oui : le soir avant de se coucher et le matin, seul dans la salle de bains. Complétez le nettoyage en mouchant successivement une narine puis l'autre afin de bien dégager les éventuels résidus. N'hésitez pas à renifler et à recracher dans le lavabo ce qui aurait été récolté, vous dégagerez ainsi votre arrière-gorge. Ajouter à ces gestes le rituel des Japonais qui complètent leur toilette par un gargarisme d'eau salée ou gazeuse visant à bien nettoyer les cryptes amygdaliennes où les microbes peuvent trouver refuge, ne sera pas un mal.

Le grand ménage nasal

Le nez nous protège, on l'a vu, mais nous devons aussi, en échange presque, le protéger grâce à une hygiène parfaite. Or son lavage, pratique très ancienne dont nous avons hélas oublié le bien-fondé, est essentiel. Le laver tous les matins, c'est commencer la journée… du bon pied ! En ayant la sensation d'être propre, de respirer plus aisément et de mieux sentir les odeurs. Une sensation avérée puisque les muqueuses nasales fonctionnent dès lors bien mieux tandis que les irritations diminuent. Vous éliminerez aussi, ainsi, les sécrétions qui s'accumulent dans la journée et améliorerez le bon fonctionnement de vos bronches. En regardant dans le lavabo ce qui sort du nez, vous ne vous demanderez pas longtemps l'utilité d'un tel lavage.

Reste à le pratiquer à bon escient. La méthode est simple : inclinez la tête et, à l'aide d'un nébuliseur, instillez du sérum physiologique ou des solutions à base d'eau de mer dans l'une puis l'autre narine. Le choix du liquide dépend de son niveau de praticité et de votre tolérance. Dans certains pays, on utilise un récipient en forme de lampe à huile dans lequel est placée l'eau tiède légèrement salée, on laisse couler le contenu dans chaque narine, tête penchée sur le côté, très doucement afin d'obtenir

L'hygiène ciblée

un bon lavage des fosses nasales. J'ai moi-même pratiqué cette méthode lors d'un voyage en Inde et je dois reconnaître qu'elle m'a séduit par sa simplicité. Une fois le lavage terminé, il est essentiel de se moucher. Appuyez sur une narine pour la fermer et soufflez doucement du côté opposé.

En effectuant ces gestes santé chaque matin, vous éviterez que trop d'« agents extérieurs » stagnent dans vos cavités nasales. Et referez de votre nez un filtre efficient, efficace pour se prémunir des nombreux microbes à l'origine des rhumes. Pour les allergiques, c'est éliminer les allergènes. Pour tous, c'est ôter du corps les particules liées à la pollution atmosphérique. Et ce en à peine deux minutes.

Pour information, toutes les unes à cinq heures nous respirons alternativement par une narine puis par l'autre : c'est ce que l'on appelle le « cycle nasal ». La vasoconstriction se produit alternativement d'un côté puis de l'autre, réaction physiologique permettant de mieux sentir les odeurs. Donc ne vous inquiétez jamais si l'une de vos narines est partiellement bouchée : il n'y a là rien que de normal.

Culottes et jeans

Déculottée toute la nuit

Le vagin dispose d'une écologie microbienne parfaite et harmonieuse qui participe à sa bonne lubrification et permet de mieux réagir en cas d'agressions bactériennes, type gonocoques ou chlamydiæ. Le bon équilibre de la flore entre certaines bactéries et les levures garantit un réel confort intime.

La flore du vagin en bonne santé comporte les bactéries lactobacilles – espèce différente de celle des yaourts il va sans dire – en quantité. Qui se nourrissent du glycogène produit par les cellules vaginales et convertissent ce sucre en acide lactique diminuant le pH vaginal, rendant cet organe inhospitalier aux envahisseurs microbiens pathogènes. En pratique, la nature est donc bien faite : le vagin fabrique spontanément les antibactériens qui le protègent.

Si nombre de recherches récentes se sont penchées sur la flore intestinale, bien trop peu ont été consacrées à la flore vaginale. Or le microbiome vaginal intervient de façon significative dans la santé de la femme. Ainsi, il arrive que des problèmes bactériens provoquent des odeurs désagréables qui conduisent à consulter son médecin traitant. Dans ce cas, une recommandation : éviter à tout prix les douches vaginales ou l'usage de savons et autres antiseptiques non prescrits par le praticien. Car ces produits risquent de casser la flore et de la rendre vulnérable aux agressions microbiennes. En voulant faire propre, on produit l'effet inverse.

Pour maintenir la flore vaginale, certains spécialistes en microbiologie vont même plus loin puisqu'ils recommandent aux femmes de ne pas porter de culotte la nuit. Objectif : permettre d'aérer l'aire vaginale et de la rendre moins humide. À l'en croire, la culotte augmente la chaleur, ce qui n'est pas bon pour l'équilibre de la flore, et même l'humidité, deux facteurs favorisant les irritations locales. S'il vous est impossible de se passer de ce sous-vêtement, lors des règles par exemple, il préconise de ne surtout pas acheter des modèles en matières synthétiques mais de privilégier le coton, qui absorbe mieux l'humidité liée à la chaleur et la transpiration.

Épilation intégrale et jean trop serré, le cocktail détonnant

Des médecins américains se sont, de leur côté, intéressés à une pratique qui se développe depuis maintenant plusieurs années : l'épilation intégrale conjuguée au port de jeans slim. Leur quête : vérifier si cette mode comportait des risques pour la santé féminine. Ils ont donc constitué deux groupes comprenant plus de 200 femmes, suivis pendant un an. Dans l'un, les participantes s'engageaient à adopter le pantalon serré et le rasage total, dans l'autre elles gardaient leur pilosité et s'habillaient comme elles l'entendaient. Après 365 jours, le résultat fut sans équivoque. Le premier groupe avait connu deux fois plus de vulvo-vaginites, de la simple gêne à des douleurs d'irritation, voire des phénomènes infectieux.

L'explication est, en fait, toute simple : les jeans trop près du corps favorisent la transpiration ainsi que la macération dans cette zone sensible, et l'absence de poil rend les frottements des vêtements particulièrement irritatifs. Faites donc le bon choix entre les diktats vestimentaires et l'entretien de votre bien-être.

Culottes et jeans

Ne pas imiter tout le monde, créer vos propres règles et styles, être libre de choisir ce qui vous convient pour affirmer qui vous êtes vraiment ne sont-ils pas des signes de personnalité forte bien plus attractifs que se fondre dans un moule, surtout quand sa santé est en jeu ? Un port de tête gracieux, une façon de se tenir droite naturellement, des positions harmonieuses contribuent plus à l'élégance que n'importe quelle « tendance » uniforme. Inutile, dès lors, de jouer la femme sandwich en arborant, en toutes lettres, le nom d'une marque de luxe sur un tee-shirt, une ceinture ou un sac à main : votre façon de sourire et de vous exprimer fera bien plus irradier votre beauté et votre grâce sans artifice que des logos bling-bling.

Les menaces contre l'hygiène sont partout

Partout, tout le temps et même quand on ne les attend pas, les microbes menacent. Leurs terrains de jeu favoris sont variés, multiples, surprenants. Aussi, pour rester en bonne santé et ne pas tomber malade trop fréquemment, la vigilance et surtout une bonne connaissance des pièges déposés par ces petits adversaires redoutables s'imposent. Alors, suivez-moi, découvrez les objets et recoins insolites où l'on n'envisage pas qu'ils puissent se cacher. Et apprenez les bons réflexes à adopter.

Crédit de microbes illimité : les cartes bancaires

C'est une histoire d'argent sale, au sens premier du terme. C'est un crédit illimité, mais pas en euros. J'aimerais annoncer qu'il s'agit d'une cagnotte financière vous permettant d'accéder à tous vos désirs, mais l'affaire est plus grave et tout autre : je parle, en vérité, d'une réserve illimitée... de microbes !

Les cartes de crédit, ces quelques centimètres carrés de plastique, sont manipulées par de multiples personnes : vous, le taxi, le vendeur, le serveur au resto, etc. Et, chaque fois que vous payez, elles se transforment en nids à microbes. Pour en avoir le cœur net, nous avons décidé, avec le Pr Vialette du prestigieux Institut Pasteur de Lille, de pratiquer des prélèvements sur deux groupes, dans cette ville ainsi qu'à Paris. 95 cartes de

Les menaces contre l'hygiène sont partout

crédit appartenant à 95 sujets différents ont été analysées. Et ce hors période d'épidémie de grippe ou de gastro-entérite. Lors du prélèvement, effectué avec un écouvillon, la zone en relief des cartes correspondant aux chiffres a été particulièrement visée.

Ces numéros sont d'incroyables repaires à microbes, les cercles du 0, du 6, du 8 et du 9 étant même de véritables paradis à bactéries, lesquelles s'y multiplient.

Plus précisément, sur ces 95 échantillons, le niveau de contamination variait de 4 à 300 colonies bactériennes par carte : 16 % d'entre elles, soit 1 sur 6, présentaient des taux de contamination très élevés (plus de 200 colonies pour 25 centimètres carrés). 12 %, soit 1 carte sur 8, étaient aussi contaminées par des champignons.

Je conseille donc vivement de nettoyer régulièrement votre carte de crédit, surtout en période d'épidémie de grippe ou de gastro-entérite, tant il s'agit de terribles relais de contamination. Un geste d'hygiène simple qui vous évitera de tomber malade pour rien.

Le sale menu

Dans le même esprit, des analyses réalisées dans des restaurants espagnols ont montré à quel point les menus étaient eux aussi contaminés par les microbes. Et pour cause, ces cartes ne sont quasiment jamais lavées ni désinfectées alors qu'elles sont manipulées à chaque service par d'innombrables personnes – serveurs, clients… – dont beaucoup ont les mains sales.

Les chercheurs ont noté que les menus faisaient office de supports à la contamination croisée microbes/aliments, provoquant gastro-entérites et/ou grippes. Comme pour les cartes bancaires, ils ont mis au jour une grande diversité de bactéries, dont des staphylocoques dorés connus pour avoir des délais de survie s'élevant jusqu'à plusieurs jours.

L'hygiène ciblée

Mon conseil pratique :

Lavez-vous les mains après avoir passé la commande...

Et je ne parle pas des salières, dont j'imagine le bilan bactériologique tout aussi dégoûtant. D'ailleurs, évitez de vous en servir. Par ce geste hygiénique, vous ferez aussi beaucoup de bien à votre santé quand on songe que le sel augmente les risques d'hypertension artérielle et de cancer de l'estomac, stimule trop l'appétit et fait grossir inutilement.

Les habitacles des voitures, viviers de microbes

Souvent, les voitures brillent autant à l'extérieur qu'elles sont sales à l'intérieur. Pourquoi ? Parce que beaucoup d'entre nous mangent au volant, aèrent peu, surtout depuis la démocratisation de l'air climatisé. Autant d'attitudes qui créent les conditions idéales à la multiplication des microbes : du temps, de l'humidité et des débris alimentaires.

Dès lors, nettoyez, lavez et séchez régulièrement le volant et les poignées intérieures du véhicule, en résumé tout ce que vous touchez à chaque déplacement. Et lorsque vous manipulez le pistolet à essence pour faire le plein, pensez à passer ensuite un gel hydroalcoolique sur vos mains, l'engin étant fortement contaminé au niveau microbien.

La solution : « Citron express »

J'insiste depuis longtemps sur la nécessité du lavage des mains avant de passer à table, rituel qui fait baisser de façon significative les infections gastro-intestinales, ORL et respiratoires.

Les menaces contre l'hygiène sont partout

L'explication est simple : en touchant ce que l'on porte à la bouche, comme du pain ou des frites, on transporte les microbes de l'extérieur du corps vers l'intérieur. Or, en période de grippe ou de gastro-entérite, le risque est démultiplié.

Avoir les mains propres avant de s'installer devant son assiette n'est cependant pas toujours évident, en particulier au restaurant. Parce que les toilettes sont parfois très sales et que vos mains, bien propres, risqueraient d'être contaminées en appuyant sur la poignée de la porte pour sortir. Quand on sait qu'un virus reste actif plusieurs jours et que l'on contamine autrui trois jours avant d'être soi-même malade, imaginer la suite est aisé.

Eh bien, il existe une solution simple : demander un demicitron. Pour mémoire, en France, le citron – comme le sel, le poivre, l'huile ou le vinaigre – n'est jamais facturé. Pressez donc un peu de son jus dans la paume, frottez bien vos deux mains – sans oublier les espaces interdigitaux et les ongles – puis séchez-les avec la serviette. Vos mains seront d'un geste d'un seul à la fois propres et agréablement parfumées.

Le citron est une arme antibactérienne redoutable, naturelle et sans danger, à utiliser sans modération. Son pouvoir actif, en particulier contre les bactéries type staphylocoques dorés ou certaines souches d'*Escherichia coli*, est réputé. Pour ma part, j'y recours chaque fois, pressant quelques gouttes au préalable au-dessus de mon verre d'eau. Cela donne bon goût et une agréable sensation de fraîcheur.

Notons, au sujet du citron et des agrumes, une étude scientifique récente pour le moins surprenante. Car elle a mis en évidence que les personnes qui buvaient tous les jours des agrumes en quantité avaient 30 % de cancers de la peau en plus. Pour l'instant, les scientifiques ont observé le phénomène sans en trouver l'explication. La seule recommandation que l'on puisse donner aux gros buveurs de ces jus est de consulter chaque année leur dermatologue et de bien se protéger du soleil. Il est vrai aussi que certains agrumes comme le pamplemousse perturbent le fonctionnement de médicaments, les rendant parfois inactifs. Ce qui est naturel n'est pas toujours sans danger.

Les bracelets douteux

Un consensus scientifique reconnaît que le lavage des mains est essentiel à la santé. Mais imaginiez-vous qu'à proximité des mains se trouve un véritable taudis à microbes, lesquels ne demandent qu'à se faire parachuter sur ce que vous touchez ? Le coupable : le bracelet de montre. Jamais lavé, souillé chaque jour ! Pourquoi se donner tant de peine à nettoyer soigneusement paumes et doigts s'ils doivent cohabiter avec un réservoir à crasse ?

L'humidité de la sueur, les contacts avec toutes sortes de contaminants et l'absence de la moindre goutte de savon constituent le terreau parfait pour la multiplication des microbes sur ces bouts de cuir. Des études scientifiques ayant mis en évidence le fait qu'ils soient porteurs d'une faune bactérienne impressionnante – un mix de bactéries, levures, champignons... –, des chercheurs ayant signalé l'existence de bracelets trois fois et demie plus contaminés qu'une lunette des toilettes, on comprend pourquoi il est interdit aux chirurgiens de porter des bijoux ou une montre en salle d'opération.

Là encore, la solution existe : adopter des bracelets de montre en acier, en matières synthétiques textiles, en plastique lavable, voire une montre résistante à l'eau. Et les savonner régulièrement, en prenant soin de les rincer et de bien les sécher. La montre elle-même peut être nettoyée avec un gel hydroalcoolique et un coton.

Dernier détail d'importance : je recommande de jeter immédiatement après utilisation les bracelets éphémères distribués dans les festivals. Je sais que nombre d'entre vous aiment les conserver au poignet comme souvenir ou porte-bonheur, mais une étude britannique a démontré qu'ils étaient vingt fois plus contaminés que la normale.

Les risques pris sans le savoir

Le danger n'est pas toujours là où on le croit. Des chercheurs ont récemment mis au jour le rôle d'une mauvaise hygiène dentaire dans le développement de la maladie d'Alzheimer, de nombreux cancers et de soucis cardio-vasculaires. Même les troubles de l'érection sont concernés. Comment les scientifiques en sont-ils arrivés à de telles conclusions ?

La maladie d'Alzheimer ne bénéficie – pour l'instant – d'aucun traitement. En revanche, la prévention a progressé. Les médecins ont, par exemple, découvert dans le cerveau des patients la présence de protéines toxiques issues de bactéries pathogènes, les *Porphyromonas gingivalis* que l'on retrouve aussi dans la sphère bucco-dentaire des personnes concernées. La bactérie, qui provoque des inflammations des gencives pouvant aller jusqu'au déchaussement des dents, migre donc.

D'autres bactéries issues de la bouche accroissent de manière significative la fréquence de certains cancers. C'est le cas de l'*Helicobacter pylori*, qui provoque des ulcères gastriques, mal qui, non traité, suscite un état inflammatoire constant et fait le lit du cancer de l'estomac. Or par un traitement antibiotique adapté, l'*Helicobacter pylori* est éliminé. On a constaté aussi que d'autres bactéries entraînant l'inflammation des gencives favorisaient l'apparition de cancers du pancréas, de l'œsophage ou du colon, voire des maladies cardio-vasculaires. Pour se protéger, je recommande donc une visite annuelle chez le dentiste, un brossage soigneux des dents avec passage du fil dentaire après chaque repas et, bien sûr, d'éviter autant que possible les produits sucrés.

Les AVC sont aussi concernés et liés, dans certaines situations, aux maux de la bouche. En mai 2019, des scientifiques de l'université de Tampere, en Finlande, ont identifié des fragments d'ADN provenant de bactéries de la cavité buccale dans des emboles cérébraux à l'origine d'accidents vasculaires neurologiques. Sur 75 patients victimes de ces congestions au cerveau, 79 % présentaient des fragments de bactéries spécifiques en provenance des dents !

Une mauvaise hygiène bucco-dentaire a donc un retentissement indirect pouvant se révéler redoutable sur la santé. L'inflammation des gencives crée un milieu dont les bactéries dangereuses raffolent. Comment éviter le développement de ces infections chroniques ?

Des recherches récentes ont clairement montré que notre alimentation avait un rôle déterminant dans cette éradication, en particulier les repas fournis en légumes, fibres, oméga 3 (poissons gras, noix...) et aliments riches en vitamine C et D. De quoi réduire la gingivite, pathologie buccale qui se caractérise par des saignements lors des brossages. À l'inverse, les graisses et sucres favorisent ce mal.

Le téléphone portable, c'est très personnel

Pour votre bien apprenez à être un ours mal léché. Autrement dit : le téléphone portable, comme une brosse à dents, ne se prête pas. Rien de mal élevé dans une telle attitude, au contraire même, vous vous protégez et protégez l'autre. Car, en téléphonant, on postillonne sur le combiné des millions de bactéries et virus qui, à cause du micro collé à la bouche, se transfèrent en quantité. Si vous vivez en harmonie avec vos microbes, qui constituent votre flore intérieure, ceux des autres peuvent devenir des ennemis : or certains virus peuvent prospérer plusieurs jours sur un smartphone. Pensez donc à le nettoyer chaque matin avec une lingette ou un coton légèrement imprégné de produit antiseptique pour ne pas le transformer en réserve d'agents contaminants.

Les menaces contre l'hygiène sont partout

Quand on songe qu'une étude publiée dans la revue de la Société américaine de microbiologie vient d'annoncer que 40 % des téléphones des étudiants d'une université brésilienne étaient contaminés par du staphylocoque doré... force est d'en conclure que la prudence et le nettoyage s'imposent. Vous changez de sous-vêtements chaque jour, pourquoi ne pas nettoyer votre appareil au même rythme ? Il est moins risqué de porter un slip ou une culotte de la veille que de mettre sa bouche près d'un portable sale !

Ne coupez pas le film avant la fin

À chaque selle, le rectum se vide complètement. Mais lorsqu'ils vont à la selle, certains veulent qu'à peine assis la tâche soit déjà terminée. Faire fissa, aucun temps à perdre, ne surtout pas occuper les lieux longuement parce que quelqu'un attend... le vite fait mal fait domine. Or, rien n'est plus dommageable pour la santé. Car, afin de mener l'opération à bien, une fois installés, ces amateurs de rapidité poussent le plus intensément possible en vue d'éjecter le maximum de matières fécales en un minimum de temps, efforts qui se soldent souvent par de piètres résultats, à savoir l'émission de petits morceaux. L'ennui, c'est que « pousser fort » aux toilettes augmente la pression dans les vaisseaux sanguins, que certains, sur le trône, deviennent tout rouges, que la tension artérielle monte et que des accidents vasculaires peuvent même survenir chez les cardiaques. Moindre mal, mais quand même, les veines de l'anus gonflent aussi, favorisant les hémorroïdes. Donc un conseil : sur le trône on agit avec retenue et mesure

L'hygiène ciblée

Ne vous éternisez pas non plus

En moyenne, hommes et femmes passent moins de trois minutes aux toilettes à chaque passage. C'est peu. D'autres s'éternisent : lecture, smartphone, etc. Là encore, le trop est l'ennemi du bien. Des experts conseillent de ne pas demeurer plus de trois minutes sur les WC parce que, lorsque l'on reste trop longtemps, la musculature autour de l'anus perd en tonicité, le canal anal glisse un peu vers la sortie, ce qui risquerait de faciliter le passage à l'extérieur des hémorroïdes. Ce qui n'est ni esthétique ni confortable.

C'est aussi un phénomène qui augmente les constipations opiniâtres. En allongeant le temps passé à obtenir un résultat, il ne se produit parfois rien du tout. Pourquoi ? Parce que l'envie est déclenchée par la sensation de petites contractions intestinales et que s'éterniser réduit ces contractions, qui deviennent beaucoup plus faibles. Résultat : les selles ont tendance à prendre la direction inverse, donc à remonter vers le colon. Vous connaissez ce phénomène : quand on n'a pas la possibilité de se rendre aux WC, on se retient (ce qui n'est pas bien) et peu à peu l'envie disparaît. Lorsque, un peu plus tard, à un moment jugé propice, on y retourne, la défécation s'avère plus difficile, car les selles sont devenues dures. C'est comme cela que se forment parfois des fécalomes, ces boules de matières fécales dures comme de la pierre susceptibles d'entraîner des occlusions intestinales par obstruction de l'anus. Le médecin devra alors effectuer un lavement ou pratiquer un toucher rectal et fragmenter le fécalome afin de l'extraire par morceaux. Le fécalome souligne en tout cas l'importance de bouger, de marcher pour bénéficier d'un bon transit, de maintenir une alimentation adaptée ainsi qu'une très bonne hydratation tout au long de la journée.

Les menaces contre l'hygiène sont partout

Dans un premier temps, oubliez le chronomètre

Pour progresser harmonieusement dans les intestins et aller vers la sortie, le bol alimentaire a besoin de mouvement. Sinon, l'expulsion sera longue et difficile. Dès lors, soyez pleinement concentré sur ce que vous faites. Installez-vous confortablement, sans stress, en essayant de vous relaxer. Inspirez et expirez calmement, en vous concentrant sur la respiration. Quand vous sentez que vient le moment, laissez faire sans essayer de forcer ou d'en faire plus. Attendez tranquillement que la force de gravité fasse tomber naturellement ce qui résistait dans le rectum. Vous remarquerez parfois la longueur inhabituelle de votre selle. Le rectum sera en tout cas parfaitement vide, propre, et vous soulagé(e).

Vous laver, après, si vous en avez la possibilité conclura l'opération.

Dans un couple, on aime échanger les microbes

Des scientifiques américains ont mis en évidence combien les couples sexuellement actifs vivant ensemble partagent leurs empreintes microbiennes. En utilisant un algorithme spécifique, ils ont réussi, avec une précision de plus de 85 %, à reconstituer les duos de leur étude rien qu'en s'appuyant sur une série d'échantillons biologiques individuels. Et ont constaté, ce qui les a surpris, que la zone d'échange la plus forte se situe au niveau des pieds. En fait, vivre pieds nus chez soi conduit à partager un immense arsenal de microbes !

En Occident, la plupart des gens n'enlèvent pas leurs chaussures en rentrant à la maison. Ils marchent dans la rue, piétinent des crottes de chiens, touchent des détritus, colportent la pollution et transforment leurs semelles en taudis à microbes. Et une fois chez eux, ensemencent le sol qui devient un véritable bouillon de culture. Les pieds nus posés sur un sol de ce type, surtout mouillés en sortie de douche, suffiront à contaminer partenaire et draps. Je rappelle donc ce conseil de bon sens : ne rentrez jamais avec vos chaussures de ville dans la salle de bains ou la chambre à coucher.

La barbe à papa

Depuis quelques années, la barbe est très tendance. Une manière d'afficher sa virilité, sa différence, voire d'affirmer sa liberté. D'aucuns prétendent qu'elle permet un gain de temps. Ce n'est pas exact : si se raser chaque matin est contraignant, bien soigner son système pileux facial l'est (ou devrait l'être) plus encore. Car il convient de le laver, frotter et sécher, de tailler ce qui dépasse en veillant à ce que chaque côté soit identique. Car la symétrie est primordiale comme de nombreux sondages l'ont montré, indiquant qu'un visage harmonieux et proportionné faisait partie des critères esthétiques importants. Dès lors, selon son talent de taille, on peut rééquilibrer un visage en trompe-l'œil, tout comme une moustache donne plus d'harmonie à la lèvre supérieure.

La manière dont on porte la barbe est par ailleurs déterminante : soignée ou crasseuse, elle peut donner une impression de sagesse ou de dérive. Des travaux ont même établi que les barbus apparaissaient, aux yeux des femmes plus âgées, comme bénéficiant d'un statut social élevé. Et que les barbus en colère semblaient beaucoup plus agressifs que les glabres furieux ! Porter la barbe revient donc à écrire un message sur son visage. Aussi faut-il veiller à rédiger le bon texte pour éviter toute méprise.

Et l'hygiène ? La barbe est un foyer bactérien permanent. Les Anglais ont calculé par exemple que l'ensemble des buveurs réguliers de bière porteurs de moustaches laissaient 96 000 litres du breuvage dans leurs bacchantes chaque année ! Une autre étude a, quant à elle, souligné que la barbe d'un homme contiendrait plus de bactéries que le pelage d'un chien, constat qui dépend directement, on le comprend, du comportement du propriétaire. Si son système pileux facial est bien entretenu, il n'y aura aucun problème particulier. En revanche, si son collier, barbiche ou autre bouc est long et négligé, les microbes auront tout loisir d'y prospérer, s'alimentant des squames de peau perdus chaque jour et s'hydratant à la sueur du visage. Pour éviter d'entretenir une telle ménagerie, une seule option : l'huile de coude avec savon et séchage parfait

En plus du look, je vois à la barbe un autre mérite : elle protège une grande part du visage du soleil donc des rides. Les risques de cancers de la peau là où elle est implantée sont plus faibles, le poil démultiplié bloquant 95 % des rayons UV. Si vous êtes concerné, prenez le temps de comparer les parties de votre corps jamais exposées au soleil et votre visage ; vous constaterez que les zones protégées naturellement affichent une peau d'enfant, tandis que les joues, front, cou ont l'épiderme d'un adulte. La barbe sert donc de protection utile.

Elle participe aussi à l'hydratation du visage en préservant la couche lipidique de la peau du vent et des agressions extérieures. Quant aux moustaches, elles peuvent faire office de filtre et diminuer les effets des pollens. Ce n'est toutefois pas une raison pour imiter le roi d'Angleterre Henri VIII ou le tsar Pierre le Grand, qui, en 1535 et 1704, avaient créé des impôts à payer par les barbus...

Les salades qui rendent malades

La lutte contre le gâchis alimentaire est devenue une priorité tant nos modes de consommation actuels choquent alors que bien des gens peinent à joindre les deux bouts et à se nourrir tout court. Que cette prise de conscience émerge, tant mieux. On voit même, pour éviter de jeter, bien des personnes qui renouent avec l'art (d'antan) d'accommoder les restes. S'il s'agit d'une bonne initiative pour la planète et le porte-monnaie, ce n'est pas forcément le cas pour la santé. Car de nombreuses idées reçues circulent en la matière. Celle qui prétend que « si c'est cuit, il n'y a pas de problème » est ainsi partiellement fausse. Car tout le cuit ne se conserve pas éternellement. Certes, observation de bon sens, les aliments crus ayant trop traîné à l'air libre prennent rapidement mauvaise allure et, non présentables, atterrissent souvent à la poubelle plutôt que dans les estomacs, mais croire que les plats mijotés sont plus durables n'a rien de sain.

C'est comme les salades, volontiers concoctées avec des œufs durs frais, des rondelles de tomates et un peu de persil qu'on ajoute aux pâtes ou au riz froid de la veille. On pense qu'avec une vinaigrette et le talent de faire du neuf avec du vieux, le tour est joué. Or c'est précisément là que le risque apparaît : le « vieux » rafraîchi n'est pas forcément mangeable. Je pense tout particulièrement à la tendance actuelle du *batch cooking*, qui consiste à préparer le dimanche les repas de la semaine. Cela nécessite de respecter au mieux les conditions d'hygiène pour l'élaboration et la conservation des plats.

Un étudiant de 20 ans est ainsi décédé dix heures après avoir avalé des spaghettis oubliés à température ambiante depuis cinq jours. Pour gagner du temps et faire des économies, il avait décidé de cuisiner une seule fois pour la semaine… sans penser aux bactéries opportunistes en embuscade. *Bacillus cereus* en a profité pour proliférer dans ses plats, créant une infection qui a entraîné la destruction fulgurante de son foie et une inflammation aiguë du pancréas.

Le riz « recyclé » peut s'avérer tout aussi dangereux. Les médecins américains appellent les infections qui suivent sa consommation « *fried rice syndrome* », en français « syndrome du riz frit ». Rien qu'aux États-Unis, ce mal touche chaque année plus de 60 000 personnes. Des sujets en bonne santé sont atteints de vomissements, de douleurs abdominales et de diarrhées passagères, tandis que les plus vulnérables en meurent. En cause, une bactérie qui libère des toxines, lesquelles provoquent

Les menaces contre l'hygiène sont partout

l'intoxication alimentaire dans les 30 minutes à 15 heures suivant l'ingestion. Heureusement, quand on a un bon système immunitaire, en 24 heures tout rentre dans l'ordre.

Pour éviter ces intoxications, rien ne vaut certains réflexes. À savoir, placer immédiatement après le repas le reliquat de pâtes et de riz au réfrigérateur et ne réutiliser qu'une fois ces restes. Et s'ils ont été oubliés quelques heures sur la table, on ne court aucun risque, on les jette. La congélation ne serait pas une solution car vous conserveriez intactes les petites bombes microbiennes productrices de toxines redoutables. On ne met pas non plus au frigo un gros saladier contenant les pâtes ou le riz froid : on les sépare en deux récipients, une quantité trop importante retardant le refroidissement des aliments au milieu du bol. Enfin, si vous voulez quand même resservir du riz frit, ne vous contentez pas de le passer une minute au four à micro-ondes, faites-le à nouveau cuire à bonne température, le plus longtemps possible sans altérer le goût.

*

On l'a vu, avec des gestes simples et un peu – beaucoup – de bon sens, éviter les pièges à microbes que tend le quotidien n'est pas si compliqué. En suivant mes conseils, en changeant quelques-unes de vos habitudes, rester en bonne santé deviendra un jeu d'enfant !

QUATRIÈME PARTIE

RESTER JEUNE

*Avoir, à 70 ans,
le corps d'une personne de 40 ans ?
Ce miracle ne tient qu'à vous !*

Le vieillissement résulte de l'accumulation de dégâts physiologiques et cellulaires, mais aussi des mauvais traitements ou soins que l'on s'inflige. À 20 ans, on jouit de sa jeunesse, premier cadeau de la vie. À 50 ans, la jeunesse devient le cadeau que vous vous offrez par la qualité de votre propre mode de vie. À 65 ans, le taux de vieillissement est 125 fois plus élevé que chez un enfant de 12 ans mais des pistes ouvrent bien des espoirs.

Le corps contient 35 milliards de cellules qui se renouvellent et ont besoin, pour bien fonctionner, de se voir apporter le meilleur. Alors prenez soin, chaque jour, de votre cerveau comme de votre corps, eux vous le rendront bien. Entretenir les 650 kilomètres de vaisseaux qui alimentent notre corps demande des efforts quotidiens et de la volonté. Ainsi, rappelez-vous qu'on ne vieillit pas parce que l'on travaille mais parce que l'on ne travaille pas. Refusez donc que l'on vous aide à porter votre sac de courses. Mettre ses muscles et son équilibre au repos, c'est perdre en force et en autonomie. Avec le risque que, le jour où personne ne sera là pour vous assister, le corps refusera de vous obéir, et vous deviendrez dépendant des autres.

Les muscles vous protègent comme s'ils défendaient une forteresse. Tâtez vos abdominaux, vos biceps ou vos quadriceps en les contractant, vous vous rendrez vite à l'évidence. Mais ils attendent aussi de nous qu'on les préserve. Aussi, plus on avance en âge, plus il faut être actif avec sa santé, savoir se mettre à l'écoute de son organisme, afin de le connaître, le comprendre et l'aider.

Les secrets du vieillissement

Nous ne vieillissons pas tous de la même façon. Entre un sédentaire obèse alcoolo-tabagique et une personne mince qui mange équilibré et fait du sport, l'horloge ne tourne pas à la même vitesse.

Pour autant, il y a des dates, des étapes. Les chercheurs américains de l'université Duke ont établi à quel âge commençait le vieillissement. Après avoir étudié tous les facteurs, leur réponse est formelle : 26 ans. Un chiffre proche des 25 ans des catherinettes, ces jeunes femmes non mariées qui, dans la tradition populaire, devaient porter un chapeau excentrique le jour de la Sainte-Catherine afin de montrer qu'elles étaient des cœurs à prendre, sous peine, franchi le jour fatidique, d'être déclarées « vieilles filles ». Nos scientifiques de Duke ne sont donc pas tombés loin !

Âge chronologique, âge réel ou âge immunitaire ?

La durée de vie maximale, selon l'institut Albert-Einstein, est de 115 ans pour les femmes et de 114 ans pour les hommes. Comme Jeanne Calment a prouvé que l'on pouvait atteindre 122 ans, de nouveaux records sont à attendre.

D'autant que l'âge chronologique ne correspond pas forcément à l'âge réel et qu'une nouvelle notion passionnante – qui me paraît plus juste – est apparue : l'âge immunitaire. Ainsi, nous aurions en vérité l'âge de notre système de défense.

Il est vrai que plus les années s'accumulent à l'horloge d'une vie, plus ces défenses diminuent, nous laissant sans les armes capables de nous protéger contre les multiples maladies. Avec le risque que la baisse des lymphocytes NK tueurs de tumeurs donne le champ libre aux cellules cancéreuses, comme de voir les virus et bactéries se propager en toute impunité.

Mauvaise nouvelle : actuellement, il n'existe aucun médicament apte à accroître la qualité de notre système immunitaire. Bonne nouvelle, en revanche : notre mode de vie, lui, agit directement lorsqu'on veut le rendre plus performant.

Le capital immunitaire, ça s'entretient

De quelle manière préserve-t-on et, mieux, parvient-on à faire fructifier le capital immunitaire ? Diverses recettes et techniques existent. Première sur le podium, l'activité physique quotidienne, ex aequo avec la baisse des calories. Ainsi, on a découvert que la restriction calorique augmentait de 40 % l'espérance de vie d'une souris en bonne santé.

Le miracle d'Okinawa

La recette idéale, les habitants de l'île d'Okinawa, au Japon, la possèdent-ils, eux qui détiennent le record mondial du nombre de centenaires ? Vraisemblablement oui puisque le secret de leur longévité, étudié précisément, réside dans le maintien d'une activité physique quotidienne et une frugalité nutritionnelle de bon aloi. À plus de 100 ans, leurs doyens continuent d'entretenir leur potager, de consommer beaucoup de légumes et aucune sucrerie. Quant au moral, ils le maintiennent jour après jour en se levant le matin conscients d'avoir un but. L'inactivité fait vieillir. À méditer…

Nos organes ne vieillissent pas à la même vitesse

En fait, l'être humain ressemble aux automobiles. Certaines de ses pièces, comme les pneus, s'usent vite alors que d'autres, tel le tableau de bord, résistent au temps. La vitesse d'usure du corps dépend du mode de vie : la peau d'un fumeur qui s'expose au soleil s'abîme beaucoup plus rapidement que celle d'une personne se protégeant du soleil et non accro aux cigarettes.

Cette usure différenciée, des chercheurs l'ont récemment démontrée, constatant que nous sommes un puzzle d'organes où jeunes et vieux cohabitent. Il s'agit d'une découverte majeure car on comprend alors mieux notre résistance (ou notre non-résistance) aux attaques. Les organes vieillissants deviennent plus vulnérables à la maladie, certes, mais pas seulement : on a appris qu'un organe fatigué générait des dégâts sur ceux restés jeunes et fonctionnels. Prenons l'exemple du foie. Le foie stéatosique désigne ce qui est appelé communément le « foie gras », rançon de multiples repas gras sucrés et bien arrosés. Eh bien, usé ainsi, il accumule les toxiques et les cancérigènes et, dès lors, met en danger l'organisme tout entier. Quand un organe est défaillant, les autres paient les pots cassés.

Les seins vieillissent plus vite, le cœur moins

La recherche sur nos différents organes progresse en permanence. Des scientifiques américains ont ainsi observé que les seins vieillissent plus vite – environ 3 ans – que le reste du corps. Certains chercheurs y voient un facteur de risque des cancers du sein. À l'inverse, ils ont noté que le cœur présentait, chez des personnes entre 55 et 60 ans, 9 ans de moins que d'autres organes.

Ensuite, il fallait essayer de comprendre pourquoi, chez un sujet sain, les organes ne vieillissaient pas au même rythme. Tout vient du code génétique que chacun possède à la naissance, dont l'expression peut se modifier selon la façon de vivre. L'hygiène de vie se traduit par la « méthylation », un phénomène qui affecte différemment nos gènes, activant ceux protecteurs ou destructeurs. Le taux de méthylation détermine alors l'âge des organes, ainsi que leur impact sur notre santé.

La prouesse des chercheurs a été de déterminer avec une précision de 96 %, à partir des taux de méthylation des gènes, l'âge exact des participants à leur enquête. Et ce, à partir d'un simple échantillon de sang.

Une nouvelle preuve – encore plus formelle – que notre santé est réellement entre nos mains.

Parler plusieurs langues pour rester jeune !

Terminons ce chapitre par une étude amusante : comparées à leurs congénères du même âge, les personnes qui parlent deux langues ont des capacités cognitives plus performantes, avec un quotient intellectuel et une mémoire supérieurs. Et il n'est jamais trop tard pour bien faire puisqu'il est prouvé que, quel que soit l'âge auquel on décide d'apprendre une langue étrangère, le rajeunissement des neurones s'active. Et un cerveau productif, c'est un commandant de bord efficace pour empêcher de décliner et de vieillir. *So, what are you up to ?*

Bougez !

Vous souvenez-vous ou avez-vous vu ce film, *Cocoon*, réalisé en 1985 par Ron Howard, dans lequel les pensionnaires d'une maison de retraite retrouvaient leur jeunesse en plongeant dans une piscine accueillant des cocons d'extraterrestres ? Eh bien, sachez – et il ne s'agit aucunement de science-fiction – qu'une équipe de chercheurs américains vient de découvrir des hommes et femmes de 70 ans dont les corps auraient pu appartenir à des personnes de 40 ans. Par quel miracle ? L'exercice physique !

Une incroyable découverte

Pour arriver à cette conclusion, ces scientifiques ont recouru aux grands moyens, conjuguant plusieurs techniques. Ils ont notamment mesuré la VO$_2$max, soit le maximum d'oxygène qu'un individu peut produire à l'occasion d'un exercice intense. Qui, à partir de 30 ans, diminue de 10 % chaque année, la capacité respiratoire en cas d'efforts diminuant au fil du temps, ce qui explique la hausse des maladies liées à l'âge. Les participants, placés sur des vélos d'intérieur, devaient pédaler au maximum, tout en étant branchés à un appareil mesurant la fameuse VO$_2$max.

L'équipe a aussi pratiqué des biopsies musculaires afin d'apprécier la qualité des muscles de son échantillon. L'état cardio-vasculaire de chacun a ensuite été analysé en détail, de même que la longueur des télomères, ces capsules situées au bout des chromosomes de chacune de nos cellules. Or on sait que plus les télomères sont longs, plus ils indiquent une vie en bonne santé durable, alors que, réduits, ils traduisent des risques de cancers, maladies cardio-vasculaires ou Alzheimer élevés. Ces capsules ne donnent pas l'âge chronologique, mais l'âge biologique.

L'élixir de jeunesse existe !

En conjuguant ces différents marqueurs, les chercheurs américains ont constaté que les cobayes habitués à faire entre 30 et 45 minutes d'exercice continu chaque jour depuis des dizaines d'années avaient, à 70 ans, l'organisme d'individus de 40 ans. Une différence – considérable – qui s'explique aisément : le sport quotidien agit comme un élixir de jeunesse, une sorte de potion magique aidant à défier les outrages du temps.

En premier lieu, cela compense la perte musculaire physiologique de 1 à 2 % annuelle qui s'accentue à partir de 30 ans. Mais le sport chaque jour préserve aussi le souffle, comme le montrent les tests effectués sur la VO_2max. Et, quand on respire mieux, on bouge plus vite et plus souvent, le cœur fatigue moins. S'y adonner, c'est donc diminuer, au fil des mois, sa fréquence cardiaque, sa pression artérielle et améliorer sa capacité cardio-vasculaire, le cœur développant des vaisseaux supplémentaires pour son oxygénation.

De son côté, la lutte contre l'athérosclérose s'en trouve renforcée : l'activité physique aide à brûler les graisses du sang, comme le cholestérol et les triglycérides, ainsi que le sucre, autant de facteurs favorisant l'encrassement des vaisseaux.

Le sport rend aussi le système immunitaire plus performant, ce qui pourrait expliquer la diminution de cancers constatée. Sans oublier le moral, au beau fixe grâce à la sécrétion naturelle des endorphines (molécules proches de la morphine) générées. Or voir la vie en rose accroît la longévité, comme l'a démontré une étude expliquant que les optimistes vivaient en moyenne 10 ans de plus que les pessimistes (essentiellement parce qu'ils dorment beaucoup mieux) !

Enfin, la sexualité en bénéficie. L'activité physique régulière augmente la sécrétion de testostérone et l'envie de faire l'amour. Premier avantage : les sujets qui pratiquent 12 rapports sexuels par mois paraissent 10 ans de moins. Deuxième avantage : les recherches ont conclu que lorsqu'on paraît 10 ans de moins on va vivre 10 ans de plus en bonne santé.

Le sport donne donc un coup de jeune qui sonne vrai, contrairement à la chirurgie esthétique. La bonne santé intérieure se voit dès lors à l'extérieur, elle qui se traduit par une impression de jeunesse retrouvée.

L'exercice physique à jeun

Les scientifiques britanniques viennent même de découvrir, après une expérimentation ayant porté sur 30 hommes en surpoids ou obèses, pendant un mois et demi, que pratiquer de l'exercice physique avant le petit déjeuner fait brûler deux fois plus de graisse. Parce que l'organisme consomme plus de graisses du fait de la baisse du niveau d'insuline pendant la nuit.

L'âge biologique, une question de souplesse

Il existe un test physique simple et amusant à faire pour connaître son âge physiologique, test que j'ai découvert lors d'un voyage au Canada. Essayez de toucher le sol avec les paumes des mains en maintenant les jambes tendues. Si vous y parvenez, vous avez 25 ans ; si vous le touchez du bout des doigts, vous en avez 38 ; si vous atteignez péniblement le dessus des pieds, genoux pliés, vous en avez 50. La bonne nouvelle c'est qu'en faisant cet exercice tous les jours par série de trente, vous verrez, au fil des semaines, vos paumes se rapprocher du sol. Croyez-moi, c'est à portée de mains. Comme la souplesse fait partie intégrante de la jeunesse et que la souplesse du corps est aussi celle de l'esprit... il n'y a pas de temps à perdre.

Des haltères
pour ne pas s'altérer trop vite

Sûrement avez-vous déjà remarqué, chez certaines personnes, la présence de ce que l'on appelle des bras en « chauve-souris » ? Avec, vous savez, ces poches de peau fripée qui ressemblent à de la gelée lorsqu'on les voit remuer. Le problème n'est pas qu'esthétique : car avec l'apparition du bras mou, c'est la force, elle, qui disparaît. Au point d'en arriver à ne plus pouvoir, parfois, déboucher une bouteille de champagne le jour de son anniversaire.

En fait, les bras sont un excellent indicateur de l'état musculaire. Quand ils fondent, vite il faut se bouger si on ne veut pas vieillir avant l'âge.

Un investissement pour un avenir en forme

Pour ce faire, achetez un jeu de plusieurs haltères. Et si vous hésitez sur l'investissement, entraînez-vous déjà avec des bouteilles d'eau d'un litre, qui feront parfaitement l'affaire.

Trente minutes d'haltères quotidiennes sans s'arrêter sont aussi efficaces qu'une demi-heure de vélo, de natation ou de marche rapide. Je le précise car beaucoup me disent trop souvent : « Je ne peux pas faire d'exercice en ce moment, j'ai mal aux genoux, chevilles, hanches… » Ou encore : « J'aimerais bien, mais impossible ça me fait trop mal. » Pas d'excuses, mobilisez vos muscles des bras en maniant ces accessoires. Débutez léger puis augmentez la charge au fil des mois : vous constaterez, avec surprise autant que plaisir, que l'on progresse vite.

En plus de cette demi-heure – que l'on peut passer devant la télévision ou en téléphonant micro ouvert –, ajoutez des bonus, comme je le fais moi-même avec les haltères placées au pied de mon bureau : chaque fois que je me rassois, j'effectue trente mouvements de chaque bras. Ces rituels renforceront plus vite votre nouvelle puissance musculaire et vous aideront à remonter le temps vers les belles années de la jeunesse.

Un programme adapté à tous

Pour s'y mettre, aucune limite d'âge. Avec elles, vous fortifierez votre corps et votre esprit, programmerez votre cerveau et votre organisme en visant à les rendre invincibles. Et ce, science à l'appui, une comparaison de la croissance musculaire d'un groupe entre 18 et 39 ans et d'autres ayant plus de 40 ans, attestant qu'en pratiquant les mêmes exercices les taux de croissance sont identiques chez les sujets âgés comme chez les plus jeunes. En gonflant les muscles, vous ferez donc monter en puissance votre vitalité.

Pour ajouter un plus à ces bonnes résolutions, mettez-vous au régime méditerranéen, qui est à base de fruits et de légumes, d'huile d'olive et de noix… ne serait-ce que quatre jours. Les chercheurs ont en effet montré que les bénéfices pour la capacité d'endurance apparaissaient en à peine quelques jours.

Des haltères pour ne pas s'altérer trop vite

Entretenir sa forme musculaire afin de vivre plus longtemps

Une étude scientifique brésilienne a constaté que pratiquer des haltères tous les jours, chez les hommes comme les femmes, accroît l'espérance de vie en bonne santé. Et que les sujets bénéficiant d'une bonne force musculaire vivaient plus vieux. L'originalité de leurs travaux est d'avoir mis en évidence le facteur clé qu'est la puissance musculaire, laquelle se caractérise par la capacité à produire à la fois de la force et de la vitesse lors d'exercices, le tout dans une bonne coordination des mouvements. Prenons un exemple simple : celle ou celui qui grimpe rapidement des escaliers dispose d'une belle puissance musculaire, contrairement à celle ou celui qui les monte lentement.

Plus besoin donc de boule de cristal pour savoir si vous vivrez longtemps : entretenez votre puissance musculaire.

Des vertus thérapeutiques

Des chercheurs norvégiens ont, eux, découvert des pouvoirs surprenants aux haltères. Après des blessures aux épaules, des exercices sous contrôle médical avec ces outils de bien-être ont permis à certains des sujets étudiés de récupérer bien plus vite qu'en cas d'électrostimulation traditionnelle. Avec, cerise sur le gâteau, des douleurs qui diminuent plus rapidement et une mobilité qui progresse au même rythme.

L'importance du mental dans la longévité

Je le sais : pour réussir n'importe quel challenge physique, il est nécessaire d'avoir un bon mental, une capacité de contrôle et de maîtrise de soi efficace. À vous de jouer, de vous battre contre vous-même et la petite voix qui vous serine d'arrêter. Car ceux qui pensent « Je n'y arriverai pas », qui se disent « Je ne tiendrai pas longtemps ces bonnes résolutions », qui cèdent par facilité voire paresse perdent des années de vie en bonne santé. Le jeu n'en vaudrait-il pas la chandelle, la persévérance donnant une double victoire : psychologique et physique ?

Des spécialistes américains ont montré que les personnes âgées ayant une grande détermination intérieure, un mental d'acier, se sentent beaucoup plus jeunes, certes, mais surtout vivent bien plus longtemps. Faire de l'exercice physique tous les jours signe donc la force du mental, ce facteur clé de la longévité !

Séance de rattrapage

Si, après avoir lu ces lignes, vous ne parvenez pas à vous motiver, physiquement ou mentalement, permettez-moi de vous proposer un lot de consolation.

Les études signalent qu'au-delà de 60 ans même une activité physique modeste a de l'importance. Des chercheurs ont montré que des gestes quotidiens comme jardiner, étendre une lessive, faire le ménage, mais aussi prendre les transports, se rendre au travail, marcher, etc., réduisaient de 22 % les risques cardio-vasculaires. Que plus l'activité est élevée, plus ce risque s'amenuise. Alors, surtout, ne vous épargnez pas ! Ne restez pas, cet âge venu, dans un fauteuil à ne rien faire. Plus vous agirez, bougerez, mieux vous vous porterez. Monter ou descendre les escaliers, faire quelques pas, tout est bon à prendre. C'est la sédentarité qui tue à petit feu.

Les limites du corps humain

Faire de l'exercice est le gage d'un vieillissement maîtrisé, soit. Jusqu'où peut-on aller sans prendre de risque ? Et quelles sont nos limites ?

La fréquence cardiaque, un indicateur fiable

Dans certaines situations, la limite est connue et même matérialisée par une constante physiologique : la fréquence cardiaque. Prenons l'exemple de l'exercice physique : si l'on fait un jogging ou de la bicyclette, cet indicateur détermine le seuil à ne pas dépasser, le maximum devant se situer à 220 moins votre âge (âgé[e] de 50 ans, faites 220 - 50, soit 170). Correspondant au nombre de battements par minute qu'il ne faut pas dépasser, cette fréquence ressemble à une limitation de vitesse que nous devons imposer au muscle cardiaque. Par chance, à l'heure des smartphones et autres objets connectés, de nombreuses applications permettent de la mesurer. La fréquence que je qualifierais de confort se situe à 85 % du chiffre obtenu en soustrayant votre âge de 220. Reprenons l'exemple précédent : 85 % de 170, soit 142 battements par minute correspond à la bonne fréquence pour un exercice efficace sans mise en danger.

Aller au-delà de ses limites sans courir de risque

C'est la force du mental qui permet de dépasser ses limites. Les spécialistes de l'hypnose l'ont démontré. Pour en prendre pleinement conscience, je vous propose une expérience facile à réaliser. Mettez-vous debout et levez votre bras droit de manière à ce qu'il soit parallèle au sol et forme un angle droit avec votre corps. Sans bouger les pieds, tournez les épaules et le buste en allant le plus loin possible en arrière avec le bras droit. Mémorisez le point atteint bras tendu, puis revenez lentement vers la position initiale.

Maintenant, fermez les yeux et faites mentalement le même parcours en vous concentrant pour aller le plus loin possible. Visualisez bien dans votre tête le trajet et le retour à la position initiale. Ouvrez les yeux et recommencez. Ô surprise, le bras va beaucoup plus loin que lors de la première tentative. Vous venez de faire comme les athlètes qui, avant une compétition, font plusieurs fois le parcours dans leur tête en s'efforçant, chaque fois, d'être plus performants.

En exerçant le mental, on gravit des sommets qui semblaient jusque-là inaccessibles.

Progresser chaque jour un peu plus

Lors des exercices quotidiens, essayez systématiquement de progresser, sinon, à un moment ou un autre, vous régresserez. Ainsi, effectuer tous les jours le même parcours de marche ou de vélo pendant la même durée et à la même intensité rendra l'expérience trop facile au fil des mois et de moins en moins efficace pour la santé. Vos muscles, vos systèmes cardio-vasculaires et respiratoires s'en trouveront moins sollicités. L'irisine ou les endorphines, molécules protectrices et bénéfiques sécrétées pendant l'effort, seront alors émises en quantités trop faibles. Et le bouclier mis en place pour vous protéger des maladies deviendra de plus en plus fragile.

Aussi, fuyez le confort de l'habitude et fixez-vous de nouveaux objectifs. Vous pratiquez le vélo, en extérieur ou en appartement ? Augmentez au minimum tous les 3 mois la difficulté de la séance. Vous marchez ? Imposez-vous de réduire chaque mois de trois minutes le temps d'exécution du trajet. Ne vous reposez jamais sur vos lauriers : plus vous serez exigeant, plus votre santé en sortira gagnante.

La « compète » espagnole

N'ayant aucun don de voyance, je ne vais pas vous proposer de lire l'avenir dans les lignes de la main. D'autant que des scientifiques se sont penchés sur la question et ont comparé des âges de décès avec ces lignes et n'ont en rien été convaincus par la fiabilité de la méthode...

Je ne possède pas non plus de boule de cristal, et celle-ci ne me permettrait pas plus de découvrir votre espérance de vie.

En revanche, je sais qu'il existe des tests faciles et efficaces pour découvrir, chez soi, où l'on en est côté santé.

Des médecins espagnols ont mis au point une méthode qui mérite que l'on s'y attarde. Après avoir suivi 12 615 sujets pendant cinq ans, ils ont noté que le risque de décès par maladies cardio-vasculaires triplait chez les personnes incapables de monter trois étages d'un coup, d'un bon rythme et sans arrêt. Le risque de cancer de ce même groupe était, quant à lui, multiplié par deux.

Faites le test (sauf en cas de contre-indication de votre médecin, bien entendu). Et si vous échouez, n'attendez plus : une demi-heure d'exercice physique quotidienne peut changer votre destin. Le jeu, là encore, en vaut sacrément la chandelle.

Surtout ne jamais se démotiver

Je reconnais que les bonnes résolutions sont difficiles à tenir. Parce que notre cerveau est programmé pour la paresse et le faible effort. Parce qu'il est complexe, douloureux de lutter contre les conduites automatiques qui poussent à la sédentarité. Parce que, spontanément, sans se motiver, on a envie de ne rien faire du tout.

Mais voyez combien c'est important, n'oubliez pas que plus on reste assis, plus les risques cardio-vasculaires et de cancers, en particulier du colon et du rectum, augmentent. Remplacer 30 minutes affalé par 30 minutes de marche réduit de 50 % le risque de décès prématuré. Luttons contre la tendance humaine qui nous pousse à être attirés par ce qui semble agréable mais qui, en fait, nous détruit progressivement. Le poison au goût plaisant qui nous anesthésie en douceur pour nous conduire vers la maladie a un nom : la sédentarité !

L'autre dimension de la longévité

Vivons-nous tous avec la même notion du temps ? Percevoir un temps qui passe trop vite ou trop lentement modifie-t-il notre sensation de longévité ? Autant de questions, à la fois philosophiques et de santé, que bien des gens se posent.

Le temps s'accélère avec les années

L'être humain, au fil des années qui s'écoulent, a une perception du temps différente, qui se déforme, même. Durant l'enfance puis l'adolescence, il a la sensation d'avoir l'éternité devant lui. Il s'ennuie volontiers, trouve que les heures ne s'égrènent pas assez vite, voudrait être à dans quelques années. Une impression de lenteur et d'éternité absolument merveilleuse parce qu'elle souligne qu'on peut faire n'importe quoi et qu'on aura toujours le temps, plus tard, pour les choses sérieuses ! Et puis, l'âge avance et la vision des années qui s'écoulent à toute vitesse gagne, souvent angoissante, pour certains même démoralisante. Or vieillir ne signifie pas arriver au bout du chemin – la peur est celle-ci, on s'en doute. Et pour freiner ce ressenti de course contre la mort désagréable qui transforme les heures et jours en sable glissant entre les doigts, voici mes solutions.

Vivre dans le présent

D'emblée une vérité émerge. Au cas où ce sentiment d'une horloge qui tourne trop rapidement vous est familier, sachez qu'il est important de réagir car cette perception d'accélération génère un stress latent mais réel. L'idée, inconsciente, que l'on risque de mourir trop tôt, en n'ayant pas eu assez d'années pour faire ce que l'on avait à faire, n'est pas une réalité mais un ressenti. Il existe deux dimensions au temps : la réelle et celle que l'on perçoit. Mieux gérer sa perception, c'est maîtriser son anxiété, accéder à la sérénité et la plénitude.

Pour freiner une telle impression d'accélération, mon premier conseil est d'occuper les journées avec plusieurs activités différentes. Plus vous ferez de choses variées, plus vous aurez la sensation d'avoir freiné les aiguilles du temps. Prenons un exemple. Après un mois en vacances sédentaires, en rentrant chez soi, on se dit que ces quatre semaines ont coulé comme s'il n'y en avait eu qu'une, et cela stresse. Mais si ce mois a permis de visiter un pays en changeant de ville tous les trois jours, le temps de l'enfance, avec ses activités riches, ses changements, ses surprises, ses émerveillements, est revenu. La répétition et la monotonie sont les pires accélérateurs du temps. Le psychanalyste Sigmund Freud voyait même dans la répétition une pulsion de mort. Si bien que faire tous les jours la même chose pendant un an revient à résumer une année en un seul jour, signifie réduire cruellement sa sensation de vie et exister avec bien moins d'intensité.

Éviter aussi de regarder de vieux films à la télévision. Je reconnais combien cela est difficile, tant les chaînes de télévision en passent certains en boucle... Mais voir, coup sur coup, le même acteur dans un long métrage d'il y a trente ans et dans un autre récent donne au spectateur la désagréable impression de vivre en accéléré. Dans le même ordre d'idée, n'exposez pas, chez vous, de photos personnelles ou de proches ayant plus de cinq ans. Car chaque fois que vous les regarderez, un coup de

L'autre dimension de la longévité

vieux vous tombera dessus. Qui n'est pas bon du tout pour la santé. *Idem* avec les vieux films de famille : dans l'instant, on s'attendrit, mais vite ils laissent un goût de temps passé comme un éclair.

Troisième recommandation : arrêtez d'écouter de vieilles chansons, de vous rendre à des rétrospectives d'artistes. Forcez-vous à découvrir ce que les jeunes aiment. Sur le moment sans doute détesterez-vous – et ce sera même pour certains un supplice –, vous n'y ressentirez aucun plaisir, mais c'est parce que vos goûts et votre cerveau ont été formatés pour être en phase avec ce que vous avez déjà connu. Aussi, tenez bon, continuez, recommencez. Prenez l'expérience comme un exercice, comme les gammes que fait un pianiste pour s'entraîner, comme une cure de jouvence. Car, chaque fois, vous contraind**rez** votre cerveau à travailler et il augmentera sa capacité, son adaptabilité et sa mémoire. Vous remarquerez alors combien, progressivement, au fil des semaines, vos oreilles s'habitueront et vos goûts se modifieront. Et bientôt, tout doucement, apparaîtra un temps qui s'écoulera avec délices et dans une lenteur apaisante.

Autre avantage, et non des moindres : en présence de jeunes, vous ne passerez plus pour un dinosaure tout juste échappé de *Jurassic Park*, ni pour le vieux rabat-joie de service. Or voilà la meilleure façon de renouer avec une vie intense et d'inverser le sablier.

29, 39, 49, 59, 69, 79 ans...
des anniversaires surprenants

Plusieurs équipes de scientifiques ont constaté que, lorsque nous nous trouvons dans l'année qui précède un changement de dizaine, nous modifions nettement notre comportement. Comme si la bascule dans la décennie suivante faisait office de déclic nous poussant à nous interroger sur le sens de sa vie.

Rester jeune

Les chercheurs ont en particulier noté un grand besoin de parler et d'échanger de façon plus intense. Vient en effet, chez beaucoup, le moment de dresser le bilan, les bilans : familiaux, professionnels, physiques, celui de comptabiliser les promesses que l'on s'est faites et que l'on n'a pas tenues. Des introspections qui aboutissent fréquemment à de bonnes résolutions... qui, comme au premier de l'An, parce que trop ambitieuses, ne peuvent être tenues durablement.

Mais si, au lieu de cogiter, se promettre et flancher, on profitait de ces années charnières particulières pour essayer de rajeunir de dix ans ? Regardez-vous sur les photos qui ont 9 ans de moins. Analysez ces 9 années écoulées et faites le compte de ce qui a fonctionné pour vous, qui vous a valorisé. Ne cherchez jamais à vous comparer aux personnes qui ont le même âge car votre histoire, vos normes ne sont en rien celles d'un autre. Construisez-vous des challenges personnels et non par rapport à X, Y ou Z.

Et décidez, maintenant, de l'âge que vous souhaitez réellement avoir, afficher même. Se sentir plus jeune dans sa tête vous fera rajeunir et vous sentir plus vif et mobile. Aucun regret n'existe et ne doit s'imposer, oubliez le passé et ne regardez plus dans le rétroviseur. Le sens que vous accordez dorénavant à votre vie et l'énergie que vous mettrez à réaliser ces nouveaux objectifs représenteront le moteur anti-âge le plus puissant même qui ait jamais existé.

Le lâcher-prise, un excellent anti-âge

Les spécialistes de l'hypnose ont remarqué qu'entre la moitié et le tiers des personnes qui viennent les consulter y sont réfractaires. Et qu'elles ont toutes un point commun : participer, certes, mais juger en même temps. Or, pour entrer en état d'hypnose, il faut se laisser aller, ne pas étiqueter, rester et participer sans juger. Mais le cerveau dresse, parfois, des barrières infranchissables. Il en va de même en ce qui concerne le vieillissement : rien de tel pour rester jeune que de... lâcher prise !

Retrouver un rire d'enfant

Comment ? Observez des enfants : ils vivent intensément les jeux auxquels ils participent. Parce qu'ils sont complètement dans le présent, parce qu'ils ne pensent pas une seconde à ce qu'ils ont fait hier ou à ce qu'ils feront demain, leurs rires jaillissent pour des petits riens. Des rires joyeux qui rendent la vie belle. Or, avec l'âge, chez beaucoup le rire devient rare. Quelle tristesse lorsqu'on songe qu'il est l'un des meilleurs carburants de la longévité.

Pour jouir de la vie et retrouver cette insouciance d'enfance, comme en hypnose efficace il convient de lâcher prise et de se laisser conduire en vivant l'instant présent, d'éviter de prendre du recul pour analyser une situation, sous peine de voir la joie de vivre et les rires disparaître sur-le-champ. Être sérieux en permanence rend triste et vieillit prématurément. Le raisonnement, qui plus est sentencieux, caustique, souvent agrémenté d'une pointe de mépris, bloque le flux positif de joie qui devrait nous traverser. Or, bien des événements de la vie n'ont pas besoin d'être expliqués, juste sentis.

Entraînez-vous, dès lors, à mettre de côté les pensées parasites. Lâchez la corde qui vous enchaîne aux sentiments négatifs. Profitez, vivement, pleinement, de l'instant et répondez-lui : je suis là et bien là. Vous rajeunirez dans votre esprit comme dans votre corps.

Les effets de la méditation

Le lâcher-prise, le moment présent, la méditation sont des thèmes et approches actuellement tendance. Livres, conférences, applications pullulent pour vous aider à atteindre le nirvana, et de plus en plus de personnes les pratiquent à travers le monde. Mais qu'en est-il réellement ?

S'isoler – dans une pièce ou dans la nature –, se concentrer pour faire le vide, ne penser à rien, focaliser son énergie afin de vivre intensément l'instant ont, en fait, des effets bénéfiques sur la gestion du stress et le calme intérieur.

J'avoue être moi-même séduit par les bienfaits que peut apporter la pratique de la méditation. Mais, dans ce tableau idyllique, demeure une donnée sur laquelle je m'interroge. Pourquoi la plupart de ceux qui, en Europe, se sont lancés dans la méditation voici des années, instaurant dans leur quotidien des rituels, s'en sont-ils délesté au fil du temps pour ne plus la pratiquer qu'occasionnellement ? Pourquoi la durée des séances, d'une heure initialement, s'est-elle réduite chez beaucoup, au gré des mois, à trente minutes, puis un quart d'heure, puis cinq minutes, avant de disparaître totalement ? Est-ce parce que ces sujets vont mieux et n'ont plus besoin de méditer ? Ou parce que les effets bénéfiques s'estompent si vite que la motivation s'en trouve altérée ?

Interrogés, beaucoup ont même reconnu mentir à leurs proches quand ces derniers les interrogeaient sur leur pratique. Ils prétendaient continuer de pratiquer régulièrement alors qu'ils avaient quasiment arrêté. De quelle manière expliquer un tel sentiment de culpabilité ?

Pensez à ce que vous faites

Comme il est impossible d'imposer la pratique de la méditation à des personnes n'en ayant plus envie, j'en déduis un message à valeur globale : souvenez-vous surtout d'être toujours totalement présent à ce que vous faites. Que ce soit lorsque vous parlez à un ami, déjeunez avec un proche, tenez autant que possible éloignées les pensées parasites et vivez intensément l'instant. C'est en s'appuyant et savourant la force du présent que l'on accède à l'intemporel, à ces moments d'éternité si apaisants.

*Arriver au même résultat
que la méditation… sans la pratiquer*

La vertu de la méditation est d'apprendre l'importance du lâcher-prise pour retrouver ses fondamentaux. Or, je l'ai indiqué, ce lâcher-prise fait chuter le stress, nous réconcilie avec nous-même, aide même, parfois, à s'aimer davantage. Mais si on est réfractaire à la méthode, comment y parvenir ? En apprenant à lâcher prise sans passer par elle.

Dans une étude, des scientifiques ont comparé deux groupes, le premier accueillait des adeptes de la méditation, l'appliquant en pleine conscience ; le second recourait à une application de jeu (type Fidget Spinner Block! Hexa Puzzle). Eh bien, les chercheurs ont constaté que les participants joueurs se sentaient plus énergiques et moins fatigués que ceux qui avaient médité. Autrement dit, se concentrer totalement sur une activité ludique permet d'obtenir un lâcher-prise meilleur, au sens où il aide à conserver son énergie.

Certaines personnes affirment obtenir le même résultat lorsqu'elles skient : en ne pensant plus qu'à la piste pour ne pas tomber, elles lâchent prise. Ce constat rejoint une étude que j'avais citée dans un précédent livre qui montrait combien, lorsque des couples consentants jouent à se donner de petites fessées érotiques, ils stimulaient les mêmes zones du cerveau – visibles à l'IRM – que celles activées par les grands sages pratiquant la méditation à haut niveau !

Quand la méditation stresse plus qu'elle ne détend

Des scientifiques londoniens viennent, eux, de mettre en avant le fait que près de 30 % des participants à une retraite méditative en ressortaient plus stressés qu'à leur arrivée, surtout les hommes. Le constat prête à sourire, mais il est surtout révélateur des fausses idées ou tendances inadaptées que nous nous contraignons parfois à suivre les yeux fermés, alors que ces modes – efficaces pour d'autres par ailleurs – ne nous correspondent en rien.

Pour analyser les raisons du stress post-méditation, d'autres chercheurs ont étudié 90 individus en congés. Avec un premier groupe de vacanciers ne faisant rien du tout tandis que l'autre, chaque jour, devait s'astreindre à un footing de 40 minutes. Résultat, le stress des coureurs s'était effondré tandis que celui des paresseux était le même qu'au début de l'expérience.

Peut-on en conclure que nous sommes plus heureux lorsque nous pratiquons une activité ? Vraisemblablement. Une conclusion corroborée par des scientifiques de Harvard ayant analysé l'état d'esprit de 2 000 volontaires et constaté que les sujets rêveurs ou laissant vagabonder leur cerveau toute la journée étaient beaucoup plus tristes et mélancoliques que ceux s'étant focalisé sur une tâche à accomplir. Ne rien faire du tout trop longtemps finit par rendre malheureux. L'un des chercheurs a d'ailleurs utilisé une expression terrifiante pour qualifier les pensées errantes qui se prolongent : il les a comparées au « baiser de la mort du bonheur ».

Le juste équilibre

Dans ce cas, comme dans de nombreux autres en matière de santé, en vérité c'est « la dose qui fait le poison », on l'a déjà dit. Lorsque nous sommes en vacances et que notre activité principale se résume à bronzer et à barboter, le cerveau ne débranche jamais : il modifie certes son fonctionnement mais le passe en mode « par défaut ». Non concentré, celui-ci flotte, vagabonde. Des moments bénéfiques car ils stimulent la créativité, l'imagination et permettent de voyager vers nos mondes intérieurs, précieux aussi car ils font partie de l'équilibre et de la sérénité, mais surtout à petites doses. Car, à fortes doses, ces instants de vacuité dépriment.

Agir en pleine conscience

Un autre élément a été mis en lumière : exécuter une tâche – quelle qu'elle soit – en y pensant, ou, mieux, en y cherchant systématiquement un aspect positif, génère de la bonne humeur. En revanche, faire la même chose sans y songer démoralise. Par exemple, passer l'aspirateur en se disant que ce sont toujours quelques calories de perdues peut paraître rébarbatif mais toujours mieux que de l'envisager comme une corvée.

Au fond, la règle est assez simple : acceptons et apprenons à prendre de la distance par rapport au quotidien. Gagner de la hauteur par rapport à la vie, c'est déjà faire baisser le stress. Et ne culpabilisez en rien si vous interrompez la méditation, d'autres voies sont possibles et tout aussi bénéfiques pour se distraire.

Éloge de la lenteur : l'exemple du corail

Si on ralentit le rythme, vit-on plus longtemps ? Faut-il s'économiser pour durer ? Ces interrogations sont sur toutes les lèvres, qui plus est dans nos sociétés où le culte de l'urgence est devenu la norme et où tout va toujours plus et trop vite.

Prendre exemple sur la nature

Aux interrogations légitimes sur la frénésie qui nous broie, la nature apporte souvent des réponses sensées. Or j'aime partir d'exemples qui permettent d'illustrer de preuves concrètes certains concepts robustes. Comme en escalade, pour avancer, il faut bénéficier de points d'appui solides.

Quand on évoque la longévité au sein du monde animal, on pense volontiers aux tortues, qui battent des records en la matière. L'une d'elles a ainsi atteint 200 ans. Mais il existe d'autres espèces vivantes à l'espérance de vie étonnante. Ainsi, l'*Arctica Islandica*, une petite praire des océans, vit jusqu'à 500 ans. Quant à certains coraux, ils traversent les siècles et même les millénaires.

Grâce au carbone 14, les scientifiques ont découvert et daté avec précision l'âge de deux coraux emblématiques : un doré est âgé de 2 742 ans et un noir de 4 265 ans ! Comment ces organismes vivants résistent-ils au temps ? Que peuvent-ils nous apprendre pour vivre mieux ?

Les coraux : définition

Le corail a une place à part dans l'imaginaire de certaines civilisations. À les en croire, il protégerait son possesseur, apaiserait les émotions et contribuerait au calme intérieur. Pour les Indiens d'Amérique, il s'agit même d'une pierre sacrée, symbole de l'énergie de la force vitale.

Or, aujourd'hui, les coraux sont gravement menacés par la pollution marine, l'augmentation de la chaleur des océans, la main des hommes qui les arrache et détruit des barrières entières. Les plus grandes d'entre elles ont ainsi perdu, entre 1987 et 2014, plus de la moitié de leurs spécimens. En apprenant ce qu'ils enduraient et le danger que cette menace représentait pour nous, les humains, j'ai ressenti comme une évidence de me porter à leur chevet et de chercher à découvrir le secret de leur longévité.

Les coraux sont dispersés sur toute la planète avec des espèces fort nombreuses. Pour les étudier, il faut pouvoir comparer une espèce à une autre en tenant compte des variations climatiques et géographiques qui influent sur leurs biologies. J'aurais aimé passer plusieurs années à les analyser dans leur milieu naturel en faisant le tour du monde, mais c'est hélas impossible. Par chance, il existe à Monaco un centre de recherche unique, dirigé par le Pr Denis Allemand, où des coraux du monde entier vivent dans des aquariums adaptés à chacune de leurs variétés. La principauté est très active pour protéger l'univers marin de la pollution et de la pêche intensive, lutte acharnée dont dépend l'avenir de notre planète. Il suffit, pour exemple, de voir la prolifération des méduses liée au réchauffement climatique et à la pêche trop importante des thons qui les mangent pour comprendre l'urgence.

Dans le centre, on se rend compte de la longévité incroyable des coraux, qui ne sont en rien des pierres figées fichées au sol des océans mais des êtres vivants, des polypes qui croissent, d'une espèce à l'autre, de 5 à 35 micromètres sur un squelette calcaire. Considérés, d'un point de vue biologique, comme des animaux, ils vivent généralement en colonies, ce qui permet d'expliquer l'existence des barrières qui protègent les plages. Pour mémoire, il existe près de 800 espèces, qui se nourrissent exclusivement de bactéries, fixent l'azote et vivent en symbiose avec les végétaux marins.

Un demi-degré qui fait la différence

Les coraux des eaux profondes affichent une longévité plus longue et en meilleure santé biologique que ceux proches de la surface. Parce que la profondeur protège mieux des intempéries, de la température et des hommes. Surtout, parce qu'il y fait plus froid.

Nous savons en effet désormais, grâce à de nombreuses études, que la durée de vie d'un être vivant tient au thermomètre. Ainsi, en diminuant la température corporelle d'une souris de seulement un demi-degré, on verra l'espérance de vie de celle-ci s'accroître de 15 à 20 %. Le rat-taupe nu, sur lequel j'effectue mes recherches, est un modèle de longévité, lui qui vit 30 ans alors que la souris atteint au mieux 3 ans, et ce, en parfaite santé, sans signe de vieillissement ni de maladie. Avec une température corporelle de 32 degrés !

Concernant l'homme, les scientifiques ont remarqué que les centenaires avaient, en moyenne, une température corporelle d'un demi-degré inférieure à la moyenne. Dès lors, faudrait-il diminuer la température de notre organisme pour vivre plus longtemps ? Soit, mais comment ? S'exposer au froid ou manger de la glace ne servirait rien, tous les humains étant équipés d'un thermostat ultrasensible situé en plein cerveau qui, lorsque la

Éloge de la lenteur : l'exemple du corail

chaleur extérieure monte ou descend, ajuste celle interne pour qu'elle demeure à 37 degrés.

Certes, il existe une piste, en lien même, une fois n'est pas coutume, avec l'alimentation. Avez-vous déjà ressenti une désagréable sensation de chaleur après un repas lourd et arrosé ? Sans doute, car il est attesté que, *a contrario*, réduisant ses calories, on diminue sa température corporelle, que ce soit par le jeûne intermittent et/ou par la restriction calorique.

La fascinante observation des coraux

Mais revenons aux enseignements des coraux.

Et notons d'abord que leur observation, ainsi que celle des poissons qui gravitent autour d'eux, relaxe profondément. J'ai compris pourquoi tant de cabinets médicaux installaient des aquariums dans leur salle d'attente ! L'apaisement. Une quiétude prouvée grâce à une étude réalisée à Plymouth ayant montré que les personnes qui passaient seulement 10 minutes devant ces spectacles marins miniatures bénéficiaient d'effets positifs sur leur santé, avec pression artérielle et fréquence cardiaque en baisse, diminution du stress et émission d'émotions positives. Face à l'aquarium, on se reconnecte en fait à la nature, à la lenteur, au silence, état qui génère un profond bien-être et une sérénité douce. Étudier des coraux qui datent de centaines ou de milliers d'années a donc quelque chose de fascinant. Nous ne nous trouvons pas face à des ruines archéologiques inertes mais à des êtres vivants ayant traversé le temps afin de nous raconter une histoire.

Les coraux, précurseurs du clonage

Le mode de fonctionnement de ces animaux est clonal. Oui, vous avez bien lu : le corail a le pouvoir étonnant de dupliquer ses cellules. Quel phénomène fascinant que de remplacer ses vieilles pièces par des jeunes ! Et de songer, alors, que nous, les humains, disposons d'un système identique, à ceci près que nous remplaçons nos cellules usées, malades ou mortes, par de « vieilles pièces détachées », les cellules souches chargées de la régénération vieillissant avec nous et ne faisant aucun miracle. Les coraux, eux, bénéficient en permanence d'un stock de « pièces détachées neuves », ce qui explique pourquoi ils vivent si longtemps. Peut-on en tirer des enseignements ?

Un système immunitaire mystérieux

Une énigme persiste. Plus les humains avancent en âge, plus leur système immunitaire diminue, ouvrant la porte à toutes les maladies et, à terme, à la mort. À 100 ans, un être humain peut décéder d'une grippe parce que ses défenses immunitaires n'assurent plus correctement leur rôle. Bien sûr – nous l'avons vu –, l'activité physique régulière et intellectuelle, une alimentation équilibrée arrivent à retarder l'échéance, mais la dégradation existe bel et bien. Or les coraux, eux, bien qu'exposés à des agents bactériens, viraux, fongiques, voire à des parasites parfois agressifs, gardent de bonnes défenses quel que soit leur âge. Leur système immunitaire inné ne fonctionne en rien comme le nôtre et demeure un mystère pour les chercheurs : car il ne produit pas d'anticorps ! C'est en fait une sorte de bouclier invisible, dont nous ne comprenons pas encore le fonctionnement, qui leur assure une espérance de vie aussi longue.

De premières pistes de réflexion à ce propos viennent d'être avancées : certains scientifiques ont émis l'hypothèse d'une protection développée en lien étroit avec les communautés microbiennes symbiotiques qui entourent ces animaux. Le corail modifierait en fait sa composition pour s'adapter en permanence aux conditions microbiennes extérieures.

Éloge de la lenteur : l'exemple du corail

La philosophie des coraux

La découverte de ces défenses immunitaires capables de traverser des milliers d'années intactes nous ouvre une voie de réflexion. Aujourd'hui, les microbes, nous mettons toute notre intelligence à les détruire *via* les antibiotiques. La « philosophie du corail », elle, est à l'opposé. Celui-ci ne cherche pas à détruire ce qui pourrait l'agresser mais à s'adapter en un temps record aux nouvelles données qui l'entourent dans le but de vivre en harmonie avec elles.

Cette approche originale offre des perspectives inédites. Et si, face à ce qui nous apparaît comme étranger et que nous interprétons menaçant, nous baissions la garde ? Si nous apprenions à nous adapter à un monde qui change pour vivre en harmonie sans conflits et sans guerre avec lui ? Dès lors, celui que nous nommons « étranger » s'adaptera aussi en apprenant, de notre culture et de notre langue, afin d'accroître la symbiose. De cette singularité du corail, pourquoi ne tirerions-nous pas un enseignement ?

CINQUIÈME PARTIE

LA MAGIE DU CORPS

Savoir faire jaillir sa puissance intérieure

Observez autour de vous tous ceux qui tombent sous les balles des cancers foudroyants, qui sont handicapés à la suite d'un AVC, qui perdent leur identité jusqu'à la conscience d'eux-mêmes à cause d'Alzheimer. Dès 40 ans, nous avançons sur un champ de tir avec des projectiles de plus en plus nombreux qu'il faut éviter pour rester en vie.

Il ne s'agit pas seulement de ne pas mourir, mais de ne pas être détruit intérieurement par les maladies. En fait, le « bon vivant » qui meurt de sa belle mort est un fait rarissime. Dans la réalité, si on ne prend pas sa santé en main on va droit dans le mur.

Mon intime conviction est que notre puissance intérieure nous protège comme un vrai bouclier. C'est de notre invincibilité qu'il s'agit.

Je parle là de l'énergie intérieure que vous ressentez en ce moment même. Réfléchissez : vous avez passé une bonne nuit, vous avez mangé légèrement et êtes bien hydraté, vous avez déjà fait une demi-heure d'exercice physique. Vous avez des activités qui vous passionnent et qui vous réalisent. Vous êtes en accord avec vous-même, vous êtes sur votre centre de gravité. Vous sentez une aura d'amour autour des êtres qui vous entourent. La puissance intérieure que vous ressentez à cet instant, c'est toute la puissance de la protection dont vous bénéficiez.

À l'inverse, imaginez. La fatigue après une mauvaise nuit de sommeil et un repas lourd trop arrosé, la mollesse sur votre

La magie du corps

canapé qui fait que tout effort physique vous semble une montagne. Une journée dont ce que vous ferez n'a aucun sens et un climat familial hostile. Ce que vous percevez là, c'est votre vulnérabilité aux agressions extérieures que constituent les maladies.

Bénéficier d'une bonne santé, c'est un vrai engagement pour y arriver. Vous en êtes à la fois le maître et l'artisan. Votre centrale énergétique protectrice se recharge par l'activité physique, intellectuelle et sociale. Si vous coupez le courant en étant inactif et passif, vous êtes comme une bijouterie dont les portes se sont ouvertes parce qu'il n'y a plus d'électricité pour les systèmes d'alarme et de protection. Vous serez pillé, vandalisé et détruit. On n'est jamais mieux aussi protégé que par soi-même.

L'attraction terrestre cloue l'être vivant au sol. Dans un Univers en mouvement, il nous faut donc bouger pour rester en vie. Les astronautes qui effectuent de longs voyages dans l'espace voient fondre leurs muscles, leurs os se fragiliser, leur système immunitaire s'affaiblir et leur mental décliner, preuve s'il en est que le manque de mouvements rend vulnérable et met en danger.

Physiologiquement, lorsqu'un patient se trouve immobilisé pour une simple fracture, lui prescrire des anticoagulants, c'est éviter qu'une phlébite et une embolie pulmonaire surviennent. Pour notre corps, c'est la même chose : nous avons tous en nous la capacité d'inertie qui peut nous engluer et neutraliser à notre insu. Rester sur son canapé sans rien faire ou à regarder la télévision des heures entières en consommant deux ou trois fois la quantité de calories nécessaires à cause de grignotages intempestifs ne provoquera rien dans l'immédiat, bien sûr. Mais, comme moins on bouge physiquement ou intellectuellement, moins on a envie de bouger, alors on glisse vers un état de mollesse et d'inactivité tout doucement, sans même s'en rendre compte, en se disant, pour se donner bonne conscience,

que demain on se prendra en main. L'ennui est que demain...
il sera trop tard.

Car, pour que les dégâts soient visibles, il faut du temps : dix ans, vingt ans voire trente ans. Mais le jour où les maladies résultantes apparaissent – comme les cancers ou les problèmes cardio-vasculaires –, il est extrêmement difficile de remonter la pente.

Lutter contre cette dérive est primordial. D'autant qu'il existe au plus profond de chacun un potentiel extraordinaire qui permet de se protéger de multiples ennuis quand ce n'est pas guérir. Des forces qui s'activeront uniquement si nous décidons de les déclencher. Ce sous-marin nucléaire à la force de frappe redoutable, à nous de savoir le mettre en action.

Le droit du corps

Vous connaissez les droits de l'homme. Nous allons ici parler du droit du corps. Pour bien fonctionner, le corps humain a besoin d'un minimum d'attention et de bienveillance. Si vous le maltraitez, il vous maltraitera plus tard, à son tour, vous fera payer l'addition au moment où vous vous y attendrez le moins. Aussi, une fois adulte, il vous revient de veiller sur vous comme une mère attentive le ferait de son enfant. Observez les moindres changements et faites ce qu'il faut pour mettre toutes les chances de votre côté, lesquelles existent. Personne n'est invulnérable mais un mode de vie sain rend moins vulnérable.

L'avenir de la santé est entre nos mains

Récemment, je suis passé devant une école primaire dont une plaque indiquait l'année d'ouverture : 1884. J'ai imaginé alors le jour de son inauguration, avec les jeunes enfants débordant de joie de vivre et leurs parents pénétrant dans l'enceinte de l'établissement flambant neuf, pleins d'espoirs et de rêves. Aujourd'hui, 136 ans plus tard, il n'y a bien sûr plus aucun survivant de la fête. Même les bébés de l'époque ont disparu. Et si la longévité humaine augmente un peu chaque année, il nous reste encore une belle marge de progrès avant d'atteindre 134 ans...

Incontestablement, la durée de vie est une donnée importante, mais pour moi c'est la qualité de cette durée de vie qui est fondamentale. Or nous sommes les bâtisseurs d'une santé apte à résister au temps. Depuis que j'exerce comme médecin, je ne cesse d'observer des différences impressionnantes entre personnes du même âge, constatant combien ceux qui font plus jeunes se montrent en règle générale plus joyeux et heureux, comme s'ils ne portaient pas sur les épaules le fardeau des années. Finalement, la génétique ne représente qu'une part infime de l'équation, l'essentiel est bel et bien ce que l'on décide de faire de sa propre santé.

Un cadeau de 30 minutes par jour

Bien entretenir son corps est essentiel. L'attention que vous allez lui porter constitue le socle d'une longévité de qualité. Le meilleur cadeau à lui offrir c'est – je le redis – 30 minutes d'activité physique quotidienne. À pratiquer sans discontinuer, car c'est seulement au bout de 20 minutes que l'on brûle les mauvaises graisses et libère le bon millier de molécules protectrices, comme l'irisine, laquelle diminue jusqu'à 40 % les risques de maladies cardio-vasculaires et de maladies neurodégénératives tels Alzheimer et de nombreux cancers. Des molécules protectrices ayant une durée de vie de 24 heures, d'où l'obligation d'une pratique de l'activité quotidienne.

Dans la charte des droits du corps humain, j'inscris donc en tête l'activité physique. (À laquelle j'ajoute l'eau, les aliments sains, le sommeil.) Car ces 30 minutes d'exercice quotidien vont fonctionner comme un élixir de jeunesse, de santé et de forme. Vous ne pouvez pas faire l'impasse, c'est trop important. Et pourtant…

Le droit du corps

Devenez votre propre coach

En pratique, peu de personnes prennent le temps d'accorder cette demi-heure essentielle à leur corps. Mais si l'on ne fait rien, les muscles se liquéfient comme neige au soleil, le squelette s'effrite, et ce dès 30 ans. La charpente musculaire devenant médiocre, les douleurs osseuses et les chutes se feront plus fréquentes. Bref, la vieillesse s'installera en un temps record.

Quand il m'arrive d'échanger avec des gens qui ne font rien du tout ou très peu durant le week-end, je m'interroge : ils ont tout à gagner, tant à perdre, le savent et pourtant... ne font rien. La raison invoquée est quasiment toujours la même : le manque de temps. Ils en ont néanmoins pour passer une heure sur leur smartphone, téléphonant, envoyant SMS, mails ou regardant Internet. Et quand je propose le même genre d'activité mais sur un vélo d'appartement, malgré le temps retrouvé l'enthousiasme n'est pas au rendez-vous. Car il leur manque l'autre composante majeure : la motivation.

L'idéal, bien sûr, serait d'avoir sous la main, tous les matins, un coach qui vous mette au travail. Dans la vraie vie, ce n'est pas possible. C'est pourquoi il faut vaincre la paresse originelle, déroger à la loi du moindre effort inscrite en nous. Se reposer fatigue encore plus, comme le soulignait Jules Renard qui se disait « surmené de paresse ». Alors devenez votre propre coach et apprenez à vous stimuler. Personne ne prendra mieux soin de vous que vous-même.

Est-il utile de faire 10 000 pas par jour ?

Tous les scientifiques sont, aujourd'hui, unanimes quant au rôle primordial de l'activité physique sur la santé. Laquelle permet d'augmenter l'espérance de vie ainsi que la qualité de celle-ci. Bénéficier de muscles solides, d'articulations souples et indolores, d'une bonne respiration, d'une capacité à l'effort génère un vrai confort quotidien. Cela donne aussi le moral. Pour apaiser un sentiment de tristesse, calmer une anxiété, rien de mieux qu'une petite séance de sport.

Les chiffres parlent d'eux-mêmes. La pratique régulière d'un sport diminue les risques de cancers, de maladies cardio-vasculaires et neurodégénératives de 40 % – on l'a vu. Avec une espérance de vie accrue en conséquence.

Alors, pour quelles raisons peinons-nous tant à utiliser cet élixir de jouvence ? Nous venons de le voir, les prétextes sont nombreux : « Pas le temps », « J'y pense et puis j'oublie », « La flemme », « Plus tard »...

Saviez-vous que l'économie des salles de sport repose sur les abonnés absents ? Tous les ans, début janvier, à l'occasion des bonnes résolutions, les personnes s'inscrivent, puis viennent de moins en moins les premiers mois jusqu'à abandonner en culpabilisant avant la fin de la première année... tout en ayant payé leur cotisation.

Aussi, à tous ceux qui n'y arrivent pas depuis des années, je propose de devenir leur propre coach, d'assurer un minimum

Est-il utile de faire 10 000 pas par jour ?

vital facile à mettre en œuvre, même si on déteste toute activité physique. De nouvelles recherches viennent en effet de définir la façon de bouger la plus efficiente et courte possible quand on refuse de se ruiner la santé à cause d'une sédentarité morbide.

Comptez vos pas ? Comptez sur vous !

La marche est le sport le plus facile à pratiquer : chacun marche, qu'il y pense ou non, au cours d'une journée. Envisagé comme une activité physique, cet acte ne demande rien d'autre que de sortir de chez soi chaussé de bonnes baskets.

De nombreuses applications sur smartphones mesurent les pas que l'on fait dans la journée et partent de ce paramètre pour mesurer nos efforts. Or elles ne prennent pas en compte certaines composantes tout aussi importantes pour mesurer l'efficacité de l'exercice sur la santé. Manquent en effet la rapidité et la durée de l'effort, s'il est continu durant au moins 30 minutes.

Au début d'une marche, on brûle les sucres ; on se met à brûler les graisses à partir de 20 minutes, quand débute la libération de 1 004 molécules protectrices, comme l'irisine (déjà évoquée). Ces molécules n'ayant qu'une durée de vie de 24 heures, l'exercice doit être quotidien pour façonner un bon bouclier de prévention.

La vitesse de la marche en elle-même compte beaucoup. Afin que le système cardio-vasculaire circulatoire fonctionne au mieux, il convient d'accélérer le pas. Cette rapidité constituant un indicateur de l'espérance de vie en bonne santé, plus on marche vite, plus on met de son côté les chances de vivre longtemps.

Il faut par ailleurs noter le côté approximatif de ces méthodes de comptage de pas. Des chercheurs canadiens ont ainsi constaté que, d'un système à l'autre, des différences conséquentes apparaissent au compteur. Certaines applications sous-estiment jusqu'à 30 % l'effort effectué quand d'autres le surévaluent de

10 %. Le seul intérêt de telles méthodes de comptage est, en définitive, de se comparer avec soi-même et de pouvoir ainsi constater ses progrès.

Pourquoi 10 000 pas ?

Comme je pars du principe que tout est bon à prendre pour la santé dès qu'il est question d'exercice physique et que même si j'ai des doutes sur les fameux 10 000 pas quotidiens édictés – qui donnent bonne conscience – ils me paraissent une bonne incitation, j'ai cherché à savoir comment on en était arrivé à ce nombre. Pourquoi pas 9 000 ou 11 000 ?

Sachez que je n'ai trouvé aucune étude sérieuse validant ce chiffre. Il semblerait même qu'il s'agisse d'une donnée purement commerciale. Tout serait peut-être parti d'une entreprise japonaise ayant lancé, à l'occasion des jeux Olympiques de 1964, un podomètre : « 10 000 pas ». De là, l'idée reçue de cette quantité miracle. Aucun fondement scientifique, du pur marketing.

Avec 4 400 pas, vous avez déjà tout bon

Par chance, des chercheurs ont travaillé sérieusement sur la question et calculé précisément la relation marche/santé.

Après avoir sélectionné un groupe de femmes âgées dont ils ont mesuré le nombre de pas quotidiens avec les systèmes de podomètres les plus fiables, ils ont comparé celles qui faisaient en moyenne 2 700 pas par jour à celles qui en effectuaient 4 400. Et découvert qu'avec 4 400 la mortalité chutait jusqu'à 40 %. Dès lors, appliquons ce chiffre de 4 400, et nous irons mieux.

Est-il utile de faire 10 000 pas par jour ?

La formule miracle

Grâce aux dernières avancées scientifiques, on arrive aujourd'hui à composer la formule de l'exercice physique minimum à effectuer chaque jour pour maintenir le cap d'une bonne santé. Qui consiste à insérer, dans un temps physique modéré supérieur à 20 minutes, trois fois 1 minute d'effort plus soutenu.

Des chercheurs ont en effet étudié les effets d'exercices physiques courts et intenses sur la physiologie et constaté que, dans chaque cellule, les centrales énergétiques que constituent les mitochondries devenaient plus performantes et plus efficaces en ces instants spécifiques. En s'accordant des pics de 4 à 5 minutes d'exercice plus intense sur fond d'exercice modéré de 30 minutes, les résultats sur la santé sont carrément excellents.

Une autre équipe de scientifiques américains a découvert, de son côté, que lors d'efforts physiques modérés, le seul fait d'intercaler 1 minute d'exercice très intense influait très positivement sur les capacités cardio-respiratoires et la sensibilité à l'insuline. Pour mémoire, une faible sensibilité à l'insuline conduit au diabète de type 2. Malgré l'espace de temps ultracourt, des effets métaboliques positifs apparaissent sur l'organisme, la répétition de cette minute « intense » trois fois pendant un exercice modéré donnant un résultat optimal.

4 400 pas, mais aussi du vélo, de la natation... ou du golf !

Concrètement, au quotidien, si vous marchez dans la rue, regardez votre montre et essayez de forcer le pas. Avancez le plus vite possible durant 1 minute et recommencez trois fois. Si vous avez l'opportunité de courir ce serait l'idéal, même si c'est juste pour attraper le bus.

Pour ma part, chaque fois que c'est possible, je porte des chaussures de sport facilitant ces petits exercices. Et le seul fait de les porter stimule et rend plus facile la pratique.

Essayez de progresser au fil des semaines dans ces moments d'accélération où vous donnez toute votre puissance musculaire, et, au fil des jours, ces instants brefs et intenses deviendront autant d'injections d'un véritable élixir de jeunesse.

Si votre moyen de déplacement quotidien est la bicyclette, sans prendre de risque bien sûr faites de même et accélérez la cadence pendant 1 minute, par exemple en montant une côte. En nageant, *idem* : intensifiez la vitesse dans votre ligne d'eau. Quelle que soit votre activité physique, la méthode est efficace.

Même au golf, le conseil s'applique. Comme il est difficile au joueur de marcher rapidement pendant 30 minutes en continu sur un parcours afin d'aller d'un trou à l'autre, le golfeur n'a qu'à marcher le plus vite possible voire courir entre chaque trou pour faire le plein d'une énergie saine. Certains joueurs seront sans doute surpris par tant d'activité dans un univers parfois un peu soporifique, mais vous les aurez réveillés !

Marcher lentement est le signe d'un vieillissement accéléré

Des scientifiques londoniens ont récemment mis en évidence que les individus qui, à 45 ans, marchaient lentement, avaient les capacités physiques et cérébrales de personnes beaucoup plus âgées. Pire, ils ont noté que leur système immunitaire était moins réactif aux maladies ultérieures et qu'ils avaient un volume cérébral réduit. Alors, aucun doute : accélérer le pas pour ne pas vieillir, c'est lutter efficacement contre le temps qui passe. Et comme il n'est jamais trop tôt pour bien faire…

D'autant que la marche, comme tout exercice physique, permet de maîtriser son poids. Des chercheurs ont montré que la surcharge pondérale avant 40 ans augmentait les risques de cancer : de 70 % pour celui de l'utérus, de 58 % pour celui du rein chez l'homme, de 29 % pour celui du côlon et de 15 % pour les autres. Il faut prendre la décision de maintenir un poids sans excès dès que vous y pensez. Maintenant, pourquoi pas ?

Salade et dessert

Fixons-nous donc comme objectif individuel ce minimum syndical de 4 400 pas entrecoupés de 1 minute intense trois fois par jour. À partir de ce socle, nous allons façonner un bouclier anti-âge de base qui fera garder la forme et protégera des nombreuses maladies liées au vieillissement. Et comme rien n'empêche d'augmenter son niveau de protection…

Imaginez une automobile. Eh bien, le système « 4 400 + 3 » est sa ceinture de sécurité.

Mais vous pouvez aussi décider d'opter pour un airbag : alors pratiquez en plus, tous les jours, 30 minutes d'activité physique continue. Si vous parvenez à tenir cette demi-heure durant trois semaines, ce sera gagné : par la libération des endorphines, vous atteindrez un niveau de bien-être significatif. Au point que manquer ce rendez-vous quotidien vous fera vous sentir vaguement déprimé, sans énergie ; vous n'aurez pas reçu la « dose » d'endorphines générée par l'activité physique.

Ce qui se voit à l'intérieur se verra à l'extérieur

Les personnes qui pratiquent ces 30 minutes d'activité quotidienne paraissent dix ans de moins. Avec un teint plus éclatant grâce aux tissus mieux oxygénés, une charpente musculo-squelettique plus robuste, des mouvements fluides, précis et rapides. De quoi gagner en bien-être et en assurance.

La magie du corps

L'activité sexuelle aussi est améliorée : s'adonner à une activité physique régulière augmente les niveaux de testostérone ainsi que les capacités physiques lors des relations sexuelles, donnant du souffle et de la souplesse... Quant aux organes génitaux, irrigués par des artères qui apportent l'oxygène, ils fonctionnent mieux. Lors d'un effort physique, l'amélioration de la circulation se fait sur l'ensemble du corps, mais aussi au niveau de la sphère génitale ; débute donc un cercle vertueux. Quand on sait que douze rapports sexuels par mois accroissent de dix ans l'espérance de vie en bonne santé, voilà une motivation supplémentaire pour lutter contre la sédentarité qui chaque jour abîme le corps davantage. D'une certaine manière, un corps qui bouge peu est comme une montre automatique qui se décharge faute de mouvement.

Un conseil pour finir : pensez à bien vous hydrater avant l'exercice. Vous éviterez ainsi de ressentir trop vite une fatigue inexpliquée et une sensation de lassitude qui vous fera lâcher la corde.

Avec l'âge, accélérez !

C'est donc démontré : se maintenir en activité le plus longtemps possible accroît nettement la durée de vie en bonne santé. Et j'oserais aller plus loin en écrivant que, en prenant de l'âge, à l'inverse des idées reçues, mieux vaut ne pas lever le pied mais au contraire accélérer le rythme.

Au fil des années, l'organisme humain avance inéluctablement vers le déclin, qu'il soit intellectuel ou physique. Mais le vieillissement peut être freiné ou accompagné dans son évolution selon le mode de vie. Des médecins britanniques ont suivi 14 599 hommes et femmes entre 40 et 79 ans durant sept ans. Et démontré que seulement 150 minutes d'activité physique réelle hebdomadaire faisaient chuter la mortalité d'en moyenne 40 % par rapport aux sédentaires. Et les meilleurs résultats étaient obtenus chez ceux qui dépassaient 150 minutes avec une activité physique soutenue.

Le matin ou le soir ?

« Quel est le meilleur moment pour faire du sport », me demande-t-on souvent ? Je réponds alors : quand on en a la possibilité et en fonction de son emploi du temps !

Si votre journée est absolument surchargée, jouez l'improvisation en vous rendant à marche rapide à un rendez-vous au lieu d'utiliser un mode de transport motorisé. La bicyclette est aussi une bonne option, dans la mesure où elle utilise la seule force musculaire. En somme, placer l'exercice physique quotidien en priorité vitale de la journée est la meilleure façon de défendre le sanctuaire que représente son corps. Respectez-le, respectez-vous !

Pour autant, nous savons aujourd'hui que, selon le moment où est pratiquée une activité physique, l'individu n'en tire pas exactement les mêmes bénéfices. Des scientifiques danois ont ainsi cherché à savoir si mieux valait « le matin ou le soir ? » en prenant pour exemple la souris. Et ont démontré que l'exercice matinal augmente les réponses métaboliques au niveau musculo-squelettique alors que celui du soir fait monter les dépenses énergétiques sur une plus longue période. En clair : les exercices matinaux donnent une meilleure efficacité musculaire et brûlent davantage de graisses et de sucre.

Le résultat est plus probant en cas d'activité physique matinale pratiquée à jeun et après une bonne hydratation. Car cela permet de mobiliser les graisses « en réserve » plus rapidement. Faites le test : essayez alternativement le matin à jeun bien hydraté, après le petit déjeuner, l'après-midi ou le soir, de pratiquer les exercices que vous aimez et, comme une évidence, apparaîtra le moment qui vous correspond.

Peut-on parler, dans ce cas, d'horloge interne ? Son rôle reste encore peu connu, même si une découverte récente en montre l'importance. Des scientifiques de Cambridge ont ainsi constaté une guérison de plaies deux fois plus rapide si l'on se blesse le jour plutôt que la nuit. Comme si nous nous étions adaptés, au fil des siècles, à nous réparer plus vite à la lumière. Les brûlures nocturnes mettront 60 % de temps supplémentaire à guérir. Ces chercheurs ont aussi noté une plus grande vitesse de déplacement des cellules et un collagène réparateur qui se dépose en plus grande quantité dans les plaies le jour. Voilà peut-être une nouvelle piste de réflexion enrichissante pour les chirurgiens.

Ce qui ne nous détruit pas nous rend plus fort

Thème de recherche qui me passionne, le rat-taupe nu nous en apprend aussi beaucoup en la matière. J'ai participé à l'étude réalisée sur son rapport aux antioxydants. Je l'ai écrit plus haut, cette petite souris sans poil provenant d'Afrique de l'Est vit trente ans – c'est comme si certains humains vivaient 600 ans en bonne santé ! – sans signes de vieillissement ni maladies comme les cancers, les soucis cardio-vasculaires ou neurodégénératifs, alors qu'une souris dépasse rarement les trois ans. Eh bien, nous avons constaté que le rat-taupe nu se trouvait, dès sa naissance, en hyperoxydation, et ce toute sa vie. Une découverte qui va à l'encontre de toutes les théories sur les antioxydants, présentés comme l'une des meilleures façons de lutter contre le vieillissement.

Comme va à l'encontre de nos croyances le fait, constaté par des chercheurs canadiens, que, chez le ver de terre appelé *Caenorhabditis elegans*, les radicaux libres seraient bénéfiques, ces molécules pouvant déclencher des mécanismes qui aboutiraient à la protection des cellules... alors qu'on professait jusqu'alors le contraire.

Est-il utile de faire 10 000 pas par jour ?

Des scientifiques du Michigan viennent aussi de découvrir que le stress oxydatif au début de l'existence augmentait la durée de vie. En étudiant le ver de terre *C. Elegans,* ils ont mis en évidence que l'exposition au stress dès la naissance accroissait cette résistance. Ces cellules, qui produisent alors plus d'oxydants et de radicaux libres, se trouvent protégées comme si elles étaient littéralement « vaccinées par ce type de stress ». D'une certaine façon, l'exercice physique et la restriction calorique reproduisent un stress cellulaire bénéfique.

Ces phénomènes contradictoires et passionnants me font penser aux vaccins : confronté à des virus inactivés, l'organisme fabrique ses propres défenses. C'est comme si, face à un ennemi, un pays se serrait les coudes pour se battre et résister. En fait, l'activité sportive participe de cette démarche : face à l'agression volontaire pour l'organisme qu'est le sport, celui-ci sort de sa zone de confort. Les muscles doivent augmenter leur puissance, leur capacité, les besoins en oxygène montent, l'appareil cardio-pulmonaire se rend plus efficace. Et c'est précisément cette forme d'agression que matérialisent les 30 minutes d'exercice physique d'endurance quotidiens qui renforcent le corps en diminuant de façon notable l'apparition de multiples maladies.

*

Pourquoi vieillir de façon accélérée et augmenter en flèche le risque d'être malade alors qu'il suffit d'un rien pour changer la donne ? Ce chapitre vous a donné la solution ; et j'espère vous avoir convaincu(e).

En décidant à l'instant de vous lancer, offrez à votre cerveau et à votre corps le plus beau des cadeaux. Chiche ? Commencez maintenant ! Car pour être certain de s'y mettre, il faut entamer le processus lorsqu'on le décide vraiment. Remettre à demain, c'est déjà courir le risque de ne jamais se jeter à l'eau.

L'ultime secret
de Léonard de Vinci

Au terme de cette partie, j'ai envie de vous offrir un bonus historique. En remontant le temps pour rejoindre l'un des plus grands savants de notre civilisation, Léonard de Vinci. Parce que son parcours, son regard sur la vie, sa curiosité incessante, ses enseignements valent le détour. Et que ses découvertes médicales nous imprègnent et impactent encore.

*

Chacun connaît, du génie italien né en 1254 et mort en 1519, la *Joconde*. Mais Léonard de Vinci fut bien plus que le peintre d'un chef-d'œuvre, si magistral soit-il. D'une curiosité insatiable, capable de jeter des ponts entre toutes les disciplines, ce géant de 1,95 mètre était un mélange d'intuition, d'imagination débordante et de sens aiguisé de l'observation. À la fois peintre, sculpteur, ingénieur, architecte, musicien, philosophe, botaniste, écrivain, il a dessiné les croquis d'hélicoptères, de scaphandres, de parachutes, de tanks et de mitraillettes bien avant que ceux-ci deviennent réalité.

Audacieux, avant-gardiste, il a osé pratiquer plus de trente autopsies, ce qui lui a valu les foudres de l'Église qui interdisait alors ce type de pratique. Mais peu lui importait : Léonard de Vinci souhaitait par-dessus tout comprendre le corps humain, son fonctionnement, sa physiologie, afin de mieux le peindre et le dessiner. Nul ne saura jamais si ce sont ces séries d'autopsies de cadavres qui l'ont conduit à être végétarien durant toute sa vie...

En tout cas, il professait qu'il convient toujours d'entendre, d'observer, d'apprendre de ceux qui nous entourent ou que l'on croise. Pour s'enrichir, s'ouvrir l'esprit, ne pas se rabougrir à demeurer dans ses idées reçues. Lui bousculait les certitudes de son temps parce que jamais il ne se contentait de l'existant, préférant la curiosité et la science au dogme et à l'immobilisme. Une de ses devises était : « Sachez écouter, c'est posséder, outre le sien, le cerveau des autres. »

À l'origine de la découverte du 79e organe

C'est grâce à cette approche novatrice et sans œillères qu'il y a cinq siècles Léonard de Vinci a découvert un organe passé inaperçu jusqu'alors et méconnu encore de nos jours : le mésentère. Les scientifiques connaissaient certes l'existence de cette enveloppe reliant les intestins à l'abdomen mais ne lui accordaient aucun intérêt alors que lui l'a vue comme un organe à part entière, qui plus est important d'un point de vue digestif. Pour arriver à cette conclusion, il a établi le lien entre ses observations anatomiques et des textes de médecines traditionnelles. Malgré cela, ce n'est que cinq siècles plus tard que le mésentère a été classé très officiellement comme un nouvel organe par la Gray's Anatomy. Ce visionnaire avait encore et déjà raison.

Le mésentère, couche continue qui enveloppe le système digestif formée de graisses irriguées par des vaisseaux sanguins, des artères, des veines et des vaisseaux lymphatiques, rattache les intestins aux parois de l'abdomen jusqu'au rectum. Si cet organe n'existait pas, les intestins flotteraient comme en apesanteur dans le ventre.

Lui qui participe à la mobilité digestive, en aidant à faire progresser le bol alimentaire, interviendrait également au niveau des défenses immunitaires du système digestif. On sait qu'il peut s'enflammer et provoquer des mésentérites, parfois se rétracter.

Certains chercheurs ont noté qu'un excès de graisse au niveau du mésentère favorisait l'obésité et le diabète. La graisse mésentérique stockant les toxines absorbées, plus cette quantité est importante, plus les composants cancérigènes sont nombreux. En clair, cette bouée au niveau du ventre accroît de façon significative les risques de cancers, de diabète et les maladies cardio-vasculaires. Réduire le périmètre abdominal, c'est diminuer la quantité de graisse du mésentère et gagner des années de vie en bonne santé.

La découverte – enfin, la consécration des intuitions de De Vinci – de ce 79e organe incite plus que jamais à faire travailler ses muscles abdominaux, en étroite jonction avec le mésentère. Car faute d'exercice régulier, ils vont fondre, laissant apparaître le spectacle désolant d'un ventre flasque et proéminent. Mais aussi, parfois, des hernies abdominales – tuméfactions sous-cutanées du ventre mou qui deviennent pulsatiles lors des efforts de toux et qui, à l'examen, font sentir les intestins en train de sortir de l'abdomen à travers l'orifice de la hernie – qu'il faut opérer.

Consacrez du temps à votre abdomen

Il est donc essentiel de consacrer chaque jour cinq minutes à la préservation de cette musculature abdominale. Ce geste santé revient à fortifier son corps en mobilisant la force du mental. Une bonne ceinture abdominale est un bouclier protégeant de bien des maladies, une manière d'optimiser la qualité du transit et le bien-être digestif quotidien.

Vous trouverez aisément sur Internet des vidéos d'exercices d'abdominaux à faire à la maison, mais voici le programme que je vous conseille.

Installez-vous sur un tapis de gymnastique confortable. Fixez-vous l'objectif quotidien de trois séries de dix mouvements, en respirant calmement et lentement. Ne cherchez pas d'emblée à atteindre la perfection mais visez la progression. Vous remarquerez rapidement votre posture et votre statique devenir meilleures. Si vous souffrez de mal de dos, une amélioration apparaîtra dès les premières semaines.

Une fois allongé(e) totalement au sol, si vous le souhaitez, placez vos mains sous le haut de vos fesses pour bien vous caler le dos. Levez vos jambes tendues au maximum sans forcer, pieds joints, jusqu'à effectuer un angle droit avec le bassin, puis redescendez les jambes, toujours tendues, sans toucher le sol. Renouvelez l'exercice dix fois, relâchez, puis recommencer deux séries de dix.

Si vous n'y arrivez pas, ne forcez surtout pas. Progressivement, au fil des jours vous irez plus loin. Le tout est de persévérer.

Second exercice : toujours allongé(e) sur le sol, ramenez vos jambes jointes vers le ventre, genoux pliés, puis étendez-les le plus loin possible, parallèlement au sol et sans le toucher. Revenez et renouvelez.

Enfin, si vous êtes en forme, essayez les pompes.

Mon conseil : en faire un rituel

Pour être sûr(e) de tenir l'engagement d'exercices visant à une bonne ceinture abdominale – les bonnes résolutions s'envolent si vite, parfois… –, voici une technique fiable : associez ce moment à une chose que vous faites obligatoirement chaque jour, afin de le transformer en rituel. Si vous interrogez les gens, ils vous diront : « Vous avez raison, il faut que je m'en occupe », mais en pratique… ils lâchent. Aussi dites-vous : « Si je ne fais pas mes abdos, je ne mettrai pas de culotte aujourd'hui » ; alors je vous assure que vous deviendrez le plus assidu des sportifs. Jamais l'un sans l'autre, et vous aurez remporté la main.

Je tiens à signaler que cet exercice fait perdre peu de calories, mais qu'importe : sa mission première est de renforcer les muscles. Votre ceinture abdominale deviendra le plus élégant des accessoires. Vous gagnerez également en force et stabilité. Et investirez dans une fontaine de jouvence aidant à remonter le temps. De quoi devenir fort, dans tous les sens du terme.

Léonard de Vinci : un message d'avenir

Vous l'avez compris : en parlant de Léonard de Vinci et de sa puissance créatrice, du sens visionnaire qui lui a permis de découvrir un organe reconnu tant de siècles plus tard, c'est la puissance de l'intelligence humaine que je souhaite mettre en valeur, l'Histoire avec un grand H à l'appui. Grâce aux « cellules grises » si chères à Agatha Christie et Hercule Poirot, grâce à la quête permanente d'ouverture, grâce à la connaissance que l'on a et apprend de soi, de son corps, on ne rabougrit pas, on grandit, on apprend, on se soigne et soigne. Un cerveau bien utilisé ? Notre meilleur allié.

SIXIÈME PARTIE

UN CERVEAU FORMULE 1

Les mystères de l'esprit

La puissance et la force du mental sont immenses. Grâce à elles, on parvient à atteindre des espaces jusqu'ici ignorés, à se propulser vers des sommets que l'on croyait inaccessibles. Encore faut-il ouvrir son esprit.

Penser à son cerveau comme à la dynamo d'une bicyclette est un rapprochement efficace. Si l'on pédale lentement, la lumière projetée la nuit sur la route sera très faible, ressemblant même à la lueur d'une bougie qui vacille et va s'éteindre. Mais si l'on pédale vite, on projette un éclairage intense qui dirige sans danger vers son itinéraire. Reste que lorsque l'ampoule donne le maximum d'énergie pour diffuser la puissance maximale, si on arrête, tout s'éteint. Eh bien, le cerveau fonctionne sur le même principe. En bougeant tous les jours physiquement et intellectuellement, on le fait fonctionner correctement. J'en veux pour illustration les liens étroits entre la maladie d'Alzheimer, l'absence d'exercice physique et la retraite précoce.

Pour que le cerveau fonctionne au mieux, il faut donc l'entretenir sans relâche. Méfiez-vous des situations faciles et molles qui assoupissent. Produisez un maximum d'efforts, prenez des risques, quittez votre zone de confort. Croyez-moi, vous en sortirez gagnant.

Les freins à l'expression de notre puissance cérébrale

Nombreux sont les éléments qui restreignent, freinent, empêchent nos capacités cérébrales. Les identifier, c'est déjà lutter contre. Ainsi qu'un gage de longévité et de bonne santé.

Ces 11 secondes qui privent de liberté

Une récente étude australienne a montré que le cerveau humain prend une décision onze secondes avant que la personne la formule et qu'il a tendance à reproduire les choix déjà faits par le passé. En clair : nous aimons ce que nous reconnaissons. Conséquence, nous trouvons par exemple plus sympathique un visage déjà rencontré et revenons tout le temps aux mêmes choses. Ce fonctionnement, je le perçois comme un « bug » cérébral, puisqu'il nous pousse à l'immobilisme. À cause de ce formatage, nous nous privons de découverte. Prendre, par réflexe, toujours les mêmes décisions empêche d'accéder au meilleur et nous inscrit dans des routines, à terme, mortifères. La solution ? Lorsqu'on explore des situations nouvelles, aller vers ce qui est étranger. Ainsi, on stimulera la production de nouveaux circuits cérébraux. Et, en « augmentant » la puissance du cerveau, on recouvrera une liberté.

Un exemple ? Luttez contre le « Allons dîner dans tel restaurant, c'est un lieu familier ». Bien sûr, lorsqu'on découvre un nouvel endroit il y a toujours le risque d'être déçu, mais l'inverse peut aussi se produire, et une expérience inédite réussie procure tellement de bonheur et de plaisir !

Les vertus de l'échec

Pour avancer, il ne faut pas avoir peur de l'échec, lequel fait partie intégrante de l'apprentissage et de la construction intérieure, eux qui permettent d'évoluer et de se dépasser. En vérité, le danger ne vient pas de la déconvenue en elle-même mais de la façon dont on la vit. Concentrer son énergie et son attention sur ce qui ne va pas entretient la spirale. Alors, plutôt que de ruminer, cherchons à comprendre ce qui n'a pas fonctionné et passons rapidement à autre chose, profitons d'une expérience nouvelle. Pour réussir le nettoyage des ondes négatives, l'idéal est de pratiquer une activité à l'opposé de celle qui a posé un problème. De plus, varier les sujets d'attention aide à mieux les mémoriser.

Illustration : si, dans une soirée, vous rencontrez une vingtaine de personnes qui vous sont inconnues et dont on vous énumère les noms, forcément, à un moment donné, ceux-ci ne seront plus mémorisés. Mais si, dans le même laps de temps, vous faites plusieurs activités différentes, vous vous souviendrez bien mieux de ce que vous avez fait.

L'âge à partir duquel on vieillit dépend de nous

Nous pouvons, en somme, décider de l'âge auquel on se met à vieillir. Car tout dépend de soi. Il est fascinant de constater la différence entre l'âge biologique et l'âge calendaire de certains, de voir, à 50 ans, des connaissances afficher un âge biologique de 30 ans quand d'autres en ont 75.

Les freins à l'expression de notre puissance cérébrale

Comment réussir ce tour de magie ? Par la volonté d'activer chaque jour nos capacités intellectuelles et physiques. Quand on joue la carte de l'immobilité, l'âge où va se déclencher le vieillissement sera précoce. Puisque les muscles fondent spontanément au fil des années et que les capacités cérébrales font de même, en les stimulant, à nous de remonter le temps. Pour cela encore faut-il vouloir mobiliser nos capacités intellectuelle et mentale.

Attention : les activités pratiquées doivent l'être pour de bon, sans faire semblant. Ainsi, un véritable engagement professionnel ou associatif avec des responsabilités quotidiennes n'aura pas le même impact que des loisirs. Car le système immunitaire sait faire la différence entre une activité réelle et une fausse. Les sujets qui s'activent régulièrement ont l'air plus jeune, bénéficient de fonctions musculaires accrues, d'un sommeil meilleur, profitent d'une mémoire plus vive et d'une espérance de vie en bonne santé plus longue.

Nous pouvons donc optimiser les capacités de régénération de nos tissus et de nos organes. Quel merveilleux challenge ! Les plus belles victoires ne sont-elles pas celles que l'on remporte sur soi-même et sur le défi du temps qui s'accélère ? Il y a une belle partie à jouer. Dont dépendra la durée de notre vie en bonne santé.

La puissance de la créativité n'est pas réservée aux jeunes

Certains lauriers de recherche, comme la prestigieuse médaille Fields, équivalant du prix Nobel de mathématiques, ne peuvent être attribués à des lauréats de plus de 40 ans. À l'inverse, les prix Nobel sont décernés quel que soit l'âge des prétendants. La créativité n'a rien à voir avec la date de naissance, elle n'est en rien inversement proportionnelle à l'âge : elle ne décline pas tandis que les années avancent.

Un cerveau Formule 1

Les prix Nobel d'économie ont d'ailleurs récemment publié une étude montrant que la créativité n'était pas, et de loin, l'apanage des jeunes, attestant qu'il existe, au cours d'une vie, plusieurs cycles de créativité. Qui apparaissent autour de 20 ans mais aussi à la cinquantaine, qu'il s'agisse des domaines économiques, artistiques ou scientifiques.

Cette révélation cruciale prend à contre-pied la société actuelle, où les plus de 50 ans sont mis sur la touche pour laisser la place aux jeunes cerveaux crus plus innovants.

Entrons en détail dans le processus créatif. En étudiant les lauréats des prix Nobel, les chercheurs ont identifié deux formes de créativité aussi essentielles l'une que l'autre. Les jeunes, plus volontiers des défricheurs de nouveaux concepts, réfléchissent en dehors des sentiers battus car ils n'ont pas encore été formatés – ni broyés – par les règles du monde du travail et du politiquement correct. En revanche, les quinquagénaires et plus innovent à partir de leurs expériences passées, mobilisant tout leur savoir, succès comme échecs, pour aboutir à des créations pérennes, robustes. Et la science, le savoir, la connaissance tirent profit des deux ! Conclusion : bannir les uns ou empêcher les autres serait aussi contre-productif qu'idiot.

Les pics de canicule abîment le cerveau

Ouvrons un autre sujet lié au cerveau, celui des répercussions des canicules sur son fonctionnement. Nous connaissons, depuis plusieurs années, des périodes de chaleur intense fréquentes. Les scientifiques se sont penchés sur les conséquences de ces épisodes climatiques sur l'organisme et ont découvert l'apparition de lésions cérébrales. Les pics du baromètre impactent, dans le cerveau, la barrière hémato-encéphalique, qui alors devient poreuse et laisse passer des toxines et des agents pathogènes nocifs, augmentant les dangers de dommages neurologiques. Certaines cellules plus fragiles risquent même d'être moins bien

Les freins à l'expression de notre puissance cérébrale

irriguées par redistribution des flux sanguins, en particulier vers la peau. Pour se rafraîchir et maintenir la température corporelle constante, l'organisme doit, en effet, rediriger les flux sanguins vers l'épiderme afin d'activer la transpiration, processus qui se fait au détriment d'autres organes se voyant dès lors défavorablement impactés, comme le cerveau, le cœur et le tube digestif. C'est pour cette raison que je recommande de manger légèrement en cas de canicule, histoire d'éviter de dépenser trop d'énergie à la digestion. D'autant qu'un repas copieux augmente la température corporelle, ce qui n'arrange évidemment pas les choses.

Se protéger des canicules en suivant des exemples millénaires

Comment font les populations des pays où la chaleur est souvent excessive, me direz-vous ? Elles ont eu plusieurs millénaires pour s'adapter. Alors que chez nous, habitants de latitudes normalement tempérées qui découvrons ces pics sans avoir bénéficié de l'expérience des générations précédentes pour s'adapter, les dégâts sont importants. Nous pouvons néanmoins nous inspirer de leurs coutumes.

Les Bédouins peuvent, par exemple, beaucoup nous apprendre, eux qui endurent fréquemment des poussées du mercure au-delà de 50 degrés. La protection extérieure des rayons du soleil, ils la font avec des foulards. Si, chez nous, c'est peu pratique, pensez cependant à protéger votre peau avec une crème solaire à indice très élevé, à en renouveler l'application très régulièrement, mais aussi à porter des lunettes de soleil de qualité, achat d'autant plus indispensable que le soleil est un facteur de risque de DMLA qui conduit à la cécité.

Concernant l'habillement, nous avons tout faux. Ainsi les habitants du désert ne se promènent pas en maillot de bain parce qu'il fait chaud. Au contraire, ils se couvrent des pieds à la tête, pour éviter les coups de soleil mais pas seulement, car ils portent même deux couches de vêtements, une première constituée d'un pantalon et d'une chemise ample, une seconde faite d'une sorte de robe légère. Et ce en raison d'un processus astucieux : la couche extérieure reçoit toute la chaleur, donc la seconde est plus fraîche ; cela permet aussi à la sueur de s'évacuer plus facilement par le cou.

Les Bédouins cessent aussi de se déplacer aux heures les plus chaudes. Pendant ces repos, ils déjeunent légèrement d'aliments riches en eau, comme des pastèques et des légumes, ajoutent toujours un peu de sel afin de compenser les pertes en chlorure de sodium liées à la transpiration. Manger salé donnant soif, il est vital de boire beaucoup d'eau quand le thermomètre grimpe. Les peuples du désert avalent même du thé chaud, histoire d'activer la transpiration et de refroidir le corps, tant boire glacé en ces périodes-là donne encore plus chaud.

Notez enfin qu'ils vivent dans des tentes aérées. Pensez donc vous-même à bien aérer votre chambre, la nuit. Si possible, créez des courants d'air naturels, idéaux pour rafraîchir la pièce. À ce sujet, des études récentes remettent en question l'utilité des ventilateurs dans certaines circonstances, les scientifiques ayant constaté qu'en cas de forte chaleur sèche ils n'apportaient aucun confort, à l'inverse des chaleurs humides où, là, ils améliorent les sensations de fraîcheur, aidant la peau à évacuer la sueur. En cas de chaleur sèche, c'est l'inverse, un ventilateur agit sur la peau comme un séchoir à cheveux chaud. C'est du reste pourquoi les ventilateurs accrochés au plafond se rencontrent plus volontiers dans les pays d'Asie, chauds et humides.

Les coulisses de la mémoire

Lorsqu'on évoque le cerveau, vient tout de suite à l'esprit la mémoire : comment l'entretenir ? De quelle manière la préserver ? Voici quelques réponses, dont certaines ne manqueront pas de vous surprendre, j'imagine.

L'utérus, un organe mémoriel

J'ai été surpris par les résultats d'une étude scientifique réalisée aux États-Unis où, pour la première fois au monde, des chercheurs ont démontré que l'ablation de l'utérus chez la rate provoquait un déficit des capacités mnésiques de l'animal et l'empêchait de réaliser plusieurs actions simultanément. Étonné car cette découverte va à l'encontre de l'idée généralement admise selon laquelle l'utérus est un organe inutile en dehors des grossesses. Aussi, quand on songe qu'à l'âge de 60 ans un tiers des Américaines ont eu une hystérectomie, il y a de quoi s'inquiéter.

En fait, l'utérus et les ovaires communiquent avec le cerveau en utilisant le système nerveux autonome. Si l'impact de ces messages sur le cerveau reste un territoire inconnu, en attendant que des études proches de l'homme soient réalisées, mieux vaut inciter à la prudence et ne pas négliger ce lien, ni son rôle éventuel dans la mémoire.

Un cerveau Formule 1

Je me souviens des visages mais pas des noms...

Il a déjà dû vous arriver cette mésaventure : vous rencontrez quelqu'un dans la rue, savez que vous le connaissez, mais impossible de mettre un nom sur son visage... Ne vous inquiétez pas, ce phénomène survient chez beaucoup de personnes. L'inverse, en revanche, se produit peu : quand on possède le nom d'une personne, on hésite rarement à reconnaître son visage. Pourquoi ? Parce que le visage stimule la mémoire visuelle, ainsi que d'autres fonctions comme la mémoire auditive ou olfactive. Un son de voix, un parfum que vous aimez ou que vous détestez entrent en ligne de compte. Ce peut être encore une poignée de main trop forte ou trop molle qui réveille la mémoire tactile.

Se souvenir du nom est donc plus difficile. Pour éviter ces trous de mémoire, je vous conseille plusieurs techniques.

Quand la personne rencontrée pour la première fois donne son nom, associez-le à un détail perçu par vos autres systèmes mémoriels : le son de sa voix, une odeur, de grandes oreilles, un nez épais. Si vous en avez la possibilité, lorsque vous notez les coordonnées d'une personne dans le répertoire de votre smartphone prenez-la en photo, vous serez ainsi certain de ne plus jamais oublier son visage.

Vous pouvez aussi essayer de construire une histoire autour de l'inconnue(e). Imaginez-le(la) en mendiant(e) ou en roi(reine), nu(e) sur son trône. Cette histoire amusante que l'on se raconte à soi-même ancrera solidement les souvenirs par activation du système limbique qui fonctionne sur la base émotion/mémorisation. Cette astuce opère aussi pour retenir un cours, un discours, une intervention publique. Dans ce cas-là, relire un texte n'apporte pas grand-chose, car l'attention quand on lit est au plus bas ; en revanche le cerveau fonctionne au maximum de concentration lorsqu'on doit expliquer quelque chose à un individu ou à une assistance sans notes. Faites le test : racontez, en rentrant chez vous, le déroulement de votre journée en incluant toutes les personnes que vous avez rencontrées, et alors vous fixerez les détails et les noms plus aisément.

Pour stimuler sa mémoire, il faut, en vérité, être le plus actif possible. Et chaque association que l'on peut faire pour se souvenir augmentera la capacité de mémorisation.

Le thé vert contre Alzheimer

La nouvelle nous vient de l'université de l'Iowa : l'hormone qui agit directement sur le niveau de satiété, la cholécystokinine (CCK), hormone que l'on trouve dans le cerveau et l'intestin grêle, pourrait intervenir de façon significative sur l'apparition de la maladie d'Alzheimer. Les chercheurs américains ont en effet noté que les sujets présentant des taux élevés de CCK avaient 65 % de risques en moins de développer ce mal.

Il n'y a actuellement aucun traitement pour guérir ce fléau qui affecte en premier lieu la mémoire. En revanche, les avancées de prévention sont légion. En tant que médecin, je suis preneur de tous les nouveaux moyens susceptibles de diminuer les facteurs de risques, surtout s'il n'y a aucun danger à y recourir.

La première piste – prometteuse – qu'est la CCK devra être confirmée par des études ultérieures, en attendant elle ouvre des voies. Mais de quelle manière accroître sans risque la production de l'hormone de la satiété ? La première solution est de boire du thé vert, qui contient une forte teneur en catéchine, régulateur de CCK. L'action de cette boisson ancestrale serait aussi bénéfique pour la perte de kilos : des travaux ont montré en effet que ces catéchines pourraient bloquer les gènes impliqués dans le stockage de graisse, donnée utile quand on connaît les difficultés d'atteindre et de maintenir son poids de forme durablement.

Pour obtenir un résultat significatif, consommez l'équivalent de trois tasses de thé vert – bio si possible afin d'éviter les pesticides – chaque jour, en évitant à tout prix les sachets en plastique qui contiennent des microparticules. Pour information, sachez que plus le thé infuse, moins il est excitant, les thés recelant de la caféine qui se diffuse avec l'eau chaude ; en pratique, la caféine est libérée d'abord, ensuite ce sont les tanins, lesquels tanins diminuent l'effet de la caféine au niveau cérébral. Je conseille donc d'infuser votre thé du matin deux minutes, et celui du soir cinq minutes. Suivant votre goût, évidemment.

Un autre aliment aurait des vertus sur l'activité du cerveau : la myrtille. Une étude en 2019, intitulée « Le bleu contre le gris », a souligné l'intérêt de la consommation de ces fruits pour conserver une bonne capacité cérébrale. On pense que ces fruits diminuent l'inflammation cérébrale, mais ce n'est encore qu'une hypothèse. En attendant confirmation, vous ne risquez rien à manger des myrtilles. Au contraire !

Le pouvoir du papier

D'autres recherches ont établi que prendre des notes sur du papier permettait de mieux utiliser les données inscrites que celles saisies sur un clavier. D'abord parce que, sur papier, nous mémorisons plus facilement la présentation. Ensuite, parce que prendre ses notes à la main permet de mieux extraire l'essentiel de ce qui a été entendu, de créer des relations efficaces entre plusieurs contenus et d'en tirer une synthèse efficiente. Le clavier autorisant à saisir plus vite qu'à la main, nous notons littéralement ce que dit l'orateur, sans hiérarchiser les informations. Ceux qui utilisent un stylo sont obligés, eux, d'opérer des choix, donc de sélectionner les données essentielles. D'où des notes plus réfléchies et mieux structurées. En gagnant en vitesse, on passe en fait à côté de l'essentiel. Et la mémoire en souffre.

Associer activité physique et intellectuelle, le duo gagnant

Bonne nouvelle si vous prenez vos notes assis. Des études ont constaté que les personnes qui regardent la télévision 4 heures consécutives en position assise augmentaient de 50 % les risques de maladies cardio-vasculaires, pourcentage qui ne se retrouve curieusement pas chez les sujets qui travaillent attablés à un bureau le même laps de temps. Comme quoi, c'est la nature de l'activité – active ou passive – qui ferait la différence.

Pour être encore plus performant, entrecoupez votre activité intellectuelle d'exercices physiques réguliers. J'en profite pour vous rappeler mon rituel : chaque fois que je m'assieds à mon bureau, je saisis l'haltère qui m'attend au sol et effectue une série de 30 mouvements de chaque côté. Des recherches ont montré que ces exercices permettaient de mieux activer les connexions cérébrales associées à la mémoire et à l'apprentissage. Faire de l'exercice rendrait-il plus intelligent ?

Enfin, rappelez-vous : l'augmentation de l'espérance de vie par une activité physique régulière est aussi efficace si l'on commence à 10 ans, 40 ans ou 50 ans. Il n'est donc jamais trop tard pour bien faire. Ça vaut la peine d'essayer, non ?

La maternité : la mémoire dans la peau

La venue d'un enfant transforme une femme pour la vie, cette vérité est connue. Ce que, longtemps, on a moins su, c'est combien cette transformation allait bien au-delà de ce que l'on imagine. Car la mère gardera toute sa vie cet enfant « dans la peau », au plus profond d'elle-même, comme le démontre la biologie.

Dès la sixième semaine de grossesse, des cellules fœtales pénètrent dans le sang de la mère, puis, par ce biais, gagnent

Un cerveau Formule 1

tous ses organes. Des cellules pour la plupart souches, connues pour leur pouvoir de régénération, qui permettent à l'embryon de fabriquer ses propres organes. Une grande partie d'entre elles est éliminée après l'accouchement, mais un certain nombre reste dans l'organisme de la mère toute sa vie, échappant à la surveillance de son système immunitaire... qui ne combat pas leur apparition, lui qui agit ainsi d'ordinaire en cas de « présence étrangère ».

D'un point de vue physiologique et médical, on ne connaît pas encore l'utilité des cellules fœtales persistant dans le corps maternel, mais plusieurs pistes de recherche sont évoquées : un rôle dans les maladies auto-immunes, une action de réparation des organes et tissus ? Tout reste à découvrir et à apprendre. Sur un plan symbolique en revanche, la présence et même la persistance de ces cellules de l'enfant dans l'organisme maternel représente une approche passionnante quant à la complexité des relations entre les deux. La puissance des liens qui unissent une mère à ses enfants commence peut-être ici.

Pour conclure, permettez-moi un clin d'œil aux mamans épuisées par les nuits d'insomnies à répétition : une nouvelle étude vient de montrer que la mémoire des parents s'améliore simplement en pensant à leurs enfants ! Il apparaît en effet que la nécessité biologique de les protéger aide le cerveau à stocker des informations oubliées dans d'autres circonstances.

La puissance du mental

Le cerveau est une machine redoutable, dont la recherche n'a encore exploré qu'une infime partie. Suivez-moi sur les traces de ses pouvoirs exceptionnels à travers quelques exemples.

Diminuer la douleur par la force du mental

Le fait de s'attendre à souffrir augmente la douleur, chacun l'a un jour expérimenté. Si je vous dis avant une piqûre : « Vous aurez mal », la tendance naturelle étant en général d'imaginer le pire, même s'il s'agit de quelque chose de bénin, la douleur à l'injection se fera plus intense. Tout vient du cerveau. Quand nous nous préparons à avoir mal, l'anxiété allume les circuits cérébraux et les prépare à réagir à une agression. Nous sommes donc totalement dans la position de la victime qui craint et attend son bourreau.

L'une des meilleures techniques pour reprendre la main sur ces sensations et faire baisser la douleur, c'est la respiration. Concentrez-vous sur vos mouvements respiratoires et ne pensez plus qu'à eux. Inspirez très lentement le plus fort possible en songeant que vous faites le plein d'énergie, ensuite expirez calmement pour vider vos poumons en imaginant que vous éliminez la douleur avec. Vous serez surpris du résultat : en à peine quelques minutes, l'intensité de celle-ci aura chuté de façon spectaculaire. Et cela marche pour tout, bien au-delà de la piqûre. Vous pourrez augmenter l'efficacité au moment de l'inspiration en fermant un peu la bouche, comme si vous étiez en train de siffler : l'air, en arrivant sur la pointe de la langue, produira une sensation de froid qui distraira encore plus votre esprit et lui évitera de penser à l'éventuelle souffrance.

Notre état d'esprit peut nous protéger ou nous détruire

Une injection n'est rien ; il y a des soucis de santé autrement plus graves où, encore, le cerveau entre en jeu. Ainsi, des chercheurs de Stanford, aux États-Unis, viennent de faire une découverte passionnante concernant les malades atteints de cancers. Ils ont en effet mis en évidence que les patients qui voyaient le cancer comme un mal gérable et non comme une catastrophe connaissaient de meilleurs pronostics de guérison. Conclusion : la façon dont nous réagissons mobilise plus ou moins bien nos systèmes de défenses, notre mental faisant la différence.

Ce qui se passe chez ceux qui marchent sur des charbons ardents

Avez-vous déjà observé ces fakirs en transe qui marchent sur des charbons ardents pouvant atteindre 1 000 degrés ? Le spectacle est vraiment impressionnant et, forcément, on s'interroge : comment font-ils pour ne pas se brûler ?

D'un point de vue technique, l'explication est simple et n'a rien à voir avec un état mental particulier. D'abord, le charbon de bois est un très mauvais conducteur de chaleur, à l'inverse du métal. Ensuite, si le fakir s'humidifie bien les pieds avant la démonstration, la vapeur d'eau dégagée aura un effet légèrement isolant sur sa voûte plantaire. Enfin, j'ai noté un élément déterminant : ces aventuriers du feu marchent extrêmement vite sur les charbons ; le pied, à peine posé, décolle déjà. Ce qui évite de se brûler gravement, c'est en fait la rapidité du mouvement.

Je ne conseille évidemment pas de pratiquer de telles épreuves, qui comportent des risques, pour expérimenter les capacités de son cerveau à endurer la douleur. Il suffit d'un bout de charbon collé au pied ou de débris de verre ou de métal dans le chemin en feu pour provoquer des lésions graves. Mais je vous propose de transposer le numéro du fakir à la vie de tous les jours. Où nous rencontrons tous des obstacles. Où, pour ne pas être abîmé ou détruit, il serait bon de suivre l'exemple de ces marcheurs du feu. En ne nous attardant jamais sur ce qui nous fait du mal, tant nous y perdons une énergie vitale. S'installer dans le négatif, c'est s'y enliser. Mieux vaut analyser l'obstacle, trouver la solution immédiatement s'il en existe une, et passer à toute vitesse à autre chose. S'arrêter sur ce qui nuit, c'est risquer de tomber dans des sables mouvants qui pourraient tout ensevelir. Faites diversion pour lutter contre les façons de penser circulaires qui laminent la joie de vivre. Si vous ressassez sans cesse, si vous remettez la résolution du problème à plus tard, vous vous figerez dans le sol brûlant jusqu'à vous détruire. Le cerveau, on peut l'orienter autrement, évacuer le mal comme la peur du mal : soyez le fakir qui, jouant avec le feu, ne se brûle pas car il sait dominer sa crainte.

Le mal combat le mal

La dépression, passagère ou chronique, touche de nombreuses personnes et ne doit jamais être prise à la légère. Et nous, Français, sommes les champions du monde de la consommation d'antidépresseurs. Or il existe bien d'autres moyens de lutter contre cette maladie.

Une étude surprenante montre ainsi que l'audition de musiques tristes aiderait à combattre la dépression. Une musique mélodique avec un tempo inférieur à 80 battements par minute pourrait en effet soulager le ressenti dépressif jusqu'à 80 %. Lors des travaux ayant conduit à ce constat, les sujets devaient écouter ces sons 30 minutes, cinq fois par semaine. Vraisemblablement, assumer pleinement sa tristesse pendant un temps, faire *face* au mal-être aideraient à en sortir. En touchant « le fond de la piscine », on remonterait ensuite plus rapidement à la surface. Et écouter une musique très rythmée et joyeuse lorsque l'on est dépressif reviendrait à participer malgré soi à une fête où on n'aurait aucune envie de parler. Ce serait camoufler le problème et non le résoudre.

Alors si vous n'avez pas le moral, je vous propose d'écouter une musique très triste avec une tisane de lavande !

Les nouveaux systèmes de détection pour se protéger des AVC

Il me paraît important de terminer cette partie consacrée au cerveau en évoquant une avancée médicale de premier ordre, qui me tient à cœur.

L'accident vasculaire cérébral est la deuxième cause de mortalité dans le monde occidental et la première de handicap majeur à long terme. Le processus est connu : la rupture d'une plaque d'athérome de l'artère carotide au niveau du cou voit les fragments détachés partir vers le cerveau et provoquer des dégâts cérébraux parfois irréversibles.

Le degré de sténose, ou rétrécissement au niveau de l'artère carotide, fréquemment mis en avant, prédit mal le risque d'AVC. Une meilleure stratification du risque est requise afin d'évaluer le degré de vulnérabilité de la plaque carotidienne, vulnérabilité par exemple majorée lorsque le sang crée un frottement élevé sur la plaque – ce que l'on appelle la « contrainte de cisaillement » (ou *wall shear stress*, WSS).

La puissance du mental

Je travaille à l'hôpital européen Georges-Pompidou à Paris avec le Pr Emmanuel Messas, sommité dans le domaine vasculaire. Son équipe, référence mondiale en la matière, est capable désormais de détecter la fragilité des plaques sur les artères qui alimentent le cerveau en calculant les forces de cisaillement qui s'y appliquent grâce à une nouvelle technologie de pointe.

Il s'agit d'un immense progrès dans la prévention des AVC. En effet, beaucoup de patients présentent des plaques d'athérome au niveau des carotides, mais le point essentiel est le risque de fragmentation et de rupture de ces plaques, capables alors d'envoyer des emboles créant des AVC redoutables.

*

Vous l'aurez compris, vous avez en vous une force intime, secrète et invincible. Qui part du cerveau mais aussi permet de le comprendre et doit arriver à le dompter. Parfois, la peur limite nos possibilités. Certes, elle aide à se protéger, mais elle peut également paralyser une vie entière par excès de prudence et besoin de sécurité. Qui plus est dans une société où elle est sans cesse mise en avant, souvent pour vendre des produits dont on n'a pas besoin, ou nous faire prendre des décisions, comme voter. Regarder les infos en permanence revient à l'entretenir, tant celles-ci agissent comme des loupes, verres grossissant tout ce qui ne marche pas droit dans le monde : la violence, la délinquance, le climat, l'insécurité qu'elle soit économique ou physique. Ces peurs récurrentes nous conduisent à l'immobilisme et à utiliser bien peu de nos ressources et capacités. Apprendre à se libérer de ses frayeurs, c'est se libérer et aussi libérer la puissance cérébrale. Il est grand temps, la concernant, de passer à la vitesse supérieure.

SEPTIÈME PARTIE

LA NUIT, LA SANTÉ S'APPELLE SOMMEIL

Comment bien dormir

« Le sommeil est la meilleure des méditations », professe le Dalaï-lama. Qui a raison quand on songe qu'un sommeil de qualité de 7 à 8 heures fait office de cure de jouvence quotidienne. Et pour cause : la nuit, nous nous régénérons, nous éliminons nos déchets pour être tout neufs le matin, et faisons le plein d'énergie nécessaire afin d'attaquer la journée.

A contrario, *dormir moins de cinq heures double le risque cardio-vasculaire, le manque de sommeil détraquant l'organisme : il fait grossir – on compense la fatigue en grignotant des aliments sucrés – et le lit des états anxieux, voire dépressifs.*

Il est donc extrêmement important de mettre toutes les chances de son côté pour passer de bonnes nuits. Je déconseille d'emblée la prise de somnifères, qui conduisent à l'accoutumance : plus on en avale moins on peut s'en passer. D'autant que différentes études scientifiques ont souligné les liens potentiels entre certaines de ces pilules et la maladie d'Alzheimer chez les patients âgés de 50 à 60 ans.

Heureusement, il existe des procédés naturels, des règles simples, des solutions faciles pour savourer ces moments de régénérescence émaillés des plus doux rêves. Suivez-moi dans les bras de Morphée...

Mettre tous les atouts de son côté pour une nuit réparatrice

Comme le principe qu'on n'est jamais mieux soigné que par soi-même s'applique à tous les domaines de la santé, le sommeil aussi peut en bénéficier. Acquérir les bons réflexes pour se sortir de situations qui ne nécessitent pas toutes, dans l'immédiat, une consultation chez le médecin, passe, en la matière, par quelques conseils simples appuyés, là encore, sur des découvertes scientifiques. Pour retrouver des nuits apaisées, il faut mettre bien des atouts dans sa manche.

Un bon bain et au lit

Souvent, lorsqu'on dit à quelqu'un avoir du mal à s'endormir, il vous répond : « As-tu essayé un bain chaud avant de te coucher ? » Méthode Coué, formule viable, idée reçue... depuis des lustres, le sujet, enfin, la méthode, fait débat. Or, c'est désormais prouvé : prendre un bain, 90 minutes avant d'aller au lit, permettrait en effet de savourer une nuit réparatrice.

Des scientifiques texans se sont penchés sur le sujet en se posant les questions suivantes : quelle est la meilleure méthode pour obtenir un sommeil de qualité ? Faut-il prendre une douche, un bain ou rien du tout ? Si oui, à quelle heure ? Et à quelle température devrait être l'eau ? Afin de rendre leur verdict, ils ont compulsé et comparé 5 322 études précédemment menées à

La nuit, la santé s'appelle sommeil

ce propos. Et ils ont conclu que plonger dans un bain chaud, dont la température oscille entre 40 et 42 degrés, correspondait à la méthode la plus efficace pour mieux dormir – et même s'endormir, le temps d'endormissement relevé en moyenne chez les personnes ayant cette habitude étant de 10 minutes seulement.

Le constat, en vérité, n'est pas incohérent ni extraordinaire : il s'explique par le rôle de la température du corps, laquelle entre en ligne de compte dans la régulation du sommeil. Elle en est même l'un des facteurs majeurs. La nuit, celle-ci diminue d'un demi à un degré par rapport à la fin d'après-midi. Mais si la baisse de température aide à obtenir un sommeil plus efficace, pourquoi prendre un bain chaud avant d'aller au lit ? C'est là que les chercheurs ont fait une découverte fondamentale : le bain « trompe » l'organisme. En clair : en augmentant artificiellement la température du corps, il envoie un signal au thermostat intérieur lui indiquant qu'il va falloir refroidir rapidement l'organisme. D'où un meilleur endormissement[1]. Le principe est le même lorsque les Bédouins du désert – déjà évoqués – avalent du thé à la menthe bouillant sous la canicule : boire chaud donne chaud, mais stimule la transpiration du corps afin de le refroidir, la sueur permettant d'évacuer de la chaleur et de réduire la température interne.

C'est pourquoi je vous recommande aussi de dormir nu dans une chambre sans chauffage et bien aérée. En cas de grande chaleur, ou lors des canicules, on peut aussi mettre un gant de toilette froid (que l'on aura placé le matin au réfrigérateur), entre la nuque et l'oreiller pour prolonger cet effet « Kiss Cool »...

---

1. Il faut prendre ce bain chaud 90 minutes avant d'aller se coucher. Y plonger juste avant de dormir pourrait compromettre l'endormissement.

Mettre tous les atouts de son côté...

Le mystérieux bruit rose

Pour bien dormir, il faut, normalement, baigner dans un silence complet. Certains mettent même des bouchons dans leurs oreilles afin qu'aucun bruit ne vienne les réveiller. La notion de tapage nocturne, prohibé par la loi, s'inscrit dans cette logique. Et le son entêtant d'un robinet qui goutte dans le lavabo, son auquel on ne ferait pas attention dans la journée, devient insupportable lorsque l'on se trouve au lit, précisément parce que le coucher implique l'absence de parasites sonores.

Or il existe des bruits qui agissent comme des somnifères et endorment ceux qui les perçoivent. Ce sont les « bruits roses », sons graves qui se modifient avec les fréquences. Vous avez déjà sûrement observé – et peut-être admiré ou envié – ces personnes capables de plonger dans un sommeil profond malgré un écran de télévision qui diffuse la mire. En fait c'est comme si cette fréquence les plaçait en état d'hypnose, au même titre que le flux d'un torrent, d'une cascade ou d'une forte pluie dans le vent, constitué de fréquences aléatoires, arrivent à apaiser et faire entrer en sommeil. Les bruits roses leur ouvrent la porte d'une symphonie silencieuse.

À l'inverse, il existe des bruits blancs qui, diffusés sur une fréquence constante, comme un appareil de climatisation, perturbent. Masquant d'autres sons, contrairement aux bruits roses qui interviennent par leur qualité sonore intrinsèque, ils viennent troubler l'endormissement.

De fait, ce sont les bruits roses qui améliorent la durée et la qualité du sommeil profond, lui offrant des cycles plus nombreux, harmonieux et récupérateurs. Les sujets soumis à ce type de sons se révèlent même – et se réveillent – en meilleure forme le matin, plus créatifs et productifs.

Tentez l'expérience ! Vous trouverez facilement sur Internet ou certaines applications des enregistrements de bruits roses à tester une fois couché. Et vive la vie en rose !

Des cœurs à l'unisson pour bien dormir

Des scientifiques sud-coréens ont découvert, de leur côté, que l'amour aidait à dormir. Parce que les amoureux qui s'assoupissent ensemble synchronisent leurs rythmes cardiaques. Ils sont arrivés à cette conclusion – que n'aurait pas reniée l'écrivain D. H. Lawrence lorsqu'il estimait « le sommeil encore plus parfait quand on le partage avec un être aimé » – en cherchant à comprendre ce qui se produit à long terme quand deux personnes partagent le même lit. C'était, pour eux, une façon d'essayer d'analyser la manière dont deux individus proches peuvent, d'une certaine façon, se connecter l'un à l'autre.

Les chercheurs ont observé des synchronicités de rythme cardiaque liées à certaines phases du sommeil sans parvenir à en découvrir les raisons. Aussi ont-ils émis l'hypothèse d'une vibration cardiaque faible émise de l'un vers l'autre, sans preuve formelle. Il s'agit donc d'un territoire vierge, mais passionnant, à analyser pour arriver un jour à détecter ce qui unit deux êtres.

Peut-être existe-t-il un début d'explication dans les *verbatim* des couples qui avouent très mal dormir quand leur conjoint est absent ?

Ceux qui sont du matin marquent des points

Un proverbe prétend que « l'avenir appartient à ceux qui se lèvent tôt ». Adage populaire ou réalité ? Des chercheurs se sont penchés sur l'affirmation et ont avancé que les personnes « génétiquement programmées » pour se lever tôt ressentaient un meilleur bien-être et présentaient moins de risques de développer une dépression ou la maladie d'Alzheimer. On en ignore la raison, mais il semblerait que si la génétique a une part de responsabilité dans cette prédisposition, le mode de vie, lui, serait déterminant.

Mettre tous les atouts de son côté...

Une nouvelle voie de recherche sur les liens entre le réglage des horloges biologiques et l'apparition de maladies s'offre donc.

Un coup de marteau sur le réveille-matin

Autant se lever ne pose aucun problème à certains, autant, chez d'autres, quand le réveil sonne le matin s'ouvrent les portes de l'enfer. La sonnerie les sort brutalement de leur rêverie, les extirpe, avec violence et contre leur volonté, d'un cycle réparateur. Toute la journée, ils vont traîner, essayant de récupérer et tenir en grignotant n'importe quoi. Une catastrophe.

Or, faire que chaque journée débute idéalement et se passe bien n'a rien de sorcier. Il importe d'abord de prendre un bon départ, autrement dit un réveil spontané, lié au fait de, naturellement, ne plus avoir sommeil. Peut-être est-ce ce que vous pratiquez en vacances. Alors commencez par faire le test le week-end : allez vous coucher lorsque vous avez vraiment sommeil puis notez l'heure du réveil naturel. En faisant l'exercice plusieurs week-ends de suite, vous calculerez la durée moyenne de sommeil qui vous correspond. Un premier pas vers un réveil en douceur.

Deuxième pas. Puisque vous connaissez maintenant le nombre d'heures de sommeil dont vous avez besoin et que vous savez aussi l'heure à laquelle vous devez vous réveiller, faites la soustraction et le résultat indiquera l'horaire auquel vous devrez vous coucher.

Vous observerez alors que vous vous réveillerez spontanément à l'heure dite, mais de manière fluide, normale, riche d'une énergie matinale décuplée. Vous offrirez ensuite à votre organisme des nuits d'une excellente qualité, donc réparatrices. Et éviterez de démarrer la journée par une sonnerie déclenchant un stress qui abîme et use davantage chaque matin.

Le corps fonctionne comme une horloge. Plus les cycles de sommeil sont harmonieux, mieux on se sent. C'est l'équilibre biologique. Dont chacun a impérieusement besoin.

Les 43 minutes qui changent tout

Les recommandations classiques sont de dormir de 7 à 9 heures par nuit. Mais dans l'espace de ces deux heures, où se situe le curseur ? Une équipe de scientifiques nous éclaire pour la première fois. Ils ont étudié les modifications physiologiques et comportementales sur 53 étudiants qui avaient la possibilité de dormir davantage sans réveil-matin. Et ont comparé ces données santé avec leurs nuits incluant le réveil-matin. La durée idéale de sommeil supplémentaire est apparue : 43 minutes. Ils ont aussi noté au réveil une pression artérielle plus basse, une meilleure humeur, de bonnes performances cognitives et une chute des sentiments anxieux, dépressifs ainsi qu'une excellente capacité de concentration. Votre temps est précieux mais vos nuits plus encore. Elles conditionnent votre santé et votre qualité de vie.

Les positions pour bien dormir

Mal dormir n'est pas seulement dû – ne croyez pas toutes les pubs – à un oreiller trop mou ou trop dur ni à une literie trop ferme ou trop vieille. Les mauvaises positions adoptées dans la journée entrent aussi en ligne de compte, elles qui peuvent provoquer des douleurs articulaires perturbant le sommeil et être à l'origine de réveils douloureux. Nous payons la nuit l'addition des erreurs de la journée[1].

---

1. La position assise prolongée favorise le diabète et l'apparition des cancers coliques et du rectum. Même si vous vous tenez droit, ce n'est pas bon pour la colonne vertébrale. Il nous faut une assise dynamique, bouger et se lever autant que l'on peut. Nous ne sommes pas faits pour le sur-place. Au bureau, utilisez tous les prétextes pour vous lever le plus possible. Ne vous installez pas avec tout sous la main en songeant « Je n'aurai plus à bouger », car c'est vous faire du mal. Passez un pacte avec vous-même en

Mettre tous les atouts de son côté...

À commencer par l'utilisation abusive du téléphone. Notre tête pèse 5 kilos. En la penchant à 45 degrés pour lire un texto sur le smartphone, on lui fait supporter un poids de 22 kilos. Sachant qu'une personne consulte en moyenne son appareil toutes les 18 minutes, imaginez les dégâts sur le corps. Le cou, les vertèbres cervicales et le haut du dos sont mis à rude épreuve. Cette zone subit une contraction si permanente que les sujets à ce genre de douleurs ont l'impression de porter toute la journée un piano sur les épaules. Or souffrir de façon permanente consomme de l'énergie vitale, stresse et contribue à s'épuiser. Donc à vieillir trop vite. Le risque majeur, à terme, est de ne plus pouvoir supporter la douleur et d'entrer dans le cycle infernal des anti-inflammatoires. Ce qui serait soulager les symptômes et non éradiquer la cause.

Afin de protéger nuque et colonne vertébrale, adoptez de bons réflexes : mettez des écouteurs ou utilisez le micro pour ne jamais coincer votre téléphone avec l'épaule. Pour consulter vos messages, placez le téléphone à hauteur de vos yeux ou faites-le assis devant l'ordinateur. Et n'hésitez pas à échanger des massages du cou avec votre partenaire ou avec vos amis : vous vous ferez mutuellement du bien[1].

Les plantes et le sommeil

Diminuer le temps pour réussir à s'endormir est toujours bénéfique. La nature nous y aide-t-elle ? Des études ont cherché à savoir si les fleurs ou plantes susceptibles de faciliter

---

vous disant que vous ne resterez pas plus d'une heure sans vous détendre les jambes. De plus, le mouvement aidera à lutter contre les douleurs lombaires.
1. Dans un autre domaine, une étude vient de montrer que l'utilisation fréquente du smartphone diminue la capacité d'interpréter de façon approfondie le sens d'une information. C'est comme si le fait de voir défiler des centaines d'infos finissait par rendre intellectuellement passif. On reçoit sans interpréter, avec un niveau d'indifférence grandissant.

l'endormissement connues depuis toujours avaient une efficacité réelle. De nombreux travaux se sont intéressés au jasmin et à la lavande. Et en ont déduit des vertus. Placez donc, sous votre taie d'oreiller, un sachet de plantes séchées ; vous jugerez par vous-même.

Cela vaut aussi pour les tisanes. Répertoriant celles censées favoriser le sommeil et l'endormissement ayant généré le plus grand nombre d'études scientifiques positives, j'ai constaté que c'est la valériane qui arrive en tête, plante dont les propriétés soporifiques sont connues depuis la Grèce antique. Le célèbre Hippocrate prescrivait déjà la racine séchée de valériane pour aider ses patients à mieux dormir. Testez une infusion une demi-heure avant le coucher, vous mettrez une chance de plus de votre côté pour déguster une bonne nuit.

Le marchand de sable est passé...

Une bonne nuit dont beaucoup traduisent le besoin et l'imminence en se frottant les yeux. À quoi tient ce geste anodin qui ne l'est pas réellement ? Au fait que lorsqu'on exerce une pression sur les globes oculaires, on active le nerf vagal, qui, lui-même agit sur le parasympathique, ralentit le rythme cardiaque et augmente la relaxation. Le marchand de sable, à cet instant-là, est donc vraiment en train de passer !

Les mauvaises habitudes à éradiquer pour dormir comme un bébé

Bien dormir est essentiel pour une bonne santé mais nécessite de perdre les mauvaises habitudes prises au fil des années.

Dormir avec une petite lumière dans la chambre ferait grossir

Dormir dans un lieu où persiste une source de lumière, la plus faible soit-elle, contrairement aux idées reçues, altère la qualité du sommeil. C'est pour cette raison que je recommande depuis longtemps le noir complet, avec rideaux et volets fermés, ou d'utiliser un masque occultant.

Certains scientifiques vont plus loin. Ils ont mis en évidence qu'un éclairage nocturne favorisait la prise de poids. Pourquoi ? Parce que nous sommes réglés comme des horloges, avec des cycles qui alternent entre veille et sommeil. Bien s'exposer à la lumière favorise le sommeil, tout comme le noir complet quand vient l'heure du coucher. Et ces cycles correspondent à des sécrétions hormonales, dont la mélatonine. La moindre lumière, ou la diode qui reste allumée, perturbe en fait cette harmonie hormonale. Dès lors, des nuits trop courtes ou de mauvaise qualité favorisent le grignotage, en particulier celui de produits sucrés et gras parce qu'il faut « tenir le coup ».

La nuit, la santé s'appelle sommeil

Si ce phénomène se répète jour après jour, le poids augmente progressivement hors des impacts hormonaux.

C'est pourquoi je préconise également d'utiliser des lumières tamisées avant de s'endormir : évitez ainsi l'éclairage trop fort de la salle de bains, qui réveille inutilement avant d'aller au lit.

Les oiseaux de nuit dépriment

Les personnes qui vont au lit vers 2 h 30 du matin, que ce soit pour des raisons professionnelles ou festives, ont tendance à déprimer davantage que les autres. Un effet enregistré à partir de 5 à 9 nuits consécutives et étayé par de nombreux travaux. Qui ont noté chez elles un temps de réaction plus lent et une capacité de concentration plus faible. Des scientifiques ont mis en évidence que si ces noctambules se couchaient deux heures plus tôt sans prendre de médicament, leurs performances et leur santé mentale s'en trouvaient grandement améliorées.

Mais comment réussir à se coucher tôt quand de mauvaises habitudes se sont installées ? Différentes techniques existent : s'exposer durant la journée à la lumière du jour, prendre ses repas à heure fixe, réduire sa consommation de café, éviter les siestes de plus de 30 minutes et faire de l'exercice physique chaque jour. Notons que si les couche-tard passent leurs soirées sur une application de rencontres – ce qui est souvent le cas –, ils seront encore plus tristes, focalisés sur leur apparence et gagnés par une piètre estime d'eux-mêmes. Plutôt que de vivre la nuit dans un monde virtuel, reprenez donc la main sur votre sommeil et votre vie sociale et sexuelle ; votre corps et votre moral ne s'en porteront que mieux.

Les mauvaises habitudes à éradiquer…

Les dangers des nuits fragmentées

De nombreuses personnes souffrent de nuits fragmentées. Certains se rendorment facilement lors de leurs fréquents réveils nocturnes, d'autres non. Dans certains cas, il existe des causes à ces réveils intempestifs répétés. Chez les hommes à partir de 45 ans, la prostate en est souvent la cause. Elle grossit, formant un adénome, qui oblige à se lever une à plusieurs fois la nuit. Si c'est votre cas, consultez un médecin qui vous indiquera un traitement adapté. Pour les deux sexes, il peut s'agir aussi de phénomènes d'anxiété, de dépression, de surmenage. Parfois, les nuits sont perturbées par la prise trop tardive de boissons excitantes comme le café, ou par des dîners trop lourds. La chambre à coucher peut aussi s'avérer trop bruyante ou trop chaude, ce qui empêche de dormir sereinement.

Quelle qu'en soit la raison, avoir des nuits durablement coupées est intenable. Il faut agir. Les scientifiques ont remarqué que, chez les 50 à 60 ans, les sommeils hachurés augmentaient de façon significative le risque de développer la maladie d'Alzheimer, avec un taux élevé de protéine Tau dans le cerveau, facteur de risque connu de ce mal. Le taux des molécules bêta-amyloïdes observées aussi dans l'Alzheimer et à l'origine des trous de mémoire se révélait aussi plus élevé. La qualité du sommeil n'est donc jamais à prendre à la légère.

Une étude de 2019 réalisée à l'université de Californie complète la précédente en pointant d'autres risques des nuits hachées chroniques. Dont la tendance à se mettre en retrait, à s'isoler, un facteur de déprime qui peut être le symptôme d'une dépression masquée sous-jacente, à l'origine d'un cercle vicieux.

*La cigarette du condamné aux insomnies :
l'heure où il ne faut jamais l'allumer*

Un autre facteur aggravant les nuits hachées a été identifié : le tabac. Chez ceux qui fument quatre heures avant de se mettre au lit, la nicotine intervient comme une paire de ciseaux découpant la nuit en morceaux. Or on la trouve dans les cigarettes classiques et dans celles électroniques ; associée à des boissons alcoolisées, l'effet augmente. Paradoxalement, le café, souvent accusé de tous les maux de nos nuits, joue un rôle seulement chez certains sujets.

Ne pas assez dormir perturbe les centres de décision

Ne pas dormir suffisamment entraîne l'exacerbation de la procrastination. La procrastination, c'est la tendance à remettre au lendemain ce que l'on doit faire le jour même. C'est ajourner et temporiser sans cesse. Ce n'est jamais le bon moment, il faut du temps pour y réfléchir…

Or des études attestent que les sujets qui souffrent de manque de sommeil et qui ont tendance à toujours être « sous contrôle » sont les plus sensibles à ce défaut. Mais déplacer à plus tard épuise car les choses à faire qui ne se font pas s'accumulent. La procrastination conduit, en définitive, à une forme d'immobilisme mal vécu, le sentiment de ne pas être efficace ou réactif dessinant progressivement une mauvaise image de soi.

Les gaz
dans la chambre à coucher

La nuit, nous émettons toutes sortes de gaz : certains émanent de notre respiration, d'autres d'ailleurs... Voici un tour d'horizon de ces invités aussi indiscrets que nocturnes.

Les gaz nocturnes nous concernent tous

La nuit, les muscles étant plus relâchés, des gaz peuvent être émis en dormant, à son insu. Parfois, ils sont sonores et en viennent à réveiller la personne qui dort à côté ou le dormeur lui-même, souvent ils ne font aucun bruit. Comment et faut-il s'en prémunir ?

Les personnes qui aiment les boissons gazeuses, qui mangent vite, qui consomment du chewing-gum émettent plus de gaz. Certains sucres de substitution dans les préparations sans sucre, comme le maltitol ou le xilitol, peuvent également donner des flatulences. Quant aux fumeurs, ils avalent plus d'air que les autres, donc libèrent aussi plus de gaz. Ajouté à l'haleine fétide du fumeur, l'excès de gaz n'est pas le meilleur atout séduction... Heureusement, une activité physique régulière de 30 minutes diminue de telles flatulences.

Rassurez-vous : si le sphincter anal est légèrement plus relâché la nuit, il ne laisse passer que de faibles quantités de gaz, jamais de matières fécales. La seule exception peut se situer en cas de diarrhée ou si un gaz trompeur fait courir un risque.

Les mauvais côtés du gaz carbonique

Qui ne s'est amusé, un jour, à mettre son nez sous la couette ou à respirer à travers son écharpe pour ne pas sentir une odeur désagréable. En cas de gaz nocturne intempestif, on le fait. Or, on a l'impression d'étouffer ; l'inconfort est tel qu'un besoin d'air frais immédiat nous gagne. Alors on sort de dessous la couette en état d'urgence, poussé par le besoin rapide de respirer à l'extérieur. Eh bien, c'est exactement l'inverse de l'état nécessaire à une bonne nuit.

Vous dormez dans une petite chambre bien isolée afin de respecter les économies d'énergie ? La porte est bien fermée pour ne pas être dérangé ? Les volets et rideaux sont clos, aucun filet d'air ne peut passer ? OK. Mais pendant 8 heures, vous allez respirer le gaz carbonique que vous expirez à chaque respiration. Si vous êtes deux au lit, multipliez d'autant la quantité inhalée. Si vous dormez avec votre chien ou votre chat, le taux augmente encore. Dans un même volume (celui de la chambre à coucher), si un gaz augmente (ici le gaz carbonique), l'autre gaz diminue (l'oxygène). Et plus il fera chaud, plus le carbonique occupera l'espace[1].

---

1. Il est cependant une situation où le gaz carbonique peut s'avérer bénéfique. Vous avez sans doute déjà vu des personnes dans des films respirer quelques instants dans un sac en papier en cas de crise de panique, d'anxiété ou de spasmophilie. Les sujets respirent très vite et se sentent oppressés avec une sensation de mort imminente. L'effet est très rapide. Respirer son propre gaz carbonique concentré déclenche un signal physiologique puissant : le ratio de l'acidité du sang et des gaz se modifie et la crise s'arrête. Si vous avez un excès d'anxiété, je conseille d'utiliser une version plus douce : mettez vos deux mains comme si elles formaient un masque qui couvre la bouche et le nez. Quelques respirations dans ces conditions, et vous verrez vos bouffées d'angoisse disparaître.

Les gaz dans la chambre à coucher

L'ennui, c'est que tout ce gaz va perturber votre sommeil, vous conduire à des difficultés d'endormissement et à des réveils précoces. Pour résoudre le problème, rien de plus simple : penser à aérer votre chambre avant de dormir et le matin au réveil. Si vous n'habitez pas sur une rue bruyante et polluée, l'idéal est même de laisser entrer un peu d'air dans la chambre la nuit. L'air se renouvellera régulièrement et vous bénéficierez d'une atmosphère saine.

Des chercheurs néerlandais d'Eindhoven ont démontré les vertus des nuits fenêtre ouverte. En comparant la durée et la qualité de sommeil de volontaires sains selon qu'ils dormaient avec la fenêtre fermée ou entrebâillée, ils ont découvert un taux de CO_2 de 717 ppm dans le second contre 1 150 ppm dans le premier. Et mis en évidence combien les quantités inférieures favorisaient un sommeil plus profond entrecoupé de moins de réveils nocturnes.

Dernier conseil : le matin laissez votre lit défait et ouvrez la fenêtre pour offrir une bonne aération à vos draps. Ainsi, l'humidité liée à la transpiration nocturne s'évacuera facilement et vous créerez un environnement inhospitalier aux acariens.

Les plantes et le sommeil (suite)

Les plantes qui embellissent la chambre à coucher – certains en mettent – apportent aussi leur dose de gaz. Dans la journée, elles s'alimentent avec la lumière, c'est la photosynthèse. La nuit, ce mécanisme s'arrêtant, elles absorbent de l'oxygène et rejettent du gaz carbonique, en faible quantité.

Le Pr Park, de l'université du Kansas, a cherché à savoir si elles avaient un aspect bénéfique, placées dans cette pièce. Il a étudié 90 patients opérés d'une crise hémorroïdaire, dont la chambre d'hôpital avait été ornée de plantes et de fleurs. Et noté que les sujets ressentaient moins la douleur, étaient moins anxieux, moins fatigués et montraient une pression artérielle légèrement plus basse dans cette situation.

Des scientifiques japonais ont même découvert, de leur côté, que le lis de la paix avait la capacité de diminuer certains toxiques comme les toluènes et xylènes. Avec ses longues feuilles et ses fleurs blanches qui diffusent un parfum léger et agréable, cette plante fait donc une décoration aussi parfaite que bénéfique pour les chambres à coucher !

Libérer des gaz en dormant augmente-t-il la pollution de la chambre ?

Chaque individu libère chaque jour entre un demi-litre et un litre et demi de gaz, en 12 ou 25 fois. Parfois, sans bruit et sans odeur, parfois avec sons et malodorance. Le gaz fait, en tout cas, partie de la digestion normale.

Ceux qui ne sont pas encore sortis des intestins peuvent faire souffrir. Imaginez un ballon allongé que vous gonflez en soufflant. Si vous dessinez au feutre noir des traits sur sa surface, vous les verrez s'allonger tandis que le ballon se distend. C'est ce qui arrive dans les intestins : recouverts de nerfs qui, s'ils sont distendus par de l'air, envoient un message de douleur au cerveau, en évacuant ces gaz, la douleur cesse et le ventre devient plus plat.

L'étrange effet des gaz intestinaux

Des scientifiques britanniques se sont intéressé à un gaz intestinal en particulier : le sulfure d'hydrogène (H_2S). Qui, émis, ne sent pas bon du tout. Vous connaissez cette odeur, c'est le fumet d'œuf pourri, fréquent dans certains pets malodorants. Ils ont noté que ce gaz, à faible dose, avait un effet protecteur des cellules humaines. Qu'il intervient sur la vie ou la mort

Les gaz dans la chambre à coucher

de certaines d'entre elles et diminue leur inflammation. Plus précisément, les actions de protection de ce gaz se concentrent au niveau des mitochondries, qui correspondent aux centrales énergétiques des cellules. En poussant plus loin les tests, des effets potentiellement bénéfiques dans la lutte contre les maladies cardio-vasculaires et neurodégénératives ont même été mis en évidence.

Rappelons que ces expérimentations ont été réalisées avec des doses minimes de ce gaz et que, à forte quantité, celui-ci devient toxique.

Le brocoli, malodorant mais anticancer efficace

La consommation de brocolis, choux, chou-fleur, chou kale, haricots, lentilles, génère – on le sait depuis toujours – des gaz intestinaux souvent malodorants. Parmi ces légumes, les brocolis remportent la victoire haut la main. Mais ne nous arrêtons pas à l'odeur, car de très nombreuses études scientifiques ont établi le lien bénéfique entre la consommation de brocolis et la baisse de fréquence des cancers, dont ceux du côlon et de la prostate (résultat que le brocoli partage avec le champignon, d'après de récentes études scientifiques nippones).

Ce point est important. La consommation de légumes riches en fibres étant toujours mise en avant pour une bonne santé, pourquoi le brocoli représenterait-il un anticancer plus efficace encore ? Parce qu'en manger régulièrement va jouer sur la flore intestinale en augmentant en nombre les bactéries protectrices, pour une grande part à l'origine des gaz odorants. Le brocoli, connu depuis plusieurs siècles – autrefois, il se nommait « asperge italienne » – contient une substance, le sulforaphane, qui aurait des propriétés anticancers.

L'intérêt des chercheurs pour ce légume est vaste. Surprenant, même. En consultant PubMed, base de données qui répertorie sur Internet toutes les études scientifiques internationales effectuées, j'ai constaté que plus de 17 000 d'entre elles concernaient ce légume ou ses composants ! Un vieux proverbe dit : « Il n'y a pas de fumée sans feu. » Dans ce cas, je le crois volontiers.

Le brocoli agit surtout sur les cancers du côlon, du rectum, de la prostate, du sein, de l'estomac et du poumon. Le composé qu'il contient est aussi efficace au niveau de l'estomac pour lutter contre *Helicobacter pylori*, à l'origine des ulcères gastriques. Quand on sait que ces derniers, méconnus et non traités, sont un facteur de risque des cancers de l'estomac, n'hésitez plus : abusez du brocoli.

Quand et comment manger du brocoli ?

Je propose donc de mettre plusieurs fois par semaine des brocolis dans votre assiette. Pour bénéficier au mieux de leurs effets bénéfiques, il faut éviter de trop les cuire. La cuisson idéale est *al dente* à vapeur douce, qui leur permet de conserver leur couleur vert intense.

L'efficacité du système immunitaire, qui nous préserve des agressions quotidiennes – virus, cellules cancéreuses ou encore certains toxiques –, diminue avec l'âge. Nos choix alimentaires feront, à terme, basculer la balance de la santé du bon ou du mauvais côté. Rien n'est donc plus simple que de garder les cartes en main en consommant des aliments dont l'efficacité sanitaire a été scientifiquement prouvée. Par exemple, des chercheurs allemands viennent de démontrer que les épinards contiennent une molécule (l'ecdystérone) qui augmenterait la masse musculaire.

J'ajoute enfin que le brocoli ne fait pas du tout grossir, avec 35 calories aux 100 grammes (contre 321 calories pour des frites). Il apporte aussi environ 50 milligrammes pour une tasse de vitamine C, quand une orange en contient 70. En outre, il est riche en certaines fibres qui améliorent le transit et luttent contre la constipation. À quand le remboursement de ce légume par la Sécurité sociale !

HUITIÈME PARTIE

LES MÉDECINES
DU BOUT DU MONDE

Comment vivre mieux en regardant ailleurs

La médecine est universelle. Cet art de soigner, aux quatre coins de la planète, il existe pourtant d'autres façons de le mettre en œuvre pour guérir et protéger des maladies. Dont nous pouvons à la fois apprendre et tirer de sains enseignements. Afin de parfaire votre « formation », je vous invite à aller, avec moi, à leur rencontre.

Ce que nous enseignent nos gènes

Dans le terme *soigner*, il y a *soi*. Là est le début de votre histoire, celle d'une médecine uniquement à vous destinée.

Un code génétique unique

Nous sommes tous différents. La preuve, chacun des 7 milliards d'habitants de la planète possède un code génétique unique – à l'exception des vrais jumeaux[1]. Les polices ont bien compris l'utilité de cette particularité, puisque, grâce à une goutte de salive prélevée sur une scène de crime, elles parviennent à reconnaître et confondre un assassin. Je pense même que, dans les années à venir, les papiers d'identité seront remplacés par des tests génétiques en temps réel, totalement fiables mais aussi... totalement inquiétants. Car nous serons fichés, ce qui mettra à disposition des autorités la connaissance de nos points forts et faibles biologiques. De quoi faire froid dans le dos.

---

1. Monozygotes.

Le destin génétique n'existe pas

De ce code génétique spécifique ne découle pas un destin génétique individuel, comme l'étude des santés à long terme de véritables jumeaux l'a démontré. De fait, un jumeau qui opterait pour une vie saine – activité physique quotidienne, alimentation équilibrée –, tandis que son frère se prélasserait dans une existence sédentaire, tabagique, trop alcoolisée lui faisant endurer un excès de poids, ne verrait pas la fréquence de ses maladies ou son espérance de vie ressembler à celle de son jumeau.

Dès lors, une bonne nouvelle apparaît : rien n'est joué à la naissance. Selon le mode de vie, nous pouvons éteindre ou allumer nos bons ou mauvais gènes, comme on appuierait sur un interrupteur pour mettre ou pas en marche une maladie. Je reconnais qu'il existe quelques exceptions, puisque nous avons forcément en tête l'histoire d'un centenaire qui a pourtant fumé, bu et détesté le sport sa vie durant, ou celle de cette connaissance, au mode de vie exemplaire, emportée jeune par un cancer foudroyant. C'est vrai : il existe une toute petite part de la population – moins de 5 % – qui, à la naissance, tire les bonnes ou récupère les mauvaises cartes. Mais les uns disposent de gènes protecteurs puissants et les autres en possèdent, à l'inverse, des agressifs qui prédisposent de manière précoce aux maladies. La moralité, la justice, en santé, n'existent pas.

Un dépistage précoce pour une meilleure prise en charge

Grâce aux avancées récentes de la médecine, nous pouvons détecter certaines de ces défaillances, les observer et agir le plus rapidement possible en cas de déclenchement de pathologies. Ainsi, les femmes qui savent que, dans leur famille, de mère en fille apparaissent des cancers du sein, font dorénavant des tests génétiques, déclenchent un monitoring minutieux de leur poitrine et se surveillent de près. Certaines, comme une célèbre actrice américaine détentrice du gène du cancer du sein, en viennent à choisir de subir une ablation totale des seins pour éliminer cette épée de Damoclès, les prothèses mammaires implantées après l'opération corrigeant leur préjudice esthétique. Dans le cas de telles maladies, la science-fiction se rapproche de la science, et ce que l'on n'osait imaginer survient : des pas de géant dans la prise en charge du patient ont été réalisés.

Une avancée technologique : CRISPR-Cas9

CRISPR-Cas9 en est un bel exemple. Derrière ce nom barbare se cache une prouesse technologique réalisée par deux chercheuses, équivalente, en médecine, au premier pas de l'homme sur la Lune ou à l'apparition des premières machines volantes. Ces deux scientifiques sont en effet parvenues à enlever un mauvais gène et à le remplacer par un autre, un bon !

La boîte à outils du futur existe déjà !

L'ayurvédique :
une pratique millénaire d'actualité

Les fulgurantes avancées technologiques actuelles ne doivent pas pour autant nous faire oublier ou négliger les leçons du passé. Je vous propose même de plonger 5 000 ans en arrière, pour nous rendre en Inde où est née la médecine ayurvédique. Dont l'approche m'a captivé parce qu'elle est construite à partir de chaque individu et répond à ses besoins spécifiques.

Il s'agit en effet d'une façon de soigner bienveillante, qui privilégie la compréhension de l'environnement d'une personne ainsi que ses fondamentaux psychologiques avant d'en venir à soigner les symptômes qui l'ont fait venir. En un mot, la médecine ayurvédique vise à savoir pourquoi une maladie s'est déclarée un jour et à connaître les raisons profondes de son apparition plutôt qu'à en traiter les seuls effets.

L'harmonie

Pour la médecine ayurvédique, la maladie est une rupture d'équilibre entre ce que l'on est et le monde qui nous entoure, une faille dans l'harmonie entre son moi profond et ce que l'on vit au quotidien. Comme si on obligeait une personne à porter des vêtements qui ne sont pas à sa taille, à prononcer des paroles qui ne sont pas les siennes, à adopter des attitudes qu'elle n'aime pas tout en vivant au milieu d'êtres trop différents d'elle. Cette

L'ayurvédique : une pratique millénaire d'actualité

médecine cherche la vérité intrinsèque de chacun en traquant le mensonge, les faux-semblants, l'environnement qui la cachent, l'étouffent ou la contredisent.

L'approche ayurvédique

La médecine ayurvédique cherche d'abord à comprendre qui nous sommes, quelle est la nature de nos fondamentaux. Un principe étranger à nos esprits occidentaux, qui peinent à appréhender cette pratique ancestrale mariant philosophie, spiritualité, psychologie, sociologie et empirisme. Or, bien des civilisations la voient comme un socle, comme une sorte de carte d'identité capable de définir l'individu et de mieux saisir ce qui lui arrive à travers ce qui lui est arrivé ou arrivera.

Pour tenter de comprendre, je suis parti là où toute l'histoire a commencé – en Inde – à la rencontre des héritiers spirituels de l'ayurveda. La tradition orale étant importante là-bas, il me paraissait essentiel d'échanger avec les médecins qui la suivent et les patients qui en bénéficient. Puisqu'elle est une volonté de connaître et de soigner l'individu dans toutes ses dimensions, à moi de faire pareil avec elle. Un postulat de base très éloigné, là encore, de notre mode de pensée occidental, qui range tout dans des cases hermétiques les unes aux autres, alors que, pour bien soigner, l'ayurveda prône de connaître l'âme et le corps de chaque patient, de considérer ce dernier dans sa globalité et non en se concentrant juste sur un symptôme. La médecine en question réveille et active la force du mental en amont pour protéger l'individu des maladies et les soigner. Nous, nous soignons plutôt après, et chaque discipline ne doit pas « empiéter » sur l'autre.

La puissance des énergies

La médecine ayurvédique prend ses racines dans la compréhension des énergies de chaque individu. Lesquelles énergies nous protègent et nous font avancer. Plus leur niveau est élevé, plus nous devenons puissants et invincibles. Clé de la santé, cette énergie est comme l'eau dans le désert, un élan vital. C'est notre libido, notre envie de découvrir et de nous régénérer, notre force intérieure en somme.

Si l'on accepte ce parti pris, le regard que l'on porte autour de soi et notre compréhension des autres changent. Observez autour de vous et pensez aux personnes que vous connaissez uniquement en termes d'énergie. Et vous admettrez que leur façon de vous dire bonjour, l'intensité de leur présence en révèlent beaucoup sur elles. Pour mémoire, une étude scientifique a montré que les individus qui serraient la main avec mollesse avaient une espérance de vie plus courte que ceux qui la saisissaient fermement.

L'ayurveda répertorie cinq centres d'énergie majeurs : l'air, le feu, l'eau, la terre et l'éther, symbole de tout ce qui peut irradier avec l'air, des énergies invisibles. À partir de ces cinq éléments, la médecine décline des profils définissant des types humains. Au nombre de trois : Kapha, Pitta et Vata.

Vata, c'est la mobilité avec une forme d'instabilité, la créativité et la curiosité, la capacité à passer rapidement d'une chose à une autre. Pitta correspond à quelqu'un qui assimile et digère les aliments et les idées de façon équilibrée. C'est l'enthousiasme et la concentration, le goût de l'étude. Kapha regroupe les sujets bons vivants et peu stressés, sujets à l'embonpoint, bénéficiant d'une force tranquille et bienveillante.

Dès lors, selon le profil individuel déterminé, découlent différentes façons de vivre et de s'alimenter destinées à redonner à l'individu la cohérence entre ce qu'il est et ce qu'il vit.

L'ayurvédique : une pratique millénaire d'actualité

Les principes fondamentaux

Dans les textes originels en sanskrit revient fréquemment l'expression *swastha*, qui signifie à la fois « santé » et « connecté à soi-même ». C'est le message fondateur de cette médecine ancestrale, sa dimension préalable aussi : soyez à l'écoute de vous-même. Une école du bon sens en vérité. Ainsi, clamer qu'il faut manger seulement si on a faim et ne pas compenser le stress par des pulsions alimentaires destructrices parle à tous, toutes civilisations ou cultures confondues.

L'autre dimension essentielle de l'ayurveda est contenue dans le mot sanskrit *samprapti*, qui signifie la « naissance de la maladie ». En d'autres termes, il invite à s'interroger sur la raison pour laquelle survient une maladie, sur le sens de l'infection qui nous frappe, sur la signification de l'épreuve que nous subissons. Que s'est-il passé pour en arriver là ? Pour bien soigner, le patient et le praticien doivent répondre ensemble à cette question. S'ils ne connaissent pas la raison d'un mal, ils ne détiennent pas les bonnes clés pour le guérir. Et sans cette connaissance, tenter de soigner reviendrait à écoper l'eau d'un bateau sans boucher le trou dans la cale à l'origine de l'inondation. D'où un naufrage assuré.

Passer l'environnement au crible

Considérant que c'est en explorant les racines de la maladie que l'on comprend la raison de son apparition, pour réussir il faut intégrer l'environnement global du malade dans la réflexion. Et passer à la loupe son mode de vie, son alimentation, son sommeil, sa sexualité, son activité physique, ses relations familiales, sociales, professionnelles. Savoir intégrer dans l'analyse les rituels familiaux, la culture du pays et la spiritualité que chacun porte en lui. Parfois, l'explication d'une pathologie se trouve enfouie dans des souvenirs oubliés. Sans en avoir conscience, de simples phrases répétées par les parents au cours de l'enfance peuvent être à l'origine des maux de l'adulte.

L'exemple de l'obésité

Prenons un exemple, chez nous, en évoquant des problèmes d'obésité qui résisteraient à tous les régimes. Et montons dans la machine à remonter le temps avec en tête ce prisme ayurvédique spécifique. Que voit-on ? Qu'entend-on ?
Une mère qui, à table, dit à son enfant : « Finis ton assiette pour faire plaisir à Maman. » Donc une phrase d'apparence anodine. Mais qui, analysée avec ce recul, s'avère dévastatrice. L'enfant n'a peut-être ni besoin de manger ni faim, mais il doit le faire pour conserver l'amour maternel. Une fois adulte, il passera à table même s'il n'a aucune envie d'avaler quoi que ce soit et terminera ses plats même s'il ne les aime pas parce que son inconscient lui aura dicté de continuer à être le bon fils ou la bonne fille devant se faire aimer. Un réflexe psychologique levier puissant de l'obésité, laquelle est vectrice de nombreux cancers et maladies cardio-vasculaires. Cet exemple explique pourquoi 95 % des régimes échouent à moyen terme : car ils se résument à mettre une rustine sur une fuite sans chercher l'origine de cette fuite.

Le cas du diabète

« Tu seras privé de dessert si tu n'es pas sage », « Tiens, voici un paquet de bonbons. C'est la récompense de tes bonnes notes »... Toute la vie, ces paroles entendues maintes fois durant l'enfance vont résonner dans notre cerveau. Et devenus adultes, chaque fois qu'un stress surviendra beaucoup compenseront en ingurgitant tous les produits doudous à portée de main : gâteaux, confiseries, Esquimaux... Prendre systématiquement du sucré en fin de repas revient à s'adresser le message

L'ayurvédique : une pratique millénaire d'actualité

– inconscient – suivant : « Tu fais tout bien, tu mérites un dessert. » Alors la consommation de sucre se fait excessive, et le pancréas, mis à rude épreuve, doit sécréter des quantités astronomiques d'insuline pour y faire face.

Rappelons ces chiffres alarmants : le diabète touche aujourd'hui 422 millions de personnes dans le monde et en tue 1,5 million chaque année. Jusqu'à 30 % des humains sont diabétiques sans le savoir. Les risques de cancers, de maladies cardio-vasculaires, d'infections et même de cécité chez les malades montent en flèche. Le diabète de type 2, largement le plus répandu, touche les hommes et les femmes souvent vers 50 ans. Or, la plupart du temps, retrouver son poids *via* une alimentation équilibrée et de l'exercice physique quotidien permet sa disparition, sans séquelles.

Chercher à comprendre – à la mode ayurvédique – pourquoi ce type de diabète survient, c'est augmenter ses chances de guérison de façon spectaculaire en devenant acteur de sa santé. C'est aussi se libérer des chaînes invisibles qui nous privent de notre liberté intérieure et ruinent notre santé.

Sans ce travail en profondeur, les mêmes erreurs se reproduiront sans cesse. En ce sens, l'ayurveda nous ouvre une passionnante voie de réflexion.

Être riche et se sentir riche

L'ayurveda incite à nous mettre en connexion avec nous-même afin que notre vie corresponde à qui nous sommes. Une voie royale vers une santé durable et le vrai bonheur.

Or la société actuelle, par la publicité et les réseaux sociaux, pousse à l'inverse. À posséder le plus de biens possible dans le but – illusoire – d'accéder à des mondes de rêve. En acquérant une automobile dernier modèle, la crème pour la peau dernier cri, le yaourt ou la boisson de la famille parfaite, vous pensez entrer dans le cercle magique des gens qui ont réussi. Mais ces succès de supermarché seront éphémères et vous retomberez vite dans le quotidien.

Dès lors, cessez de vous comparer aux autres, à ceux qui ont votre âge et plus que vous. S'ils projettent une lumière crue sur une condition actuelle qui vous semble misérable, si les voir ou les regarder remet en question ce que vous êtes en tant qu'individu, réagissez avant que la jalousie qui vous ronge ne vous rende malheureux. Qui n'a jamais entendu « Il y a quand même une justice », « C'est bien fait », phrases prononcées avec une joie malsaine et jubilatoire lorsque des stars, des hommes politiques ou des businessmen se retrouvent à la rue après avoir vécu parmi les étoiles ? Tout le monde. Mais ce goût du sang, qu'apporte-t-il ? Rendent-elles plus riches financièrement et humainement ces paroles vengeresses ?

Vouloir toujours plus, et surtout mieux que son voisin, ne rend pas heureux, bien au contraire. Car se dessine un cercle vicieux : plus vous aurez, plus vous voudrez, quel que soit le niveau de richesse en biens matériels atteint. Et un malaise constant et sourd persistera en toile de fond. C'est là que l'ayurveda intervient : elle pousse à aller à la rencontre de ses véritables besoins et non à copier ceux des autres. Elle donne la recette pour nous libérer de la publicité et du marketing commercial, qui n'existait pas voici 5 000 ans !

Apprenons à apprécier ce que nous possédons

Je suis frappé du nombre de personnes qui enchaînent des journées sans se poser ne serait-ce qu'une minute afin d'analyser les plaisirs qu'elles ressentent. Après un repas, recherchons ce qui nous a procuré le plus de plaisir ; après un rapport amoureux, concentrons-nous sur la plus belle sensation ; après avoir rencontré des amis, pensons à ce qu'ils nous ont le plus apporté ; en sortant du cinéma, revoyons mentalement la plus forte scène du film...

L'ayurvédique : une pratique millénaire d'actualité

Prenez l'habitude d'analyser vos sensations positives. Et de savourer ce quelque chose de précieux que personne ne pourra vous voler et qui s'inscrit non dans le cycle des plaisirs éphémères mais dans le paradis des instants durables. Vous gagnerez en sérénité et bienveillance auprès des gens qui vous entourent. Le stress et l'anxiété génératrices de tant de maladies s'éloigneront pour libérer votre pureté intérieure. Vous laisserez s'exprimer le meilleur de vous-même et irradierez comme un soleil. Vous connaîtrez en fait le vrai plaisir des gens heureux. En quelques minutes par jour, vous construirez le plus beau des mondes, bâtirez le système de valeurs qui vous correspond, ne vivrez plus en essayant de faire comme les autres mais selon vos propres critères. Vous ne chercherez pas à entasser inutilement des choses qui ne servent à rien. Pensez aux oiseaux migrateurs : eux voyagent sur de longues distances sans aucun bagage.

Une étude vient d'être réalisée à propos de la richesse. Des scientifiques ont posé la question suivante à des personnes considérées comme riches : « Comment en êtes-vous arrivé là ? Est-ce votre talent et vos compétences ou la chance ? » Très largement, les interrogés ayant financièrement réussi ont mis en avant leurs compétences même lorsque leur richesse relevait objectivement de la chance. Pourquoi ? Parce qu'ils aiment à souligner avoir travaillé dur pour en arriver là et préfèrent réécrire l'histoire à leur façon. À l'inverse, les personnes en situation d'échec soulignent de façon constante qu'elles n'ont pas eu de chance. Comme quoi, gagnant ou perdant, l'être humain occidental pense d'abord à préserver son image de lui, coûte que coûte.

Vivre d'amour et d'eau fraîche, mais où ?

La durée de vie en bonne santé dépend, aussi, de l'endroit où l'on vit. La pollution des villes fait perdre des années, mais, parfois, des zones éloignées de toute source de pollution présentent aussi des risques mortels.

Ainsi, parmi les éléments naturels à prendre en compte, il y a l'altitude. Les personnes qui vivent en montagne bénéficient de certains atouts. Mais pas que.

Les bienfaits de l'altitude

L'altitude est, globalement, une bénédiction pour la santé. Des études ont montré une diminution de la mortalité par cancers et maladies cardio-vasculaires des personnes âgées de 45 ans en moyenne vivant en montagne. Avec un taux masculin de 47 pour 10 000 contre 213 pour 10 000 dans les villes et vallées ; et un taux féminin de 50 contre 179. Les Suisses ont aussi, de leur côté, remarqué que plus l'altitude était élevée, plus le risque cardio-vasculaire se montrait faible. Des scientifiques américains ont constaté que, aux États-Unis, plus l'altitude de résidence augmente, plus le taux d'obésité diminue. D'autres équipes ont indiqué des taux de mortalité par cancer du côlon chez l'homme ou de cancer du sein chez la femme en nette diminution si l'on vit haut.

Vivre d'amour et d'eau fraîche, mais où ?

D'autres chercheurs ont mis au jour que l'eau et l'air autour des cascades présentaient des taux d'ionisation élevée. Et que respirer cet air différent, plus pur, améliorerait l'activité des lymphocytes NK (*Natural Killer*) de l'immunité innée.

Respirer l'air pur

On le constate et les travaux scientifiques convergent : les populations vivant en altitude ont moins de cancers que les autres. Plusieurs pistes expliqueraient ce phénomène : la diminution du taux d'oxygène, l'ionisation de l'air, la rareté de la pollution atmosphérique. Auxquelles il faut ajouter la plus grande facilité de pratique d'une activité physique. Et comme je l'ai indiqué dans d'autres chapitres de cet ouvrage, en se dépensant davantage, on lutte contre l'obésité, facteur de risque de cancers. La qualité du silence joue également grâce à l'effet antistress puissant qu'elle produit. Des scientifiques américains ont montré qu'au Colorado et en Utah l'espérance de vie était la meilleure, avec une altitude moyenne de 1 819 mètres, grâce à cet atout apaisant.

De fait, il suffit de se promener en montagne, et ce aux quatre coins de notre planète, pour savourer la pureté originelle qu'elle conserve. Les zones de montagne isolées offrent des paysages merveilleux pour se ressourcer. Loin des pollutions sonores et lumineuses, heureux de pouvoir admirer, la nuit, les étoiles, purifiés par l'air qui s'engouffre dans nos poumons et fournit à l'organisme une sorte de cure détox aidant à mieux se régénérer, on renaît. Les effets bénéfiques en cascade ne manquent pas : étant moins stressés, nos comportements alimentaires changent, se régulent naturellement, et nous cessons de grignoter pour rien. L'eau des montagnes incite même à ne plus boire de boissons sucrées, puisqu'il n'est plus nécessaire de masquer un goût insipide.

Le paradoxe de l'oxygène

Pour autant, gardons-nous d'un tableau par trop idyllique et de quelques idées reçues. Oui, l'oxygène respiré est nécessaire à la vie, mais n'oublions pas qu'en excès et non « naturel », surdosé, il n'est pas sans danger. Il y a quelques années, les métropoles ont vu fleurir des bars à oxygène. Les personnes inhalaient des bouffées de ce gaz tout en prenant un verre. L'idée était d'oxygéner son organisme pour mieux affronter la pollution urbaine. Or cet apport ponctuel ne présentait aucun avantage pour la santé, pire, il était néfaste, le trop étant l'ennemi du mieux. Une expérience simple résume tout : prenez une bougie et augmentez l'oxygène ambiant, elle brûlera deux fois trop vite.

L'oxygène à des concentrations élevées est en fait toxique pour le poumon. Et respirer fait vieillir ! Parce que ce gaz agit comme un poison en nous oxydant un peu plus à chaque respiration, provoquant la rouille progressive du corps qui accélère son vieillissement. Il est donc contre-productif de forcer la dose.

On constate par ailleurs l'utilisation de plus en plus fréquente de protoxyde d'azote, communément appelé « gaz hilarant », chez les jeunes. S'il est connu depuis longtemps des anesthésistes, utilisé sous forme de cartouche, de façon récréative et sans surveillance médicale, il comporte des risques neurologiques graves qui peuvent engager le pronostic vital.

Le manque d'oxygénation des tissus humains s'observe facilement : un sujet anémique dont le taux de globules rouges est bas devient pâle. Le meilleur exemple est le teint gris des fumeurs qui respirent directement des produits de combustion nocifs.

Lorsque quelqu'un est atteint de polyglobulie : son taux de globules rouges vecteurs d'oxygène est trop élevé, et l'excès de globules rouges, reconnaissable au teint pourpre des malades, accroît les risques vasculaires et de thromboses.

Vivre d'amour et d'eau fraîche, mais où ?

L'altitude augmente, les flatulences aussi

L'altitude provoque aussi des désagréments disons secondaires, mais peu agréables. Ainsi, vous avez déjà dû constater, si vous avez pris l'avion, l'apparition soudaine de ballonnements, gaz, etc. Et difficile, confiné dans la carlingue, de se libérer de ce genre de dérangements... Le phénomène existe aussi en montagne, les problèmes de promiscuité en moins !

L'explication est mécanique et simple : avec l'altitude, la pression atmosphérique diminue, alors que la pression à l'intérieur des intestins demeure constante. Résultat : les gaz intestinaux peuvent monter en puissance... Le terme médical, c'est HAFE : *High altitude Flatus Expulsion*. Tout un programme ! Un feu d'artifice qui n'apparaît qu'à partir de 3 500 mètres.

*

Globalement, on le voit, les vertus de la montagne sont bien plus vastes que leurs inconvénients. Mais si vous hésitez encore à faire vos valises pour aller vous mettre au vert en altitude, une dernière étude achèvera vraisemblablement de vous convaincre. Des scientifiques ont démontré qu'à peine trois semaines d'exposition à la pollution urbaine proche des routes fréquentées provoquaient, chez la souris, des inflammations pulmonaires significatives. Trois semaines ! Une belle raison supplémentaire de vivre le plus éloigné possible des voies de circulation.

L'énigme de la Sardaigne

Arriver à franchir le cap des 100 ans en bonne santé est enthousiasmant. Mais, à 100 ans, les chances d'atteindre 110 ans sont seulement de 1 pour 1 000. Le club des super-centenaires est donc particulièrement fermé. Mais comment font-ils pour en arriver là ? Quel est leur secret ? Si nous le découvrions, ne suffirait-il pas de les imiter pour réussir, comme eux, à résister au temps ?

Il existe, sur la planète, des zones bleues où l'on compte un grand nombre de centenaires et super-centenaires par habitant. L'île d'Okinawa au Japon, la péninsule de Nicoya au Costa Rica, Loma Linda en Californie – avec notamment la présence de la communauté adventiste du septième jour – ainsi que la Sardaigne en font partie. Et toutes, on s'en doute, intriguent et intéressent les scientifiques, désireux d'analyser et comprendre leur taux de longévité bien supérieur à la moyenne.

Personnellement, j'ai choisi de focaliser mes recherches sur l'île méditerranéenne, car celle-ci est à la fois proche de nous géographiquement mais aussi culturellement. Peut-être, là-bas, décèlerai-je des astuces, des comportements plus aisés à rapporter et mettre en place chez nous que si j'allais étudier les modes de vie nippons. Je me suis donc rendu sur place pour rencontrer les habitants, échanger avec eux, les écouter, découvrir leurs habitudes, leur alimentation, leur façon d'être et de vivre, bref, comprendre pourquoi ils vivaient si bien et si longtemps. J'ai parcouru les cimetières sardes pour regarder les dates de naissance et de décès. Et découvert des éléments auxquels je n'aurais jamais songé si je n'avais fait tout ça.

Une activité physique régulière

Les différents entretiens que j'ai réalisés ont d'emblée fait émerger un point commun aux centenaires et super-centenaires de l'île : la pratique d'une activité physique régulière. Ne vous méprenez pas, la Sardaigne n'est évidemment pas le paradis des salles de sport. Mais sa géographie contraint les Sardes à bouger. Les habitants vivent, pour la plupart, dans de gros villages situés autour de 500 mètres d'altitude. Les rues, souvent escarpées et étroites, ne se prêtant pas à la circulation automobile, ils doivent tous se déplacer à pied, qu'il s'agisse de faire leurs commissions ou de visiter famille et amis. J'ai estimé à environ une demi-heure quotidienne cette activité.

Or voilà un point essentiel puisque l'on sait combien, chez les personnes âgées, la fonte musculaire s'accélère, les muscles perdant de la densité au rythme de 2 % par an. Sans activité physique, les sujets bougent moins facilement, les corps deviennent moins souples, ils font des chutes qui provoquent des fractures qui conduisent à devenir progressivement grabataire.

Alors que bouger, en Sardaigne, est aussi naturel que boire ou respirer. Un élixir précieux pour freiner le vieillissement.

Deuxième point commun : l'effet grand-mère

Là-bas, j'ai par ailleurs rencontré des familles construites sur le modèle Melis, une lignée locale célèbre pour son nombre élevé de centenaires. Chez les Sardes, en effet, les générations ne se dispersent pas mais se juxtaposent. Les enfants, les parents et les grands-parents vivent sous le même toit ou très près les uns des autres, les maisons de retraite où les personnes âgées attendent la mort n'existant pas.

Or de nombreuses études ont montré que l'espérance de vie des grands-mères qui habitaient avec leurs petits-enfants ou qui les voyaient quotidiennement augmentait. Comme se sentir utile donne un sens à la vie, comme pouvoir transmettre son expérience afin qu'elle ne meure pas génère un bien-être mental bénéfique pour la santé, la disposition psychologique de ces femmes les rajeunit. Les parents disposant de moins en moins de temps pour l'éducation des enfants, ce sont les grands-mères qui prennent dans certains cas le relais, jouant un rôle clé dans leur développement. Du donnant-donnant gagnant-gagnant puisque faire découvrir et parler de ce que l'on sait oblige à valoriser ce que l'on a vécu et renforce l'estime de soi.

Le deuxième bénéfice qu'ont constaté d'autres scientifiques est que les enfants qui voient leurs grands-mères tous les jours sont moins souvent malades. Comme si l'affection transmise par les mamies était un baume qui les préservait.

J'oserais une troisième explication, compatible avec les précédentes. J'ai noté souvent que les règles d'hygiène, qui, je le rappelle, nous protègent de nombreuses pathologies, n'étaient plus enseignées aux enfants ni par les parents ni par les enseignants. Alors qu'elles sont très bien connues des grands-parents, qui les transmettent comme autant de règles à suivre. Les bonnes habitudes telles que se laver les mains en sortant des toilettes ou avant de passer à table diminuent la fréquence des infections ORL, respiratoires, gastro-entérites et grippales.

Troisième point commun : la communauté

Il existe un autre lien – c'est le cas de le dire – susceptible d'expliquer la durée de vie en bonne santé supérieure en

Sardaigne : l'esprit de groupe, le « faire communauté ». Dans les villages sardes, les habitants se parlent pour de vrai, prennent des nouvelles les uns des autres en se rendant chez leurs voisins et/ou leurs amis régulièrement. C'est Facebook à ciel ouvert, l'humanité en plus ! Les liens sociaux sont essentiels pour lutter contre le déclin cérébral, mais ceux en chair et en os, pas sur Internet. Parler, rire, c'est mieux respirer, c'est activer les circuits cérébraux afin qu'ils restent performants le plus longtemps possible. À cet égard, l'isolement dans les villes est redoutable. Lorsque l'on communique derrière son écran, il manque l'essentiel : le fait de s'habiller pour aller à la rencontre des autres, les toucher à l'occasion d'une poignée de main ou d'un baiser sur la joue. Quand vous sentez une main sur vous, vous savez que vous existez. C'est le flux de la vie qui se transmet d'un être à un autre. Si plus personne ne vous touche, la dépression n'est pas loin.

Quatrième point commun : le régime alimentaire

Autre enseignement majeur constaté en Sardaigne : les centenaires mangent dans leur immense majorité des produits locaux non transformés. Qui, pour la plupart, n'ont subi aucun traitement aux pesticides ni été mélangés à des produits chimiques dans le but d'en améliorer la transformation.

Le régime alimentaire de base de ces centenaires est instructif aussi. Il se compose de beaucoup de légumes, de tomates fraîches ou cuites, de pâtes et de pain, d'huile d'olive, auxquels s'ajoutent des fruits des vergers avoisinants pour ponctuer les repas. Les pâtes mêmes sont faites de farines de blé dur, qui comportent un index glycémique meilleur et demandent moins d'effort au pancréas. J'ai noté aussi une consommation de viande et de poisson faible, mais pas absente.

Un autre point m'a frappé : la grande simplicité des repas, certes, mais surtout le fait que beaucoup de centenaires les préparaient eux-mêmes. Faire ses courses tous les jours, c'est s'obliger à bouger. Cuisiner, c'est prendre soin de soi et manger avec discernement. Les Sardes âgés font ce qu'ils mangent. Beaucoup de leurs plats luttent contre la chimie de l'usure du corps et évitent les dégâts provoqués par des excès de nourritures nocives.

Cinquième point commun : le vin rouge local

Avant d'évoquer la permanence dans les repas des centenaires sardes du vin local, je tiens à rappeler qu'il faut boire avec modération, juste pour le plaisir, et que jamais consommer des boissons alcoolisées n'est une obligation pour la santé. Cela étant, j'ai moi-même constaté qu'un nombre conséquent de sujets âgés vivant en Italie s'autorisaient un verre de vin rouge du pays à chaque repas. Et j'insiste, car cela m'a étonné : uniquement du rouge local.

Ce breuvage a-t-il un impact sur la durée de vie ? Un expert anglo-saxon a mis en évidence, dans les polyphénols du vin rouge, la présence d'une molécule protectrice au niveau cardiovasculaire : la procyanidine. Et en a découvert la plus forte concentration dans les vins de… Sardaigne. CQFD ? Peut-être. D'autres scientifiques, en juillet 2019, ont établi que la présence de resvératrol, une substance décelable dans la peau et les pépins de raisin, dans le vin rouge, avait des vertus antistress et anxiolytiques, en particulier chez les sujets présentant des manifestations de déprime passagère. La diminution du stress étant, aussi, un facteur de longévité, s'agit-il du début d'une nouvelle piste ?

Si vous sentez que prendre un verre de vin rouge apaise votre anxiété, ne vous en privez pas. Mais un seul et unique verre, à boire lentement. En aucun cas cette pratique ne doit devenir une habitude et générer une accoutumance.

L'énigme de la Sardaigne

Vin rouge et santé : une nouvelle découverte

Une autre étude récente – 2019 – vaut le détour. Des chercheurs britanniques ont montré qu'une consommation modérée de vin rouge s'avérait bénéfique pour les intestins. Le microbiote intestinal, sous l'action d'une petite dose de vin rouge et grâce aux polyphénols que celui-ci contient, était apparu plus varié et harmonieux. Des études complémentaires devront confirmer la découverte, mais en attendant jugez par vous-même. Avec modération, évidemment.

Sixième point commun : l'arbre de Marie

Lors de mon étude en Sardaigne, un autre point m'a intrigué : l'importante utilisation du romarin, cette plante locale qui aime les terres arides et rocailleuses de l'île, pour agrémenter les plats. Certes, on connaît les atouts de l'arbre de Marie depuis la Grèce antique, notamment l'effet stimulant du cerveau. Sa réputation d'augmenter les capacités intellectuelles et la concentration – qui faisait que les érudits d'alors aimaient porter des couronnes composées de ses feuilles pour exposer au monde leur intelligence affûtée. Mais, scientifiquement, qu'en est-il ? Eh bien, le romarin intéresse beaucoup puisque à ce jour on dénombre 2 169 études le concernant.

La présence de polyphénols, d'acide carnosique et d'acide rosmarinique expliquerait les propriétés antioxydantes mais surtout anti-inflammatoires de cette plante. Des scientifiques ont ainsi montré que le romarin permettrait de lutter contre le vieillissement et la dégradation cellulaire, en particulier au niveau de la neuro-inflammation, mais aussi contre certains cancers et même le diabète de type 2. Il serait aussi un excellent agent protecteur du foie. D'autres travaux mettent en avant des effets de lutte contre la fatigue.

Utiliser l'arbre de Marie pour agrémenter ses plats ou en tisane afin de conclure le repas offre bien des avantages en termes de goût et de santé. À condition, comme les Sardes, de le consommer en quantité raisonnable, tout étant toujours question de mesure. Notez un autre atout du romarin : comme il exhausse le goût des aliments, plus besoin de saler. Quand on se rappelle que diminuer le sel est un bonus non négligeable pour nos veines qui fera mentir l'adage « On a l'âge de ses artères », il serait dommage de ne pas en profiter.

Septième point commun : le myrte

La cuisine sarde recourt volontiers à une autre plante locale, le myrte. Laquelle donne un goût très délicat aux mets en créant du relief et des saveurs qui se prolongent en bouche. Le myrte imprime un rythme au plat, lui procure une personnalité particulière.

Comme le romarin, elle est connue depuis les temps anciens pour ses propriétés médicinales. Plusieurs études scientifiques récentes ont toutefois exploré son potentiel et constaté qu'elle optimiserait les défenses immunitaires, serait antioxydante, permettrait d'éliminer certaines bactéries. D'un point de vue fonctionnel, elle faciliterait la digestion en réduisant les ballonnements intestinaux.

Huitième point commun : la bienveillance

Famille, marche, alimentation locale et frugalité, plantes vertueuses... les spécificités sardes ne manquent pas. Auxquelles s'en ajoute une autre que j'ai eu le plaisir de constater – et que les personnes interrogées m'ont aussi révélée – durant ce séjour. Quand les habitants m'ont invité à partager leurs repas, j'ai vu et apprécié, avec eux, des moments simples et familiaux. Si j'avais déjà remarqué que les générations qui vivaient ensemble se faisaient mutuellement beaucoup de bien, une autre évidence est apparue : la bienveillance. Pas de médisances, pas de méchancetés, mais une façon de penser et d'être ouverte, génératrice de bien-être, comme si s'épanouissaient des cercles magiques qui englobent de bonnes ondes. Être positif et bienveillant, rien ne sied mieux à l'organisme et au moral.

Dernier point commun : l'air pur

Enfin, un ultime constat s'impose : la qualité de l'air, en Sardaigne, est absolument exceptionnelle. Avec un taux de dioxyde de carbone le plus bas de toute l'Europe. Un rêve éveillé pour nous, urbains, qui observons en ville les pics de pollution à répétition. Là-bas, les vents réguliers diffusent un air marin très pur. Comme, aujourd'hui, nous savons combien le nombre de décès liés à la pollution dans le monde est considérable, j'envie l'air que les Sardes respirent ! Les Sardes sont donc l'exemple parfait – s'il en fallait encore un – de l'effet crucial de l'environnement sur la santé. Eux aussi nous engagent à nous mobiliser pour préserver la planète.

NEUVIÈME PARTIE

THE TEN COMMANDMENTS CODE

Et si la vérité originelle sur la santé se trouvait dans les Dix Commandements ? En décryptant ces textes sacrés, parviendrions-nous à percer l'énigme de l'âge et de la santé ?

Ces questions, je me les suis un jour posées en listant les différents préceptes favorisant une durée de vie meilleure. Et en constatant combien ils se rapprochaient des maximes que la lettre biblique énumérait. J'ai donc relu les Dix Commandements. Et observé que ce message destiné aux générations futures, nous n'avions pas voulu ou su le déchiffrer. Avec un regard neuf, j'ai été stupéfait d'y déceler des enseignements de santé modernes. Une vérité m'est apparue : et s'il éclairait notre époque ? Et si on en tirait, à notre tour, des commandements de bien-être physique voire spirituel – je ne dis pas religieux.

En toute humilité, voici donc une libre interprétation de ce texte qui, peut-être, pourra vous inspirer. Car lire les Dix Commandements, qui ont traversé les millénaires, à la lueur des connaissances de notre époque constitue au fond une expérience intellectuelle passionnante. Au début je n'imaginais pas une seconde y découvrir les clés cachées de la santé. Mais la proximité des thèmes et leçons m'est bientôt – je le redis – apparue comme s'il fallait décoder un texte secret. Partageons ensemble ce voyage à travers l'histoire.

Tu ne te feras pas de sculpture sacrée ni de représentation de ce qui est en haut dans le ciel, en bas sur la terre et dans l'eau plus bas que la terre

Aujourd'hui, nous sommes entrés dans le siècle de l'image et de la représentation. En cette époque où reproduire n'importe quel objet en 3D à partir d'un dessin est possible, nous communiquons ou existons davantage par l'image que par les mots, comme le montre par exemple le succès planétaire d'Instagram. Au milieu de ce déluge de photos, ce commandement nous ouvre donc une voie essentielle... si nous le suivons.

Préserver la spiritualité individuelle

Car représenter une personne ou soi-même par une sculpture ou une photographie, c'est se fixer dans une posture s'empêchant d'évoluer. C'est cesser d'être vivant pour devenir inerte comme un objet, donc s'interdire tout changement. Non seulement l'individu se retrouve figé – le regard des autres aussi –, mais cela revient, plus profondément, à tuer la spiritualité : celle qui est en chacun.

Dès lors, le lien entre le matériel et le spirituel se rompt, ce qui peut conduire à la tristesse et l'isolement. Le risque final est d'en arriver à détruire le mouvement et l'imagination créatrice, qui sont vitaux.

Refuser les représentations, on le constate, revient à s'ouvrir à la magie de la vie en laissant le champ libre à la spiritualité.

Le plaisir de l'imaginaire

Pensez à votre vie actuelle si vous êtes en couple et épanoui : ce qui fait votre force, n'est-ce pas qu'aucun de vous deux n'enferme son partenaire dans une image et, mieux, prend soin de le laisser évoluer librement ? En cas contraire, la sexualité sans l'imagination, sans la perception de l'invisible que conserve l'autre, serait réduite, écornée, avec un plaisir rétréci comme peau de chagrin.

Pour s'en convaincre, il suffit d'analyser l'impact des vidéos pornographiques diffusées par les sites spécialisés. Un impact impressionnant et mondial puisque, à titre d'exemple, Pornhub reçoit 33 milliards de visites chaque année. On sait que les films X provoquent une hyperstimulation des circuits de la récompense, qui se traduit par une forte sécrétion d'une hormone du plaisir, la dopamine. Le système limbique émotion/mémorisation enregistre alors ce souvenir, et va pousser le sujet à revisionner ces vidéos pour espérer atteindre, à nouveau, le niveau de plaisir ressenti.

La pratique, répétée, provoque une altération des circuits de la récompense. Et les représentations de la sexualité que diffusent les films regardés à haute dose tuent la sexualité naturelle du couple, parce que celui-ci parait « fade » en comparaison des images emmagasinées – ce qui se traduit par un taux plus faible de la dopamine sécrétée. Des spécialistes ont même noté chez certains adeptes de ces sites l'apparition d'états dépressifs, de troubles de la libido et de l'érection.

La saveur de l'irrationnel

Plus sagement, songez à vos souvenirs de vacances. Et constatez combien, si vous n'avez pas pris de photos, l'imagination orientera votre mémoire seulement vers les meilleurs moments.

Tu ne te feras pas de sculpture sacrée...

En fait, refuser les représentations c'est réveiller la part d'irrationnel qui est en soi, part essentielle à l'harmonie de sa vie.

Aussi, ne bridez jamais l'imagination et la créativité par des représentations qui tuent l'énergie vitale et empêchent d'évoluer. Laissez la voie libre à votre part de spiritualité, aidez-la à s'exprimer en vous accordant la possibilité de changer avec légèreté. C'est le sens de ce qui vous relie au Ciel : vous serez sur la voie permettant d'atteindre l'inaccessible. Et, chaque matin vous vous éveillerez sur un nouveau territoire.

Tu n'auras qu'un seul Dieu

« Tu n'auras pas d'autres dieux que moi. Tu ne feras aucune idole, aucune image de ce qui est là-haut dans les cieux, ou en bas sur la Terre. Tu ne te prosterneras pas devant ces images, pour leur rendre un culte. Car Moi, le Seigneur ton Dieu, Je suis un Dieu jaloux chez ceux qui Me haïssent. Je punis la faute des pères sur les fils, jusqu'à la troisième et quatrième génération ; mais ceux qui M'aiment et observent Mes commandements, Je leur garde ma fidélité jusqu'à la millième génération. »

En Orient, Bouddha a ouvert la voie du bouddhisme. Le bouddhisme ne fait pas référence aux Dix Commandements, les gens qui pratiquent la méditation non plus. Pourtant, il existe un lien invisible et spirituel entre ces mondes apparemment différents. Se concentrer sur un seul point et ne pas se disperser permettent d'aller au plus profond de soi-même. C'est le chemin pour libérer sa puissance intérieure. Prendre appui sur l'essentiel revient à trouver l'axe par lequel on peut faire jaillir sa force mentale. Observez une énergie laser projetée sur un mur ; il ne se passe rien. Maintenant, projetez cette même énergie sur un seul point, vous traversez le mur. Le monde actuel, par la multiplicité des signaux, empêche de se concentrer sur l'essentiel. Ce que propose ce premier commandement.

Le téléphone portable pourrait être l'une des idoles dont il parle. Quelques chiffres : chaque jour, les Français consultent 27 fois leurs smartphones, et les jeunes jusqu'à 50 fois. 81 % de nos compatriotes utilisent le smartphone pendant les déjeuners de famille ou entre amis. Comment se concentrer sur l'essentiel dans de telles conditions ? Le zapping constant nous dissout à notre insu, si bien que nous perdons le sens de nous-même, le sens même de la vie. En voulant être partout avec tout le monde, on finit par être nulle part et seul.

L'héritage épigénétique

Dans ce commandement, j'ai été frappé par la notion de faute du père qui se répercute sur les troisième et quatrième générations. Il est étonnant que des enfants innocents subissent les carences et erreurs d'un aïeul. Mais c'est pourtant ce que l'épigénétique a prouvé. Nous naissons tous avec un code génétique spécifique – je l'ai évoqué. Selon le mode de vie pour lequel nous optons, nous allons exprimer des gènes positifs ou négatifs. Ce mode de vie se lit dans nos cellules ; selon que l'on fasse de l'exercice quotidien ou pas, qu'on ait une consommation d'alcool excessive ou raisonnable, que l'on fume ou non, que nous soyons en surpoids ou pas, les gènes modifient leur expression. Les épigénéticiens, depuis quelques années, ont noté que certains d'entre eux, liés à notre comportement, se transmettent aux générations les plus proches. Nous arrivons bien à la notion de troisième et quatrième générations.

La science vient donc de nous confirmer que nos comportements retentissaient au niveau génétique sur les générations futures. Transmettons ainsi en héritage mieux que de l'argent : un patrimoine génétique solide qui, grâce à une hygiène de vie revisitée, saine, exprimera le meilleur de nous-même. À ce sujet, une étude scientifique remarquable a été il y a peu présentée à Oslo. Elle portait sur la santé mentale des survivants de l'Holocauste. Les chercheurs ont découvert que ceux-ci présentaient, sur trois générations, des troubles ayant un impact sur la longueur de leurs télomères. Vous vous souvenez de ces capuchons qui terminent nos chromosomes, dont la longueur conditionne l'espérance de vie en bonne santé ? Eh bien, cela signifie que l'héritage psychologique épouvantable du monstrueux génocide a été transmis par les gènes à la génération suivante. Avec des effets visibles au niveau des zones émotionnelles cérébrales, qui interviennent en particulier sur le stress.

Un exemple qui nous montre à quel point la transmission peut s'étendre, effectivement, sur plusieurs générations.

L'impact du mode de vie sur la descendance vient aussi d'être exploré par le biais de l'alimentation durant la grossesse, mettant en jeu les effets bénéfiques et protecteurs de certaines habitudes. Les scientifiques ont ainsi observé chez la souris que la choline, un nutriment que l'on trouve dans la viande, le poisson et les œufs, donné à fortes doses durant la grossesse, protégeait la descendance sur deux générations, soit enfants et petits-enfants, de la maladie d'Alzheimer. Parce qu'elle agit pour combattre les neurotoxiques et s'avère un anti-inflammatoire cérébral puissant.

À l'inverse, on sait que consommer de l'alcool pendant la grossesse n'agit pas seulement sur l'enfant à naître mais aussi sur les générations futures. Même à des quantités modestes. Chez la rate, il suffit de l'équivalent d'un verre de vin quatre jours consécutifs au second trimestre de grossesse pour constater un impact négatif sur les trois générations suivantes, dont des risques d'attirance et de dépendance à l'alcool fortement accrus, avec impacts neurologiques adjacents.

En 2019, des scientifiques israéliens ont même réussi à montrer – pour la première fois au monde – chez le ver de terre qu'une transmission d'informations entre les neurones et les cellules germinales (à l'origine des spermatozoïdes et ovocytes) existait. C'est la preuve que des émotions ressenties comme l'anxiété, la peur, la colère, peuvent être transmises aux générations futures. Une avancée majeure dans la lutte contre le stress.

Ce que vous mangez peut impacter jusqu'à vos arrière-petits-enfants

Des scientifiques américains viennent, eux, de constater que les excès répétés de graisse et de sucre pourraient affecter jusqu'à la santé de nos arrière-petits-enfants. Ces chercheurs l'ont découvert sur des souris, mais tout laisse à penser que leurs conclusions sont transposables à l'homme.

En nourrissant les rongeurs pendant la grossesse avec un régime excessif en sucre et graisse, ils ont observé que, sur trois générations, la santé cardiaque des descendants était impactée même si les souris filles, petites-filles et arrière-petites-filles avaient une alimentation saine et équilibrée. Leurs cellules du cœur étaient nettement moins performantes et les risques d'insuffisance cardiaque plus fréquents.

Tu ne tueras point...

L'enfant qui est en toi

Prendre la vie d'un autre être humain est le pire acte qui soit. Et la légitime défense, me direz-vous ? Tuer celui qui veut tuer un de nos proches est-ce toujours tuer dans le sens des Dix Commandements ?

Moi, je voudrais évoquer une autre façon de tuer, plus insidieuse. Celle de faire disparaître l'enfant qui est en vous, de sacrifier vos rêves et le sens de votre vie pour des choses qui n'en valent pas la peine. Au contraire, cherchez toujours à aller vers ce qui vous définit, vers ce que vous avez besoin de réaliser chaque jour pour exister, dans tous les sens du terme. Respectez la part secrète de vous-même car cela libère votre créativité. Si, bien souvent, l'éducation écrase la part d'enfance qui constitue notre moteur, sachez que c'est là que se trouvent les sources de joie de vivre et de bonheur.

Alors ne tuez pas le meilleur de vous-même : partez à la recherche de vos trésors cachés afin de les aider à renaître.

Toi-même

« Tu ne tueras point » signifie aussi ne pas se tuer soi-même. Regardez autour de vous ces suicides invisibles à la cigarette,

Tu ne tueras point...

aux drogues en tout genre, à l'alcool ou à la nourriture. J'ai envie de crier : « Tu ne te tueras point », mais ils ne m'entendraient pas, eux qui ne s'écoutent plus. Pire, ils se détruisent à petit feu en faisant tout pour qu'une maladie, à terme mortelle, se déclare. Et c'est souvent quand il sera trop tard, dans un sursaut de l'instinct de survie, qu'ils décideront d'arrêter ce qui les tue.

Les autres après ta propre mort

Permettez-moi un aparté sur un sujet qui nous est cher à nous, médecins : le don d'organe. La mort se définit aujourd'hui par la mort cérébrale. Quand elle est déclarée, elle autorise le prélèvement d'organes pour sauver d'autres êtres humains. Il y a une symbolique puissante dans le fait de transmettre la vie au-delà du décès, c'est comme si, après celui-ci, l'existence continuait. Le cœur d'une personne morte qui bat dans la poitrine d'un autre, c'est l'un des plus beaux gestes de solidarité entre humains, mêlant la technologique, l'éthique et la morale, mais aussi une dimension religieuse et symbolique forte.

Dans le cadre de la recherche autour des transplantations, des chercheurs ont découvert que des gènes qui codent des protéines nécessaires à la vie s'activaient jusqu'à quatre jours après le décès. Cette notion de la vie qui continue malgré la mort est comme un message venu de la nuit des temps. Dans « Tu ne tueras point » il existe aussi cette dimension : la vie ne s'arrête pas après la mort physique. Si certains gènes parviennent à survivre, les idées elles aussi peuvent traverser non pas quelques jours, mais des siècles. L'activation de gènes *post-mortem* pourrait permettre de nous ouvrir une nouvelle dimension sur la compréhension des rites funéraires.

Des idées

Tuer les idées, c'est aussi détruire. Les accepter, même les plus éloignées des nôtres, demande une grande tolérance et un profond respect envers ceux qui pensent différemment de nous.

Les valeurs morales des religions traversent les siècles, alors que les discours des dictateurs finissent souvent dans l'oubli. L'éternité des écrits et des idées n'est ouverte qu'à partir du moment où ceux-ci représentent des forces positives et bienveillantes. Les livres écrits par des tyrans terminent le plus souvent dans les cendres, comme leurs statues démontées après leurs règnes sanguinaires. Comme si nous avions déjà conscience de l'enfer ou du paradis pour nous éclairer dans nos choix.

Tu ne voleras point

Décider de voler ce qui ne nous appartient pas est un délit, passible de peines de prison plus ou moins lourdes selon la gravité du vol et les législations locales.

D'autres cas tout aussi graves ne seront jamais sanctionnés comme voler la jeunesse de la personne qui partage votre existence, voler du temps à autrui, voler des idées qui ne vous appartiennent pas. Le vol moral est bien souvent plus dévastateur que le matériel.

Décider de ne jamais voler, non pas par peur des gendarmes mais par conviction profonde, n'a rien de commun. Dans le premier cas, c'est sous la contrainte, dans le second l'expression de votre plénitude et de votre liberté intérieure.

Pour voler, il faut désirer ce que l'on n'a pas, au point de le dérober. Mais ce n'est pas un gage de bonheur car ce n'est pas pour autant qu'après le vol celui qui a commis le délit est heureux.

Prenez conscience et appréciez ce que vous possédez avec une joie saine et sincère. Vous trouverez toujours mille raisons – véhiculées, dans nos sociétés, par la publicité et les réseaux sociaux – de désirer ce que vous n'avez pas. Chaque fois que vous obtiendrez ce que vous convoitiez, le plaisir disparaîtra pour laisser place à une nouvelle envie. Et vous vous retrouverez de nouveau face au vide. Si vous découvrez le secret qui consiste à être heureux avec ce que vous possédez, spontanément et sans contrainte, vous n'aurez jamais envie de voler. Vous serez tellement riche de vos trésors intérieurs qu'il n'y aura aucun besoin d'autre chose.

Tu ne seras pas jaloux

La jalousie fait du mal à celui qui en souffre mais aussi à celui qui en est l'objet par les malveillances qu'elle engendre. Combien de dénonciations pendant les guerres ont coûté la vie à des innocents qui n'avaient commis comme péché que celui d'exister. Combien de meurtres passionnels surviennent quand ce travers se transforme en poison mortel ?

Les ressorts d'un sentiment dévastateur

La jalousie peut prendre autant de formes qu'il y a d'êtres humains sur Terre, quels que soient les liens qui les unissent. Observez les jalousies terribles que l'on rencontre entre frères et sœurs arrivés à l'âge adulte. Pourquoi l'un a-t-il réussi et pas l'autre, alors que les cartes étaient les mêmes au départ ? Ils ont eu les mêmes parents, été élevés dans le même milieu social, avec les mêmes chances. Les rivalités peuvent devenir si acharnées que certains préfèrent couper les ponts pour ne plus voir le spectacle insoutenable de celui qui a réussi et qui vous remet en question. Par son succès, il vous prive des circonstances atténuantes qu'aurait pu constituer votre enfance et qui auraient adouci votre amertume.

En décidant de cesser de se comparer aux autres, en partant à la découverte de ses qualités intérieures, on apprend à avoir confiance en soi et à s'aimer davantage. Quand c'est le cas, on cesse d'être jaloux et de se miner de l'intérieur, car on a enfin foi en soi.

La jalousie, un handicap au bonheur

La jalousie génère un stress en flux continu qui diminue l'espérance de vie en bonne santé. Elle empêche de lâcher prise car une sourde tension persiste en permanence. Le jaloux n'arrive pas à atteindre la plénitude heureuse. L'insatisfaction le mine de l'intérieur. Ce déséquilibre constant déclenche souvent des attitudes de compensations comme fumer, boire trop ou céder à des pulsions alimentaires liées à l'anxiété qui entraînent un surpoids dangereux. La jalousie est un mal de vivre qui abîme jour après jour et peut rendre réellement malade... de jalousie, en créant une onde d'angoisse constante.

Les ravages du stress chez les malades du cancer

Ce stress peut rendre malade pour plusieurs raisons. Au niveau cardio-vasculaire, il augmente l'hypertension, qui use prématurément les artères et favorise l'athérosclérose. Très récemment, des chercheurs de l'Illinois ont étudié les liens entre le stress chronique et le cancer. Ils ont placé des souris dans des cages minuscules pour provoquer un état de stress récurrent, puis leur ont inoculé des cellules de cancer du sein humain. Les tumeurs ont connu une croissance rapide, et le nombre de cellules souches cancéreuses s'est avéré plus élevé que chez celles qui vivaient dans de grandes cages. Les scientifiques ont utilisé comme marqueur du stress l'épinéphrine. Et ont remarqué que chez les souris à qui ils bloquaient les récepteurs de cette hormone les tumeurs étaient plus petites et les cellules souches cancéreuses, redoutables dans la propagation du cancer, réduites.

Enfin, d'autres chercheurs ont suivi 83 femmes atteintes d'un cancer du sein et ont noté que chez celles qui avaient un taux d'épinéphrine très élevé, la survie était beaucoup plus faible que chez celles ayant un taux bas. Cette donnée est importante à connaître chez les sujets atteints de cancer dont le niveau de stress lié à cette maladie augmente.

Tu ne commettras pas d'adultère

Il faut reconnaître qu'à l'époque de la rédaction des Dix Commandements, les moyens de contraception n'existaient pas et que les paternités pouvaient être compliquées à attribuer en cas d'adultère. Je ne prends donc aucune position morale sur ce sujet, qui reste, pour chacun, une question très personnelle. Ce qui est intéressant en revanche, c'est de remonter aux sources de l'adultère et de comprendre pourquoi il se produit. Qu'est-ce qui conduit un couple sur cette voie ? Deux êtres qui font un bout de chemin ensemble évoluent constamment, et pas forcément dans la même direction. En quelques années, une personne peut changer pour en devenir une autre. Ce n'est ni bien ni mal, c'est la vie. Ces changements peuvent totalement éteindre la dynamique du couple. La question qui se pose alors est : faut-il continuer à faire semblant lorsque le couple est vidé de son contenu ? La séparation est-elle la réponse à adopter suite à l'adultère ? L'actuelle montée en puissance des divorces en attesterait peut-être si on interrogeait les séparés sur le sujet.

Penchons-nous plutôt sur l'évolution actuelle de notre société : la définition du couple change. L'instauration du Pacs, l'adoption par de nombreux pays du mariage pour tous en sont l'illustration. Comment se définira demain le mot *adultère* ? Penser à une autre personne que celle avec qui l'on fait l'amour, est-ce un adultère ? Dans le terme *adultère*, il y a le mot *adulte*, or beaucoup aujourd'hui refusent de le devenir. Ils vivent dans le monde de l'enfance où tout est possible et vite pardonné. C'est toute la complexité du concept.

Une étude scientifique belge réalisée auprès de 3 000 centenaires vient de montrer que chez les hommes la vie en couple augmente l'espérance de vie alors que chez les femmes, c'est le contraire... Les centenaires masculins vivaient avec des épouses âgées en moyenne de dix ans de moins. Les centenaires femmes étaient veuves pour la plupart, car s'étaient mariées avec des époux plus âgés...

Tu n'invoqueras pas le nom du Seigneur, ton Dieu, pour le mal

Ce commandement est primordial de nos jours car il éclaire dans la direction de la vraie spiritualité. Invoquer le mal, c'est le répandre. Chercher à justifier par la foi ou la spiritualité de semer la terreur, tuer, massacrer, c'est tourner le dos à toute forme de spiritualité, en nier l'essence même. Les attentats qui se produisent depuis plusieurs décennies aux quatre coins du monde en sont l'illustration frappante. Des innocents sont mutilés ou tués au nom de Dieu. C'est absurde et abominable.

Ce commandement demande en réalité de toujours garder son libre arbitre pour le bien de tous. Le chemin vers la spiritualité conduit vers la bienveillance et la bonté, pour les autres et pour soi-même. Invoquer le bien favorise notre bien-être intérieur et protège notre santé. Invoquer le mal, c'est adresser de mauvaises ondes à autrui, qui nous reviendront en boomerang à la première occasion. Si quelqu'un vous a fait du tort ou vous a nui, faites les démarches qu'il faut auprès de la justice le cas échéant ; sinon, passez rapidement à autre chose. Si vous ruminez et pensez sans cesse à votre ennemi, ces pensées négatives vous lamineront et vous détruiront de l'intérieur. Votre organisme produira des hormones de stress qui vous feront le plus grand mal. Finalement, cet ennemi gagnera à votre insu !

Mon conseil : ignorez ceux auxquels vous pourriez souhaiter du mal. L'indifférence, c'est le plus grand des mépris. Faites comme si la personne qui vous a nui n'existait pas, vous la chasserez pour toujours de votre esprit. Vous la détruirez mentalement. Quand je croise un mendiant dans la rue, que j'ai de l'argent à lui donner ou non, je le regarde toujours pour lui montrer que je le vois et qu'il existe. Marcher sans le voir, c'est nier sa vie. Dernièrement, pas loin de chez moi, je suis passé près d'un SDF et lui ai demandé son prénom. Il m'a souri comme si je lui faisais le plus beau des cadeaux. Il a répondu « Ismaïl ». Je lui ai tendu une pièce en l'appelant par son prénom. À son regard brillant, j'ai compris que personne n'avait dû prononcer son prénom depuis longtemps. La pire des misères est de ne plus exister.

Le septième jour est le jour de repos

« *Tu feras du sabbat un jour sacré. Pendant six jours tu travailleras et tu feras tout ton ouvrage, mais le septième jour est le jour de repos, sabbat en l'honneur du Seigneur ton Dieu : tu ne feras aucun ouvrage ni toi, ni ton fils, ni ta fille, ni ton serviteur, ni ta servante, ni tes bêtes, ni l'immigré qui réside dans ta ville. Car en six jours le Seigneur a fait le ciel, la terre, la mer, et tout ce qu'ils contiennent. C'est pourquoi le Seigneur a béni le jour du sabbat et l'a consacré.* »

Je suis fasciné par la modernité et le bon sens de ce commandement. Consacrer chaque semaine une journée pour se reposer, se détendre, se relaxer ou pour ne rien faire. Laisser la place aux loisirs, se donner le temps de penser, de réfléchir, de prendre de la distance par rapport à la frénésie de sa vie quotidienne pour la vivre ensuite plus intensément. Jouer, rire, changer la routine et ses habitudes. Offrir à son esprit et son corps un moment de calme afin de savourer la vie.

Ce besoin de repos est essentiel pour rester en bonne santé. Comme le sommeil, il permet d'éliminer les toxines accumulées au niveau du cerveau et de se régénérer. Ce jour chômé est un jour pour lâcher prise, activer son système parasympathique et laisser tomber le stress. Apprenons à célébrer ce jour de détente en rompant avec nos habitudes. Profitez-en pour entreprendre une cure de détox numérique et vous remettre en connexion avec vous-même. La célébration d'un culte religieux pour certains, ce jour-là, est aussi le moyen de retrouver le sens que l'on donne à sa vie. Que l'on pratique ou pas une religion, que l'on soit croyant ou non, ce commandement montre une voie vers notre propre accomplissement.

Les scientifiques de l'université d'Exeter ont découvert que les personnes qui, chaque semaine, passent deux heures dans la nature voient leur niveau de stress baisser. Et que l'effet bénéfique de cette balade au vert perdurerait une semaine. C'est comme si nous avions besoin de nous connecter chaque semaine à la nature, d'entrer symboliquement en lien avec nos origines. Nos ancêtres vivaient dans les forêts, au cœur d'immenses étendues vertes, loin des bruits et de toute forme de pollution. Ils avaient le loisir d'écouter le silence pour savoir ce dont ils avaient besoin au plus profond d'eux-mêmes. La nature est un métronome pour bien accorder notre corps et notre mental à notre vie quotidienne, retrouver ce qui est essentiel pour nous et connaître la voie qui nous correspond. Elle nous aide à reprendre notre souffle quand nous avançons par automatisme, en apnée, à gommer la fatigue et l'usure tant du corps que de l'esprit.

Je conseille toujours de profiter de la journée de repos hebdomadaire pour retrouver la nature pendant au moins deux heures. Allez dans un bois, une forêt ou un jardin public. Vous augmenterez votre longévité en bonne santé grâce à ce bol d'air et de chlorophylle hebdomadaires. Que je vous suggère d'user sans modération.

Profitez aussi du jour de repos pour voir vos amis. Les vrais liens sociaux font du bien. Partager ses idées, ses sentiments est nécessaire au bon fonctionnement du cerveau. De nombreux travaux scientifiques montrent que la fréquence et la qualité des liens sociaux permettent de maintenir une bonne activité cérébrale, quel que soit l'âge. Les recherches récentes ont mis en évidence que la qualité du cercle d'amis était un facteur important de bonne santé. Des amis qui abusent des boissons alcoolisées vous entraînent à trop boire, les fumeurs vous exposent au risque

Le septième jour est le jour de repos

du tabagisme passif qui fait beaucoup de dégâts. À l'inverse, fréquenter des gens qui pratiquent la randonnée, voyagent ou vous poussent à sortir de vos routines vous fait gagner de belles années de vie en pleine santé.

Se faire de nouveaux amis est aussi très bon pour le cerveau : vous serez stimulé en découvrant de nouvelles façons de vivre et de penser. Rester jeune, c'est garder la capacité que nous avions, enfant, d'ouvrir de nouveaux liens pour ne pas tourner en rond, de conserver la fraîcheur et la spontanéité de nos 10 ans, grâce à l'énergie que procure la découverte.

Tu ne porteras pas de faux témoignage contre ton prochain

Ce commandement est criant d'actualité. Il nous concerne tous. Nous en sommes les témoins, parfois les acteurs passifs et anonymes. Nous devons faire obstacle au raz-de-marée de faux témoignages ou de fausses nouvelles qui est à la veille de nous submerger. Nous avons tous la possibilité de mettre un terme aux mensonges qui déshonorent celui et ceux qui les divulguent.

Porter un faux témoignage contre son prochain peut prendre des divers aspects. Les rumeurs en sont un exemple : relayer une fausse information sur quelqu'un, sans l'avoir vérifiée ou en la travestissant, correspond à un faux témoignage. Tourner les projecteurs sur un infime détail d'une histoire en oubliant l'essentiel en est un aussi. Cette façon de piétiner la vérité pour créer l'événement ou se faire valoir est une calamité pour la société. Et que dire de l'essor des fake news sur Internet ? Ces faux témoignages peuvent non seulement tuer la réputation d'autrui sans raison, mais conduire au suicide de celui qui en est victime. Nous avons tous en mémoire ces adolescents qui mettent fin à leur vie après avoir été la cible de campagnes de dénigrement sur les réseaux sociaux.

Une étude récente vient de mettre en évidence que les gens mentent moins dans leur langue maternelle que dans une seconde langue, parce que celle-ci est moins liée à leurs émotions. Les personnes bilingues peuvent accepter un fait dans une langue et

Tu ne porteras pas de faux témoignage...

le nier dans une autre car ils interprètent les faits selon ce qu'ils ressentent, en fonction de leur culture d'origine.

Les faux témoignages révèlent les parties les plus sombres d'un individu. Ils expriment tout ce qu'il a de plus négatif en lui.

Honore ton père et ta mère, afin d'avoir longue vie sur la terre que te donne le Seigneur ton Dieu

Honorer ses parents, c'est accepter la part d'eux-mêmes qui est en nous. Nous pouvons la critiquer, mais nous ne pouvons la nier. L'enfant est le père de l'homme. En remontant dans nos souvenirs, en recherchant ce que nos parents nous ont légué, nous devenons plus cohérents avec nous-même.

*Grandir dans l'amour inconditionnel
de nos parents*

Dès la naissance, la plupart d'entre nous vivent dans l'amour prodigué par leurs parents. Un amour immense, puissant et intense, qui nous enveloppe tout entier et nous fait grandir. Devenus adulte, à nous de tout faire pour préserver cette sphère protectrice, même lorsque nos parents ne seront plus près de nous. Car c'est au centre de ce cercle magique que nous exprimons la meilleure part de nous-même. C'est là que notre spontanéité, notre créativité et notre authenticité se révèlent le mieux. Pensez à vos dessins d'enfant, quand vos idées jaillissaient joyeusement sans la moindre peur du jugement d'autrui... vous osiez tout. Vous étiez ce que vous êtes. L'harmonie entre vos pensées et vos actes était parfaite.

Honore ton père et ta mère...

Le deuil impossible ?

Le jour où vos parents meurent, vous perdez la partie la plus précieuse de vous-même : votre part d'enfance. Vous devenez une grande personne coupée de ses racines, de son imaginaire et de son innocence. Le décalage se forme alors entre l'adulte que vous êtes et ce que l'enfant qui était en vous exprimait. Votre vie n'est plus le reflet de votre réalité. Vous êtes seul. C'est dans cet interstice que se développent certaines maladies, témoins du mal-être ressenti quand votre vie ne vous ressemble plus. Tous ceux qui ont perdu leur père ou leur mère ont, lors du deuil, le sentiment de se trouver en première ligne, de ne plus être protégés. Tant que vous pouviez appeler « Maman » et qu'elle vous répondait, vous restiez un enfant, son enfant. Vous continuiez à être jeune et insouciant, quel que soit votre âge. Rien n'avait d'importance, au fond.

Honorer leur mémoire

Quel était le principal but de vos parents ? Que vous soyez toute votre vie heureux et en bonne santé. Pour que l'amour qu'ils vous ont donné prenne tout son sens, vous devez réussir votre vie telle qu'ils vous la souhaitaient. Ils continueront ainsi à vivre par vous et en vous. Vous devez faire fructifier l'héritage d'amour qu'ils vous ont légué et qui est inscrit au plus profond de vous-même. Vous en êtes le porteur et le garant. Mettre en pratique ce qu'ils vous ont transmis, c'est activer le bouclier qui vous préservera de tout ce qui peut vous abîmer, voire vous détruire.

Passer outre les désaccords

Certains se sont trouvés ou sont encore en conflit avec leurs parents. Ils ne pardonnent pas des faits ou des événements qui se sont déroulés dans le passé. Je vous conseille de tout faire « pour passer l'éponge ». Car ces sentiments négatifs vous nuisent. Ils empêchent votre part d'enfance, la plus joyeuse, de s'exprimer. Vous risquez de devenir trop sérieux, une « grande personne » – au sens péjoratif du terme – à qui il manque la légèreté et l'insouciance. Vous entretenez à l'intérieur de vous-même un enfant malade qui n'arrive pas à guérir et qui vous donne cet air grave et soucieux.

Vous venez du ventre de votre mère, elle fait partie de vous. La rejeter, c'est vous rejeter. Si vos parents vous ont quitté, dites-leur tout bas les mots que vous ne leur avez jamais dits, que vous n'avez jamais osé prononcer. La part d'eux-mêmes qui vit en vous les entendra, et vous trouverez épanouissement et sérénité. En pardonnant, vous penserez – et panserez – vos blessures intérieures et vous relierez la magie de vos rêves avec votre vie. Vous découvrirez l'art de guérir autrement de ces maux intimes. Vous serez en accord profond avec vous-même, parce que par amour vous aurez réussi à atteindre le point d'équilibre du bonheur.

L'instinct maternel

C'était il y a si longtemps. Vous avez presque tout oublié. Il ne reste que des bribes de souvenirs qui, souvent, sont juste des photographies. Les sensations ne sont plus là. Tout est froid et lointain… Je vous parle du temps où votre mère vous donnait le sein ou le biberon, vous lavait, vous changeait. Où elle vous berçait pour vous endormir, vous parlait si doucement que vos yeux se fermaient seuls, vous donnait à manger à la cuillère avec patience. Vous sentiez que rien ne pouvait vous arriver quand elle vous serrait dans ses bras. Vous étiez à la fois faible et fort par son amour. Vous étiez le centre du monde, le centre de son monde.

L'instinct d'une mère est d'une force inouïe. Rien ne lui résiste. Par la puissance de son amour, elle vous a donné toutes les armes pour que vous soyez heureux et en bonne santé.

Honore ton père et ta mère...

Cet instinct d'une mère est universel. C'est comme s'il existait un pays imaginaire des mamans où, guidées par l'adoration de leurs enfants, intuitivement, elles savent ce qui est le meilleur pour eux. Elles disposent d'une force spirituelle immense qui vous protégera toute votre vie.

L'héritage enchanteur

Acceptez l'héritage que vos parents vous ont transmis. Vous pouvez le critiquer, mais en le respectant vous vous respecterez. Faites vivre chaque jour au-dessus de votre tête l'aura protectrice de vos parents et vous deviendrez invincible. En atteignant le but qu'ils s'étaient fixé à votre naissance – vous rendre heureux toute la vie –, vous les rendrez fiers de vous. Quand vous étiez enfant, vous pensiez que tout était possible grâce à la protection bienveillante de votre mère. Vous aurez la possibilité de la vivre, cette toute-puissance de l'enfance, en y portant un autre regard. C'est comme si vous viviez votre vie avant de la construire. En vous reconnectant à cette période magique, vous pourrez commencer ce qui vous paraît impossible aujourd'hui. Vous choisirez spontanément ce que le bon sens vous dicte.

Vous allez découvrir une nouvelle dimension secrète que vous aviez oubliée. Si vous vous sentez fort, vous serez fort ; plus rien ne pourra vous arrêter.

*

Le monde change à toute vitesse, tout est remis en question : le travail, le couple, la famille. L'insécurité économique et sociale monte en puissance. Nous entrons en territoire inconnu. Les liens solides qui vous relient à ce que vos parents vous ont transmis constituent votre socle. Grâce à lui, vous resterez toujours solide au milieu de la tempête.

Épilogue
Devenez votre ange gardien

Arrivé au terme de ce livre, vous avez maintenant en votre possession tous les secrets d'une vie longue, saine et en bonne santé. Rien de compliqué ni d'insurmontable : il ne tient qu'à vous de décider du paradis ou de l'enfer, de vivre ou survivre.

Cela dépend de vous, de ce que vous faites de votre hygiène de vie. Notre organisme est une horloge de haute précision, qu'il faut savoir entretenir avec soin pour qu'elle ne s'arrête pas trop tôt. Une belle santé rend belle la vie. Pour atteindre ce nirvana, il faut dès maintenant prendre votre santé en main.

Gardez toujours foi en vous. Vous êtes votre premier croyant. Si vous cessez de croire en vous, plus personne ne croira en vous. Vous êtes à la fois votre guide et votre maître.

L'âge ne veut rien dire, on a l'âge que l'on décide d'avoir. À la seconde où vous me lisez, nous avons tous le même âge. Je suis le hasard qui vous amène à vivre votre santé autrement. Je fais le rêve de vous voir dans cinquante ans comme vous êtes aujourd'hui : vous n'aurez pas vieilli, presque rajeuni. Ce sera merveilleux. Décidons de réussir ce pari ensemble.

Apprenez à gérer votre corps avec amour. Respectez-le comme un temple sacré. Apprenez à être léger et ne plus vous gaspiller. Sortez de l'anesthésie mentale qui vous immobilise : la peur du changement ou de faire de la peine aux autres, les repas lourds où le cerveau se trouve dans l'estomac, le manque de motivation... Par fatigue ou faiblesse, on vit des situations qui ne nous

On n'est jamais mieux soigné que par soi-même

correspondent plus. On n'arrive pas à prononcer le « non » que l'on pense si fort. Pour se sentir en sécurité à l'intérieur de soi, on passe trop souvent du compromis à la compromission.

L'équilibre est une clé fondamentale de la santé. Je vais vous donner un exemple. Nous vivons depuis la naissance avec des bactéries saprophytes qui ne présentent aucun danger. Elles nous protègent contre des virus, d'autres bactéries ou même contre nous-même dans le cadre des maladies auto-immunes. Si l'équilibre se rompt, ces bactéries peuvent en revanche provoquer des maladies graves, parfois mortelles. De même, il existe aussi dans le corps humain des cellules cancéreuses dormantes qui, si elles sont réveillées par une rupture de l'équilibre immunitaire, risquent de nous rendre malades.

Les ruptures d'équilibre peuvent avoir des sources multiples : le manque de sommeil chronique, une alimentation déséquilibrée, le stress, le tabac, l'alcool en excès, les chocs psychoaffectifs, les toxiques auxquels nous pouvons être exposés… Parfois, un excès d'hygiène déstabilise un équilibre harmonieux. L'usage quotidien de bains de bouche chargés en antiseptiques puissants peut, par exemple, sélectionner à la longue les bactéries les plus résistantes qui cassent l'équilibre de la flore buccale et provoquent des infections de la sphère ORL ou dentaire. Quand on se rappelle que des bactéries spécifiques présentes dans la bouche peuvent être à l'origine de certains cancers, on comprend toute l'importance d'une hygiène bucco-dentaire intelligente.

N'attendez donc pas qu'une maladie arrive. Veillez plutôt à créer un milieu dans lequel elle ne trouvera pas le terrain pour se développer. Comment ? La force et l'harmonie de notre équilibre intérieur forment le plus efficace des boucliers. En apprenant comment gérer votre capital santé afin qu'il reste intact, vous aurez toutes les cartes en main pour une vie intense et heureuse.

La médecine préventive est la plus belle clé de la santé. Il n'est jamais trop tard pour commencer. Venez comme vous êtes aujourd'hui. Le bon moment, c'est maintenant. Pensez à détecter

Épilogue

vos points faibles, qui seront peut-être vos maladies de demain. Beaucoup d'entre elles n'émettent aucun signal avant de devenir mortelles, comme une artère qui se referme progressivement jusqu'au jour où elle se bouche, provoquant un infarctus du myocarde ou un accident vasculaire cérébral.

Fabriquer des armes quand la guerre est déclarée, c'est-à-dire quand la maladie a commencé, c'est courir le risque de perdre la bataille. En mettant toutes les chances de votre côté grâce à l'hygiène de vie, vous serez les premiers à bénéficier des prodigieux progrès de la médecine.

J'aimerais, avec ce livre, rester présent sur votre table de nuit, pour être à vos côtés, avec vous, chaque fois que vous aurez besoin de moi. Je sais que c'est un vœu impossible à exaucer mais je suis certain d'une chose : ce que vous avez appris dans cet ouvrage vous appartiendra à tout jamais. La bonne santé est, désormais, à portée de pages.

Bibliographie et références scientifiques

Maigrir

Ashley N. Linden-Carmichael, Amy L. Stamates, Cathy Lau-Barraco, « Simultaneous Use of Alcohol and Marijuana : Patterns and Individual Differences », *Substance Use & Misuse*, 2019 ; 1 DOI : 10.1080/10826084.2019.1638407

Mohsen Taghizadeh, Mohammad Reza Memarzadeh, Fatemeh Abedi, Nasrin Sharifi, Fatemeh Karamali, Zohreh Fakhrieh Kashan, and Zatollah Asemi, « The Effect of *Cumin cyminum L.* Plus Lime Administration on Weight Loss and Metabolic Status in Overweight Subjects : A Randomized Double-Blind Placebo-Controlled Clinical Trial », *Iran Red Crescent Med J.* 2016 Aug ; 18(8) : e34212. DOI : 10.5812/ircmj.34212

Luca Montesi, Marwan El Ghoch, Lucia Brodosi, Simona Calugi, Giulio Marchesini, Riccardo Dalle Grave, « Long-term weight loss maintenance for obesity : a multidisciplinary approach », *Diabetes Metab Syndr Obes.* 2016 ; 9 : 37–46. DOI : 10.2147/DMSO. S89836

Li Y, Gao X, Lou Y, « Interactions of tea polyphenols with intestinal microbiota and their implication for cellular signal conditioning mechanism », *J Food Biochem.* 2019 Aug ; 43(8) : e12953. DOI : 10.1111/jfbc.12953. Epub 2019 Jun 17.

On n'est jamais mieux soigné que par soi-même

Dey P, Sasaki GY, Wei P, Li J, Wang L, Zhu J, McTigue D, Yu Z, Bruno RS, « Green tea extract prevents obesity in male mice by alleviating gut dysbiosis in association with improved intestinal barrier function that limits endotoxin translocation and adipose inflammation », *J Nutr Biochem.* 2019 May ; 67 : 78-89. DOI : 10.1016/j. jnutbio.2019.01.017. Epub 2019 Feb 8.

Huang J, Wang Y, Xie Z, Zhou Y, Zhang Y, Wan X, « The anti-obesity effects of green tea in human intervention and basic molecular studies », *Eur J Clin Nutr.* 2014 Oct ; 68(10) : 1075-87. DOI : 10.1038/ejcn.2014.143. Epub 2014 Jul 30.

Ohishi T, Goto S, Monira P, Isemura M, Nakamura Y, « Anti-inflammatory Action of Green Tea », *Antiinflamm Antiallergy Agents Med Chem.* 2016 ; 15(2) : 74-90. DOI : 10.2174/1871523 015666160915154443

Pan MH, Tung YC, Yang G, Li S, Ho CT, « Molecular mechanisms of the anti-obesity effect of bioactive compounds in tea and coffee », *Food Funct.* 2016 Nov 9 ; 7(11) : 4481-4491.

Suzuki T, Pervin M, Goto S, Isemura M, Nakamura Y, « Beneficial Effects of Tea and the Green Tea Catechin Epigallocatechin-3-gallate on Obesity », *Molecules.* 2016 Sep 29 ; 21(10). pii : E1305.

Wang S, Moustaid-Moussa N, Chen L, Mo H, Shastri A, Su R, Bapat P, Kwun I, Shen CL, « Novel insights of dietary polyphenols and obesity », *J Nutr Biochem.* 2014 Jan ; 25(1) : 1-18. DOI : 10.1016/j. jnutbio.2013.09.001. Review.

Chen IJ, Liu CY, Chiu JP, Hsu CH, « Therapeutic effect of high-dose green tea extract on weight reduction : A randomized, double-blind, placebo-controlled clinical trial », *Clin Nutr.* 2016 Jun ; 35(3) : 592-9. DOI : 10.1016/j. clnu.2015.05.003. Epub 2015 May 29.

Yadav BS, Sharma A, Yadav RB, « Studies on effect of multiple heating/cooling cycles on the resistant starch formation in cereals, legumes and tubers », *Int J Food Sci Nutr.* 2009 ; 60 Suppl 4 : 258-72. DOI : 10.1080/09637480902970975

Hu EA, Pan A, Malik V, Sun Q, « White rice consumption and risk of type 2 diabetes : meta-analysis and systematic review », *BMJ.* 2012 Mar 15 ; 344 : e1454. DOI : 10.1136/bmj. e1454

Vartanian LR, Smyth JM, Zawadzki MJ, Heron KE, Coleman SR, « Early adversity, personal resources, body dissatisfaction, and disordered eating », *Int J Eat Disord.* 2014 Sep ; 47(6) : 620-9. DOI : 10.1002/eat.22313. Epub 2014 Jun 5.

Ford AC, Talley NJ, Spiegel BM, Foxx-Orenstein AE, Schiller L, Quigley EM, Moayyedi P, « Effect of fibre, antispasmodics, and peppermint oil in the treatment of irritable bowel syndrome : systematic review and meta-analysis », *BMJ.* 2008 Nov 13 ; 337 : a2313. DOI : 10.1136/bmj. a2313. Erratum in : *BMJ.*2009 ; 338 : b1881

Mohamed H. G. Khalaf, Sejal Chowdhary, B. Joseph Elmunzer, Puja Sukhwani Elias, Donald Castell**,** « Impact of Peppermint Therapy on Dysphagia and Non-cardiac Chest Pain : A Pilot Study », *Digestive Diseases and Sciences*, 2019 ; DOI : 10.1007/s10620-019-05523-8

Danielle R. Reed, Joel D. Mainland, Charles J. Arayata, « Sensory nutrition : The role of taste in the reviews of commercial food products », *Physiology & Behavior*, 2019 ; 112579 DOI : 10.1016/j.physbeh.2019.112579

Eric Ravussin, Robbie A. Beyl, Eleonora Poggiogalle, Daniel S. Hsia, Courtney M. Peterson, « Early Time-Restricted Feeding Reduces Appetite and Increases Fat Oxidation But Does Not Affect Energy Expenditure in Humans », *Obesity*, 2019 ; 27 (8) : 1244 DOI : 10.1002/oby.22518

Shimizu K, Kageyama M, Ogura H, Yamada T, Shimazu T, « Effects of Rhubarb on Intestinal Dysmotility in Critically Ill Patients »,

Intern Med. 2018 Feb 15 ; 57(4) : 507-510. DOI : 10.2169/internalmedicine.8878-17. Epub 2017 Nov 20.

Agah S, Taleb AM, Moeini R, Gorji N, Nikbakht H, « Cumin extract for symptom control in patients with irritable bowel syndrome : a case series », *Middle East J Dig Dis.* 2013 Oct ; 5(4) : 217-22.

Gong XH, Li Y, Zhang RQ, Xie XF, Peng C, Li YX, « The synergism mechanism of Rhubarb Anthraquinones on constipationelucidated by comparative pharmacokinetics of Rhubarb extract between normal and diseased rats », *Eur J Drug Metab Pharmacokinet.* 2015 Dec ; 40(4) : 379-88. DOI : 10.1007/s13318-014-0216-7. Epub 2014 Jul 5.

Cirillo C, Capasso R, « Constipation and Botanical Medicines : An Overview », *Phytother Res.* 2015 Oct ; 29(10) : 1488-93. DOI : 10.1002/ptr.5410. Epub 2015 Jul 14.

Jakubowicz D, Froy O, Wainstein J, Boaz M, « Meal timing and composition influence ghrelin levels, appetite scores and weight loss maintenance in overweight and obese adults », *Steroids.* 2012 Mar 10 ; 77(4) : 323-31. DOI : 10.1016/j. steroids.2011.12.006. Epub 2011 Dec 9.

Kouchaki M, Gino F, Jami A, « The burden of guilt : heavy backpacks, light snacks, and enhanced morality », *J Exp Psychol Gen.* 2014 Feb ; 143(1) : 414-24. DOI : 10.1037/a0031769. Epub 2013 Feb 11.

Kuijer RG, Boyce JA, Marshall EM. « Associating a prototypical forbidden food item with guilt or celebration : relationships with indicators of (un)healthy eating and the moderating role of stress and depressive symptoms », *Psychol Health.* 2015 ; 30(2) : 203-17. DOI : 10.1080/08870446.2014.960414. Epub 2014 Sep 29.

Kuijer RG, Boyce JA, « Chocolate cake. Guilt or celebration ? Associations with healthy eating attitudes, perceived behavioural control, intentions and weight-loss », *Appetite*. 2014 Mar ; 74 : 48-54. DOI : 10.1016/j. appet.2013.11.013. Epub 2013 Nov 23.

Peng AW, Juraschek SP, Appel LJ, Miller ER 3rd, Mueller NT, « Effects of the DASH Diet and Sodium Intake on Bloating : Results From the DASH-Sodium Trial », *Am J Gastroenterol*. 2019 Jul ; 114(7) : 1109-1115. DOI : 10.14309/ajg.0000000000000283.

Peng AW, Appel LJ, Mueller NT, Tang O, Miller ER 3rd, Juraschek SP, « Effects of sodium intake on postural lightheadedness : Results from the DASH-sodium trial », *J Clin Hypertens* (Greenwich). 2019 Mar ; 21(3) : 355-362. DOI : 10.1111/jch.13487. Epub 2019 Jan 28.

Vagena E, Ryu JK, Baeza-Raja B, Walsh NM, Syme C, Day JP, Houslay MD, Baillie GS, « A high-fat diet promotes depression-like behavior in mice by suppressing hypothalamic PKA signaling », *Transl Psychiatry*. 2019 May 10 ; 9(1) : 141. DOI : 10.1038/s41398-019-0470-1

Firth J, Marx W, Dash S, Carney R, Teasdale SB, Solmi M, Stubbs B, Schuch FB, Carvalho AF, Jacka F, Sarris J, « The Effects of Dietary Improvement on Symptoms of Depression and Anxiety : A Meta-Analysis of Randomized Controlled Trials », *Psychosom Med*. 2019 Apr ; 81(3) : 265-280. DOI : 10.1097/PSY.0000000000000673

Gabel K, Hoddy KK, Haggerty N, Song J, Kroeger CM, Trepanowski JF, Panda S, Varady KA, « Effects of 8-hour time restricted feeding on body weight and metabolic disease risk factors in obese adults : A pilot study », *Nutr Healthy Aging*. 2018 Jun 15 ; 4(4) : 345-353. DOI : 10.3233/NHA-170036

Kroeger CM, Trepanowski JF, Klempel MC, Barnosky A, Bhutani S, Gabel K, Varady KA, « Eating behavior traits of successful weight losers during 12 months of alternate-day fasting : An exploratory analysis of a randomized controlled trial », *Nutr Health*. 2018 Mar ; 24(1) : 5-10. DOI : 10.1177/0260106017753487. Epub 2018 Jan 22.

On n'est jamais mieux soigné que par soi-même

Andrew Kaufman, Ezen Choo, Anna Koh, Robin Dando, « Inflammation arising from obesity reduces taste bud abundance and inhibits renewal », *PLOS Biology*, 2018 ; 16 (3) : e2001959 DOI : 10.1371/journal. pbio.2001959

Feng Li, « Taste perception : from the tongue to the testis », *MHR : Basic science of reproductive medicine*, Volume 19, Issue 6, June 2013, Pages 349–360, https://doi.org/10.1093/molehr/gat009

Kavitha Ganesan, Yacob Habboush, Senan Sultan, « Intermittent Fasting : The Choice for a Healthier Lifestyle », *Cureus*. 2018 Jul ; 10(7) : e2947. DOI : 10.7759/cureus.2947

Iain Templeman, Dylan Thompson, Javier Gonzalez, Jean-Philippe Walhin, Sue Reeves, Peter J. Rogers, Jeffrey M. Brunstrom, Leonidas G. Karagounis, Kostas Tsintzas, James A. Betts, « Intermittent fasting, energy balance and associated health outcomes in adults : study protocol for a randomised controlled trial », *Trials*. 2018 Feb 2 ; 19(1) : 86. DOI : 10.1186/s13063-018-2451-8

B. A. Alhamdan, A. Garcia-Alvarez, A. H. Alzahrnai, J. Karanxha, D. R. Stretchberry, K. J. Contrera, A. F. Utria, L. J. Cheskin, « Alternate-day versus daily energy restriction diets : which is more effective for weight loss ? A systematic review and meta-analysis », *Obesity Science & Practice*. July 2016. DOI : 10.1002/osp4.52

Adrienne R. Barnosky, Kristin K. Hoddy, Terry G. Unterman, Krista A. Varady, « Intermittent fasting vs daily calorie restriction for type 2 diabetes prevention : a review of human findings », *Transl Res*. 2014 Oct ; 164(4) : 302-11. DOI : 10.1016/j. trsl.2014.05.013. Epub 2014 Jun 12.

Bibliographie et références scientifiques

Jeux sérieux pour adultes
Leçon de médecine très particulière

Okamoto T, Hatakeyama, Imai A, Konishi S, Okita K, Yamamoto H, Tobisawa Y, Yoneyama T, Mori K, Yoneyama T, Hashimoto Y, Nakaji S, Ohyama C, « The Relationship Between Gait Function and Erectile Dysfunction : Results from a Community-Based Cross-Sectional Study in Japan », *J Sex Med.* 2019 Dec ; 16(12) : 1922-1929. DOI : 10.1016/j. jsxm.2019.08.018. Epub 2019 Sep 12.

E. Onen, I. Nas, M. Aydos, M. Sambel, M. Kilic, S. Oner, M. Demirbas, « The effect of transcutaneous posterior tibial nerve stimulation on premature ejaculation », *European Association of Urology*, March 2018, vol 17, Issue 2, Page e1703. DOI : https://doi.org/10.1016/S1569-9056(18)32031-1

Jackson SE, Yang L, Koyanagi A, Stubbs B, Veronese N, Smith L, « Declines in Sexual Activity and Function Predict Incident Health Problems in Older Adults : Prospective Findings from the English Longitudinal Study of Ageing », *Arch Sex Behav.* 2019 Aug 20. DOI : 10.1007/s10508-019-1443-4

Shu Zhang, Yumi Sugawara, Shiuan Chen, Robert B. Beelman, Tsuyoshi Tsuduki, Yasutake Tomata, Sanae Matsuyama, Ichiro Tsuji, « Mushroom consumption and incident risk of prostate cancer in Japan : A pooled analysis of the Miyagi Cohort Study and the Ohsaki Cohort Study », *International Journal of Cancer*, 2019 ; DOI : 10.1002/ijc.32591

Gračanin A, van Assen MA, Omrčen V, Koraj I, Vingerhoets AJ, « Chemosignalling effects of human tears revisited : Does exposure to female tears decrease males' perception of female sexual attractiveness ? », *Cogn Emot.* 2017 Jan ; 31(1) : 139-150. Epub 2016 Mar 8.

Salas-Huetos A, Muralidharan J, Galiè S, Salas-Salvadó J, Bulló M, « Effect of Nut Consumption on Erectile and Sexual Function in Healthy Males : A Secondary Outcome Analysis of the FERTINUTS

Randomized Controlled Trial, *Nutrients.* 2019 Jun 19 ; 11(6). pii : E1372. DOI : 10.3390/nu11061372

Williams EA, Parker M, Robinson A, Pitt S, Pacey AA, « A randomized placebo-controlled trial to investigate the effect of lactolycopene on semen quality in healthy males », *Eur J Nutr.* 2019 Oct 8. DOI : 10.1007/s00394-019-02091-5

Salas-Huetos A, Moraleda R, Giardina S, Anton E, Blanco J, Salas-Salvadó J, Bulló M, « Effect of nut consumption on semen quality and functionality in healthy men consuming a Western-style diet : a randomized controlled trial », *Am J Clin Nutr.* 2018 Nov 1 ; 108(5) : 953-962. DOI : 10.1093/ajcn/nqy181

Gelstein S, Yeshurun Y, Rozenkrantz L, Shushan S, Frumin I, Roth Y, Sobel N, « Human tears contain a chemosignal », *Science.* 2011 Jan 14 ; 331(6014) : 226-30. DOI : 10.1126/science.1198331. Epub 2011 Jan 6.

Sharman LS, Dingle GA, Vingerhoets AJJM, Vanman EJ, « Using crying to cope : Physiological responses to stress following tears of sadness », *Emotion.* 2019 Jul 8. DOI : 10.1037/emo0000633.

Peng M, Coutts D, Wang T, Cakmak YO, « Systematic review of olfactory shifts related to obesity », *Obes Rev.* 2019 Feb ; 20(2) : 325-338. DOI : 10.1111/obr.12800. Epub 2018 Nov 19.

Bojing Liu, PhD ; Zhehui Luo, PhD ; Jayant M. Pinto, MD ; Eric J. Shiroma, ScD ; Gregory J. Tranah, PhD ; Karin Wirdefeldt, MD, PhD ; Fang Fang, MD, PhD ; Tamara B. Harris, MD, MSc ; Honglei Chen, MD, PhD, « Relationship Between Poor Olfaction and Mortality Among Community-Dwelling Older Adults : A Cohort Study », *Ann Intern Med.* 2019 May 21 ; 170(10) : 673-681. DOI : 10.7326/M18-0775. Epub 2019 Apr 30.

Frumin I, Perl O, Endevelt-Shapira Y, Eisen A, Eshel N, Heller I, Shemesh M, Ravia A, Sela L, Arzi A, Sobel N, « A social

Bibliographie et références scientifiques

chemosignaling function for human handshaking », *Elife.* 2015 Mar 3 ; 4. DOI : 10.7554/eLife.05154

Ortigue S, Bianchi-Demicheli F, Patel N, Frum C, Lewis JW, « Neuroimaging of love : fMRI meta-analysis evidence toward new perspectives in sexual medicine », *J Sex Med.* 2010 Nov ; 7(11) : 3541-52. DOI : 10.1111/j.1743-6109.2010.01999.x. Epub 2010 Aug 30.

Muise A, Giang E, Impett EA, « Post sex affectionate exchanges promote sexual and relationship satisfaction », *Arch Sex Behav.* 2014 Oct ; 43(7) : 1391-402. DOI : 10.1007/s10508-014-0305-3. Epub 2014 Apr 29.

Foldes P, Buisson O, « The clitoral complex : a dynamic sonographic study », *J Sex Med.* 2009 May ; 6(5) : 1223-31. DOI : 10.1111/j.1743-6109.2009.01231.x

Buisson O, Foldes P, Jannini E, Mimoun S, « Coitus as revealed by ultrasound in one volunteer couple », *J Sex Med.* 2010 Aug ; 7(8) : 2750-4. DOI : 10.1111/j.1743-6109.2010.01892.x. Epub 2010 Jul 7.

Muise A, Giang E, Impett EA, « Post sex affectionate exchanges promote sexual and relationship satisfaction », *Arch Sex Behav.* 2014 Oct ; 43(7) : 1391-402. DOI : 10.1007/s10508-014-0305-3. Epub 2014 Apr 29.

Costa RM, Oliveira TF, « Poorer Subjective Sleep Quality Is Related to Higher Fantasy-Induced Sexual Arousal in Women of Reproductive Age », *J Sex Marital Ther.* 2016 Nov 16 ; 42(8) : 740-748. Epub 2015 Nov 7.

Shirazi T, Renfro KJ, Lloyd E, Wallen K, « Women's Experience of Orgasm During Intercourse : Question Semantics Affect Women's Reports and Men's Estimates of Orgasm Occurrence », *Arch Sex Behav.* 2018 Apr ; 47(3) : 605-613. DOI : 10.1007/s10508-017-1102-6. Epub 2017 Oct 27.

Wallen K, Lloyd EA, « Female sexual arousal : genital anatomy and orgasm in intercourse », *Horm Behav.* 2011 May ; 59(5) : 780-92. DOI : 10.1016/j. yhbeh.2010.12.004. Epub 2010 Dec 30.

Brody S, Costa RM, « Vaginal orgasm is more prevalent among women with a prominent tubercle of the upper lip », *J Sex Med.* 2011 Oct ; 8(10) : 2793-9. DOI : 10.1111/j.1743-6109.2011.02331.x. Epub 2011 Jun 15.

Frederick DA, John HKS, Garcia JR, Lloyd EA, « Differences in Orgasm Frequency Among Gay, Lesbian, Bisexual, and Heterosexual Men and Women in a U.S. National Sample », *Arch Sex Behav.* 2018 Jan ; 47(1) : 273-288. DOI : 10.1007/s10508-017-0939-z. Epub 2017 Feb 17.

Laan E, Both S, « Sexual desire and arousal disorders in women », *Adv Psychosom Med.* 2011 ; 31 : 16-34. DOI : 10.1159/000328806. Epub 2011 Oct 10.

Klann, Alexandra M., MPH ; Rosenberg, Jessica, MPH ; Wang, Tanran, MPH ; Parker, Samantha E., PhD ; Harlow, Bernard L., PhD, « Exploring Hygienic Behaviors and Vulvodynia », *Journal of Lower Genital Tract Disease* : April 8, 2019.DOI : 10.1097/LGT.0000000000000477

Mark KP, Lasslo JA, « Maintaining Sexual Desire in Long-Term Relationships : A Systematic Review and Conceptual Model », *J Sex Res.* 2018 May-Jun ; 55(4-5) : 563-581. DOI : 10.1080/00224499.2018.1437592. Epub 2018 Mar 9.

L'hygiène ciblée

Naranjo M, Denayer S, Botteldoorn N, Delbrassinne L, Veys J, Waegenaere J, Sirtaine N, Driesen RB, Sipido KR, Mahillon J, Dierick K, « Sudden death of a young adult associated with *Bacillus cereus* food poisoning », *J Clin Microbiol.* 2011 Dec ; 49(12) : 4379-81. DOI : 10.1128/JCM.05129-11. Epub 2011 Oct 19.

Bibliographie et références scientifiques

Dierick K, Van Coillie E, Swiecicka I, Meyfroidt G, Devlieger H, Meulemans A, Hoedemaekers G, Fourie L, Heyndrickx M, Mahillon J, « Fatal family outbreak of *Bacillus cereus*-associated food poisoning », *J Clin Microbiol.* 2005 Aug ; 43(8) : 4277-9.

Connor V, German E, Pojar S, Mitsi E, Hales C, Nikolaou E, Hyder-Wright A, Adler H, Zaidi S, Hill H, Jochems SP, Burhan H, French N, Tobery T, Rylance J, Ferreira DM, « Hands are vehicles for transmission of *Streptococcus pneumonia* in novel controlled human infection study », *Eur Respir J.* 2018 Oct 10 ; 52(4). pii : 1800599. DOI : 10.1183/13993003.00599-2018

Wertheim HF, van Kleef M, Vos MC, Ott A, Verbrugh HA, Fokkens W, « Nose picking and nasal carriage of Staphylococcus aureus », *Infect Control Hosp Epidemiol.* 2006 Aug ; 27(8) : 863-7. Epub 2006 Jul 20.

Ciprandi G, Gelardi M, « Open and clean : the healthy nose », *Acta Biomed.* 2019 Jan 14 ; 90(2-S). DOI : 10.23750/abm.v90i2-S.8104

Caruso RD, Sherry RG, Rosenbaum AE, Joy SE, Chang JK, Sanford DM, « Self-induced ethmoidectomy from rhinotillexomania », *AJNR Am J Neuroradiol.* 1997 Nov-Dec ; 18(10) : 1949-50.

Jefferson JW, Thompson TD, « Rhinotillexomania : psychiatric disorder or habit ? », *J Clin Psychiatry.* 1995 Feb ; 56(2) : 56-9

Martín Gámez N, Mengual Lombar M, Carcedo I, Lopez M. A and Álava J.I., « Pathogen Persistence in Restaurant Menus : Comparison between Materials », Basque Culinary Center, Paseo Juan, Abelino Barriola no 101, 20009 Donostia-San Sebastián, Spain.

Okeke MI, Okoli AS, Eze EN, Ekwume GC, Okosa EU, Iroegbu CU, « Antibacterial activity of Citrus limonum fruit juice extract », *Pak J Pharm Sci.* 2015 Sep ; 28(5) : 1567-71.

Am Fam Physician. Author manuscript ; available in PMC 2009 Nov 17. Am Fam Physician. 2009 Nov 15 ; 80(10) : 1117–1119. https://www.ncbi.nlm.nih.gov/pmc/articles/PMC2778074/figure/F1/

Ramalingam, S., Graham, C., Dove, J. et al. « A pilot, open labelled, randomised controlled trial of hypertonic saline nasal irrigation and gargling for the common cold », *Sci Rep* 9, 1015 (2019) DOI : 10.1038/s41598-018-37703-3

Martin DH, « The microbiota of the vagina and its influence on women's health and disease », *Am J Med Sci.* 2012 Jan ; 343(1) : 2-9. DOI : 10.1097/MAJ.0b013e31823ea228.

Slapak I, Skoupá J, Strnad P, Horník P. « Efficacy of Isotonic Nasal Wash (Seawater) in the Treatment and Prevention of Rhinitis in Children », *Arch Otolaryngol Head Neck Surg* 2008 ; 134 : 67-74.

Rester jeune

Xia Zhu, Wenhua Li, Yongkun Li, Wenhua Xu, Yirong Yuan, Victor Zheng, Hanting Zhang, James M. O'Donnell, Ying Xu, Xiaoxing Yin, « The antidepressant- and anxiolytic-like effects of resveratrol : Involvement of phosphodiesterase-4D inhibition », *Neuropharmacology*, 2019 ; 153 : 20 DOI : 10.1016/j. neuropharm.2019.04.022

Alexander Mok, Kay-Tee Khaw, Robert Luben, Nick Wareham, Soren Brage, « Physical activity trajectories and mortality : population based cohort study », *BMJ*, 2019 ; l2323 DOI : 10.1136/bmj. l2323

Bassel H. Al Wattar, Julie Dodds, Anna Placzek, Lee Beresford, Eleni Spyreli, Amanda Moore, Francisco J. Gonzalez Carreras, Frances Austin, Nilaani Murugesu, Tessa J. Roseboom, Maira Bes-Rastrollo, Graham A. Hitman, Richard Hooper, Khalid S. Khan, Shakila Thangaratinam, « Mediterranean-style diet in pregnant women with metabolic risk factors (ESTEEM) : A pragmatic multicentre randomised trial », *PLOS Medicine*, 2019 ; 16 (7) : e1002857 DOI : 10.1371/journal. pmed.1002857

Cruciani S, Santaniello S, Garroni G, Fadda A, Balzano F, Bellu E, Sarais G, Fais G, Mulas M, Maioli M, « *Myrtus* Polyphenols, from Antioxidants to Anti-Inflammatory Molecules : Exploring a Network Involving Cytochromes P450 and Vitamin D », *Molecules*, 2019 Apr 17 ; 24(8). pii : E1515. DOI : 10.3390/molecules24081515

Hennia A, Miguel MG, Nemmiche S, « Antioxidant Activity of *Myrtus communis* L. and *Myrtus nivellei* Batt. & Trab. Extracts : A Brief Review. », *Medicines (Basel)*. 2018 Aug 11 ; 5(3). pii : E89. DOI : 10.3390/medicines5030089

Petretto GL, Maldini M, Addis R, Chessa M, Foddai M, Rourke JP, Pintore G, « Variability of chemical composition and antioxidant activity of essential oils between Myrtus communis var. Leucocarpa DC and var. Melanocarpa DC. », *Food Chem*. 2016 Apr 15 ; 197(Pt A) : 124-31. DOI : 10.1016/j. foodchem.2015.10.056. Epub 2015 Oct 22.

Aleksic V, Knezevic P., « Antimicrobial and antioxidative activity of extracts and essential oils of Myrtuscommunis L. », *Microbiol Res*. 2014 Apr ; 169(4) : 240-54. DOI : 10.1016/j. micres.2013.10.003. Epub 2013 Oct 24.

Horvath S., « DNA methylation age of human tissues and cell types », *Genome Biol*. 2013 ; 14(10) : R115.

Bak TH, Nissan JJ, Allerhand MM, Deary IJ, « Does bilingualism influence cognitive aging ? », *Ann Neurol*. 2014 Jun ; 75(6) : 959-63. DOI : 10.1002/ana.24158. Epub 2014 Jun 2.

Kim J, Schlegel RJ, Seto E, Hicks JA, « Thinking about a new decade in life increases personal self-reflection : A replication and reinterpretation of Alter and Hershfield's (2014) findings », *J Pers Soc*

Psychol. 2019 Aug.117(2). e27-e34. DOI : 10.1037/pspp0000199. Epub 2018 Jun 28.

Larsen EG, « Commentary on : People search for meaning when they approach a new decade in chronological age », *Front Psychol.* 2015 Jun 9 ; 6 : 792. DOI : 10.3389/fpsyg.2015.00792. eCollection 2015.

Alter AL, Hershfield HE, « Reply to Kühne *et al.* : Still good evidence that people search for meaning when they approach a new decade in chronological age »,
Proc Natl Acad Sci USA. 2015 Mar 17 ; 112(11) : E1171. DOI : 10.1073/pnas.1500787112. Epub 2015 Feb 18.

Alter AL, Hershfield HE, « People search for meaning when they approach a new decade in chronological age », *Proc Natl Acad Sci USA.* 2014 Dec 2 ; 111(48) : 17066-70. DOI : 10.1073/pnas.1415086111. Epub 2014 Nov 17.

Sun, S., Liu, D. & Jiao, Z. « Coffee and caffeine intake and risk of urinary incontinence : a meta-analysis of observational studies », *BMC Urol* 16, 61 (2016) DOI : 10.1186/s12894-016-0178-y

Kevin J. Gries, Ulrika Raue, Ryan K. Perkins, Kaleen M. Lavin, Brittany S. Overstreet, *et al.* « Cardiovascular and skeletal muscle health with lifelong exercise », J Appl Physiol (1985). 2018 Nov 1 ; 125(5) : 1636-1645.doi : 10.1152/japplphysiol.00174.2018. Epub 2018 Aug 30.

Christian M Werner, Anne Hecksteden, Arne Morsch, Joachim Zundler, Melissa Wegmann, Jürgen Kratzsch, Joachim Thiery, Mathias Hohl, Jörg Thomas Bittenbring, Frank Neumann, Michael Böhm, Tim Meyer, Ulrich Laufs, « Differential effects of endurance, interval, and resistance training on telomerase activity and telomere length in a randomized, controlled study », *European Heart Journal*, Volume 40, Issue 1, 01 January 2019, Pages 34–46, https://doi.org/10.1093/eurheartj/ehy585

Bibliographie et références scientifiques

Chan YL, Wang B, Chen H, Ho KF, Cao J, Hai G, Jalaludin B, Herbert C, Thomas PS, Saad S, Oliver BGG, « Pulmonary inflammation induced by low-dose particulate matter exposure in mice », *Am J Physiol Lung Cell Mol Physiol.* 2019 Sep 1 ; 317(3) : L424-L430. DOI : 10.1152/ajplung.00232.2019. Epub 2019 Jul 31.

Donald K Ingram, « Blue Versus Gray : Potential Health Benefits of Blueberries for Successful Aging », *The Journals of Gerontology : Series A*, Volume 74, Issue 7, July 2019, Pages 965–966, https://doi.org/10.1093/gerona/glz094

Saldmann F, Viltard M, Leroy C, Friedlander G, « The Naked Mole Rat : A Unique Example of Positive Oxidative Stress », *Oxid Med Cell Longev.* 2019 Feb 7 ; 2019 : 4502819. DOI : 10.1155/2019/4502819. eCollection 2019.

Yee C, Yang W, Hekimi S., « The intrinsic apoptosis pathway mediates the pro-longevity response to mitochondrial ROS in C. elegans », *Cell.* 2014 May 8 ; 157(4) : 897-909. DOI : 10.1016/j.cell.2014.02.055

Poulain M, Herm A, « Centenarians' Marital History and Living Arrangements : Pathways to Extreme Longevity », *J Gerontol B Psychol Sci Soc Sci.* 2016 Jul ; 71(4) : 724-33. DOI : 10.1093/geronb/gbv082. Epub 2015 Sep 23.

Naimi M, Vlavcheski F, Shamshoum H, Tsiani E, « Rosemary Extract as a Potential Anti-Hyperglycemic Agent : Current Evidence and Future Perspectives », *Nutrients.* 2017 Sep 1 ; 9(9). pii : E968. DOI : 10.3390/nu9090968

Martínez-Rodríguez JL, Gutiérrez-Hernández R, Reyes-Estrada CA, Granados-López AJ, Pérez-Veyna O, Arcos-Ortega T, López JA, « Hepatoprotective, Antihyperlipidemic and Radical Scavenging Activity of Hawthorn (*Crataegus oxyacantha*) and Rosemary (*Rosmarinus officinalis*) on Alcoholic Liver Disease », *Altern Ther Health Med.* 2019 Jul ; 25(4) : 54-63.

On n'est jamais mieux soigné que par soi-même

Yee C, Yang W, Hekimi S, « The intrinsic apoptosis pathway mediates the pro-longevity response to mitochondrial ROS in C. elegans », *Cell.* 2014 May 8 ; 157(4) : 897-909. DOI : 10.1016/j. cell.2014.02.055

Pérez-Sánchez A, Barrajón-Catalán E, Ruiz-Torres V, Agulló-Chazarra L, Herranz-López M, Valdés A, Cifuentes A, Micol V, « Rosemary (*Rosmarinus officinalis*) extract causes ROS-induced necrotic cell death and inhibits tumor growth in vivo », *Sci Rep.* 2019 Jan 28 ; 9(1) : 808. DOI : 10.1038/s41598-018-37173-7

Ghasemzadeh Rahbardar M, Amin B, Mehri S, Mirnajafi-Zadeh SJ, Hosseinzadeh H, « Anti-inflammatory effects of ethanolic extract of *Rosmarinus officinalis L.* and rosmarinic acid in a rat model of neuropathic pain », *Biomed Pharmacother.* 2017 Feb ; 86 : 441-449. DOI : 10.1016/j. biopha.2016.12.049. Epub 2016 Dec 22.

Moore J, Yousef M, Tsiani E, « Anticancer Effects of Rosemary (*Rosmarinus officinalis L.*) Extract and Rosemary Extract Polyphenols », *Nutrients.* 2016 Nov 17 ; 8(11). pii : E731.

Elizabeth R. Pulgaron, Ashley N. Marchante, Yaray Agosto, Cynthia N. Lebron, and Alan M. Delamater, « Grandparent Involvement and Children's Health Outcomes : The Current State of the Literature », *Fam Syst Health.* 2016 Sep ; 34(3) : 260–269. Published online 2016 Aug 8. DOI : 10.1037/fsh0000212

James G. Herndon, « The Grandmother Effect : Implications for Studies on Aging and Cognition », *Gerontology.* 2010 Jan ; 56(1) : 73–79. Published online 2009 Sep 3. DOI : 10.1159/000236045

Deborah Cracknell, Mathew P. White, Sabine Pahl, Wallace J. Nichols, Michael H. Depledge, « Marine Biota and Psychological Well-Being : A Preliminary Examination of Dose – Response Effects in an Aquarium Setting », *Environ Behav.* 2016 Dec ; 48(10) : 1242-1269. Epub 2015 Jul 28.

Bibliographie et références scientifiques

Kwon YJ, Rho JH, Hwang J, Baek SH. « Unhappy End of "Happy Balloons" : Subacute Combined Degeneration Caused by Nitrous Oxide Gas », *J Clin Neurol.* 2018 Oct 26.

Egan W, Steinberg E, Rose J. « Vitamin B12 deficiency-induced neuropathy secondary to prolonged recreational use of nitrous oxide », *Am J Emerg Med.* 2018 Sep ; 36(9) : 1717.e1-1717.e2. DOI : 10.1016/j. ajem.2018.05.029

Molina MD, Bucca M, Macy MW, « It's not just how the game is played, it's whether you win or lose », *Sci Adv.* 2019 Jul 17 ; 5(7) : eaau1156. DOI : 10.1126/sciadv. aau1156. eCollection 2019 Jul.

Le Roy, Caroline I. *et al.* « Red Wine Consumption Associated With Increased Gut Microbiota α-diversity in 3 Independent Cohorts », *Gastroenterology.* 2019 Aug 28. pii : S0016-5085(19)41244-4. DOI : 10.1053/j. gastro.2019.08.024.

La magie du corps

Tinsley GM, La Bounty PM, « Effects of intermittent fasting on body composition and clinical health markers in humans », *Nutr Rev.* 2015 Oct ; 73(10) : 661-74. DOI : 10.1093/nutrit/nuv041. Epub 2015 Sep 15.

Cherif A, Roelands B, Meeusen R, Chamari K, « Effects of Intermittent Fasting, Caloric Restriction, and Ramadan Intermittent Fasting on Cognitive Performance at Rest and During Exercise in Adults », *Sports Med.* 2016 Jan ; 46(1) : 35-47. DOI : 10.1007/s40279-015-0408-6

Danielle R. Reed, Joel D. Mainland, Charles J. Arayata, « Sensory nutrition : The role of taste in the reviews of commercial food products », *Physiology & Behavior,* 2019 ; 112579 DOI : 10.1016/j.physbeh.2019.112579

Gillen JB, Martin BJ, MacInnis MJ, Skelly LE, Tarnopolsky MA, Gibala MJ, « Twelve Weeks of Sprint Interval Training Improves Indices of Cardiometabolic Health Similar to Traditional Endurance

Training despite a Five-Fold Lower Exercise Volume and Time Commitment », *PLoS One*, 2016 Apr 26 ; 11(4) : e0154075. DOI : 10.1371/journal. pone.0154075. eCollection 2016.

Gillen JB, Gibala MJ, « Is high-intensity interval training a time-efficient exercise strategy to improve health and fitness ? » *Appl Physiol Nutr Metab.* 2014 Mar ; 39(3) : 409-12. DOI : 10.1139/apnm-2013-0187. Epub 2013 Sep 27.

Trewin AJ, Parker L, Shaw CS, Hiam DS, Garnham A, Levinger I, McConell GK, Stepto NK, « Acute HIIE elicits similar changes in human skeletal muscle mitochondrial H_2O_2 release, respiration, and cell signaling as endurance exercise even with less work », *Am J Physiol Regul Integr Comp Physiol.* 2018 Nov 1 ; 315(5) : R1003-R1016. DOI : 10.1152/ajpregu.00096.2018. Epub 2018 Sep 5.

Fei Gao, Gaoyu Liu, Brendon Lik-Hang Chung, Hugo Hung-Tin Chan, Wei-Hsin Liao, « Macro fiber composite-based energy harvester for human knee », *Applied Physics Letters*, 2019 ; 115 (3) : 033901 DOI : 10.1063/1.5098962

Camilo Mora, Chelsie W. W. Counsell, Leo V. Louis, « Twenty-Seven Ways a Heat Wave Can Kill You : Deadly Heat in the Era of Climate Change », *Circ Cardiovasc Qual Outcomes.* 2017 Nov ; 10(11). pii : e004233. DOI : 10.1161/CIRCOUTCOMES.117.004233

Werner CM, Hecksteden A, Morsch A, Zundler J, Wegmann M, Kratzsch J, Thiery J, Hohl M, Bittenbring JT, Neumann F, Böhm M, Meyer T, Laufs U, « Differential effects of endurance, interval, and resistance training on telomerase activity and telomere length in a randomized, controlled study », *Eur Heart J.* 2019 Jan 1 ; 40(1) : 34-46. DOI : 10.1093/eurheartj/ehy585

Kanchanasamut W, Pensri P, « Effects of weight-bearing exercise on a mini-trampoline on foot mobility, plantar pressure and sensation of diabetic neuropathic feet ; a preliminary study »,

Bibliographie et références scientifiques

Diabet Foot Ankle. 2017 Feb 20 ; 8(1) : 1287239. DOI : 10.1080/2000625X.2017.1287239. eCollection 2017.

Nuhu JM, Maharaj SS, « Influence of a mini-trampoline rebound exercise program on insulin resistance, lipid profile and central obesity in individuals with type 2 diabetes », *J Sports Med Phys Fitness.* 2018 Apr ; 58(4) : 503-509. DOI : 10.23736/S0022-4707.17.07120-1. Epub 2017 Mar 1.

Araújo CG, de Souza Guerino Macedo C, Ferreira D, Shigaki L, da Silva RA, « Mcconnell's patellar taping does not alter knee and hip muscle activation differences during proprioceptive exercises : A randomized placebo-controlled trial in women with patellofemoral pain syndrome », *J Electromyogr Kinesiol.* 2016 Dec ; 31 : 72-80. DOI : 10.1016/j. jelekin.2016.09.006. Epub 2016 Sep 21.

Cugusi L, Manca A, Serpe R, Romita G, Bergamin M, Cadeddu C, Solla P, Mercuro G ; Working Group of Gender Cardiovascular Disease of the Italian Society of Cardiology, « Effects of a mini-trampoline rebounding exercise program on functional parameters, body composition and quality of life in overweight women », *J Sports Med Phys Fitness.* 2018 Mar ; 58(3) : 287-294. DOI : 10.23736/S0022-4707.16.06588-9. Epub 2016 Jul 21.

Martins Cunha R, Raiana Bentes M, Araújo VH, DA Costa Souza MC, Vasconcelos Noleto M, Azevedo Soares A Jr, Machado Lehnen A, « Changes in blood glucose among trained normoglycemic adults during a mini-trampoline exercise session », *J Sports Med Phys Fitness.* 2016 Dec ; 56(12) : 1547-1553. Epub 2016 Jan 20.

Sukkeaw W, Kritpet T, Bunyaratavej N, « A Comparison between the Effects of Aerobic Dance Training on Mini-Trampoline and Hard Wooden Surface on Bone Resorption, Health-Related Physical Fitness, Balance, and Foot Plantar Pressure in Thai Working Women », *J Med Assoc Thai.* 2015 Sep ; 98 Suppl 8 : S58-64.

De Oliveira MR, Da Silva RA, Dascal JB, Teixeira DC, « Effect of different types of exercise on postural balance in elderly women : a randomized controlled trial », *Arch Gerontol Geriatr*. 2014 Nov-Dec ; 59(3) : 506-14. DOI : 10.1016/j. archger.2014.08.009. Epub 2014 Aug 24.

Karakollukçu M, Aslan CS, Paoli A, Bianco A, Sahin FN, « Effects of mini trampoline exercise on male gymnasts' physiological parameters : a pilot study », *J Sports Med Phys Fitness*. 2015 Jul-Aug ; 55(7-8) : 730-4. Epub 2014 Jun 12.

Miklitsch C, Krewer C, Freivogel S, Steube D, « Effects of a predefined mini-trampoline training programme on balance, mobility and activities of daily living after stroke : a randomized controlled pilot study », *Clin Rehabil*. 2013 Oct ; 27(10) : 939-47. DOI : 10.1177/0269215513485591. Epub 2013 Jul 1.

Aragão FA, Karamanidis K, Vaz MA, Arampatzis A, « Mini-trampoline exercise related to mechanisms of dynamic stability improves the ability to regain balance in elderly », *J Electromyogr Kinesiol*. 2011 Jun ; 21(3) : 512-8. DOI : 10.1016/j. jelekin.2011.01.003. Epub 2011 Feb 8.

Bazopoulou D, Knoefler D, Zheng Y, Ulrich K, Oleson BJ, Xie L, Kim M, Kaufmann A, Lee YT, Dou Y, Chen Y, Quan S, Jakob U, « Developmental ROS individualizes organismal stress resistance and lifespan », *Nature*. 2019 Dec 4. DOI : 10.1038/s41586-019-1814-y

Un cerveau Formule 1

Brigham Young University, « Are Siri and Alexa making us ruder ? Study of 274 adults finds the answer – for now », *ScienceDaily*, 15 August 2019.

Seitz BM, Polack CW, Miller RR, « Adaptive memory : Is there a reproduction-processing effect ? », *J Exp Psychol Learn Mem Cogn*,

2018 Aug ; 44(8) : 1167-1179. DOI : 10.1037/xlm0000513. Epub 2017 Dec 14.

Strubel J, Petrie TA, « Love me Tinder : Body image and psychosocial functioning among men and women », *Body Image*. 2017 Jun ; 21 : 34-38. DOI : 10.1016/j. bodyim.2017.02.006. Epub 2017 Mar 8.

Michael E. Nizhnikov et al. « Transgenerational Transmission of the Effect of Gestational Ethanol Exposure on Ethanol Use-Related Behavior », Alcoholism : *Clinical and Experimental Research* (2016). DOI : 10.1111/acer.12978

Panos Athanasopoulos, Emanuel Bylund, and Daniel Casasanto, Guillaume Thierry, « Neurolinguistic Relativity : How Language Flexes Human Perception and Cognition », *Lang Learn*. 2016 Sep ; 66(3) : 690–713.Published online 2016 Jun 19. DOI : 10.1111/lang.12186

Braun Janzen T, Al Shirawi MI, Rotzinger S, Kennedy SH, Bartel L, « A Pilot Study Investigating the Effect of Music-Based Intervention on Depression and Anhedonia », *Front Psychol*. 2019 May 8 ; 10 : 1038. DOI : 10.3389/fpsyg.2019.01038. eCollection 2019.

Konečná K, Lyčka M, Nohelová L, Petráková M, Fňašková M, Koriťáková E, Sováková PP, Brabencová S, Preiss M, Rektor I, Fajkus J, Fojtová M, « Holocaust history is not reflected in telomere homeostasis in survivors and their offspring », *J Psychiatr Res*. 2019 Jun 25 ; 117 : 7-14. DOI : 10.1016/j. jpsychires.2019.06.018.

Velazquez R, Ferreira E, Winslow W, Dave N, Piras IS, Naymik M, Huentelman MJ, Tran A, Caccamo A, Oddo S, « Maternal choline supplementation ameliorates Alzheimer's disease pathology by reducing brain homocysteine levels across multiple generations », *Mol Psychiatry*. 2019 Jan 8. DOI : 10.1038/s41380-018-0322-z

Kasper S, Gastpar M, Müller WE, Volz HP, Möller HJ, Schläfke S, Dienel A, « Lavender oil preparation Silexan is effective in generalized anxiety disorder-a randomized, double-blind comparison to placebo and paroxetine », *Int J Neuropsychopharmacol.* 2014 Jun ; 17(6) : 859-69. DOI : 10.1017/S1461145714000017. Epub 2014 Jan 23.

Goyal MS, Blazey TM, Su Y, Couture LE, Durbin TJ, Bateman RJ, Benzinger TL, Morris JC, Raichle ME, Vlassenko AG, « Persistent metabolic youth in the aging female brain », *Proc Natl Acad Sci USA.* 2019 Feb 19 ; 116(8) : 3251-3255. DOI : 10.1073/pnas.1815917116. Epub 2019 Feb 4.

Burton AM, Jenkins R, Robertson DJ, « I recognise your name but I can't remember your face : An advantage for names in recognition memory », *Q J Exp Psychol (Hove).* 2018 Nov 14 : 1747021818813081. DOI : 10.1177/1747021818813081.

Koban L, Jepma M, Geuter S, Wager TD, « What's in a word ? How instructions, suggestions, and social information change pain and emotion », *Neurosci Biobehav Rev.* 2017 Oct ; 81(Pt A) : 29-42. DOI : 10.1016/j. neubiorev.2017.02.014

La nuit, la santé s'appelle sommeil

Christine E Spadola, Na Guo, Dayna A Johnson, Tamar Sofer, Suzanne M Bertisch, Chandra L Jackson, Michael Rueschman, Murray A Mittleman, James G Wilson, Susan Redline, « Evening intake of alcohol, caffeine, and nicotine : night-to-night associations with sleep duration and continuity among African Americans in the Jackson Heart Sleep Study », *Sleep*, 2019. DOI : 10.1093/sleep/zsz136

Shahab Haghayegh, Sepideh Khoshnevis, Michael H. Smolensky, Kenneth R. Diller, Richard J. Castriotta, « Before-bedtime passive body heating by warm shower or bath to improve sleep : A systematic review and meta-analysis », *Sleep Medicine Reviews*, 2019 ; 46 : 124 DOI : 10.1016/j. smrv.2019.04.008

Morris NB, English T, Hospers L, Capon A, Jay O, « The Effects of Electric Fan Use Under Differing Resting Heat Index Conditions :

Bibliographie et références scientifiques

A Clinical Trial », *Ann Intern Med.* 2019 Aug 6. DOI : 10.7326/M19-0512

Yu-Ru Lee, Ming Chen, Jonathan D. Lee, Jinfang Zhang, Shu-Yu Lin, Tian-Min Fu, Hao Chen, *et al.*, « Reactivation of PTEN tumor suppressor for cancer treatment through inhibition of a MYC-WWP1 inhibitory pathway », *Science* 17 May 2019 : Vol. 364, Issue 6441, eaau0159. DOI : 10.1126/science. aau0159

Lisjak M, Teklić T, Wilson ID, Wood M, Whiteman M, Hancock JT, « Hydrogen sulfide effects on stomatal apertures », *Plant Signal Behav.* 2011 Oct ; 6(10) : 1444-6. DOI : 10.4161/psb.6.10.17104. Epub 2011 Oct 1.

D'Araio E, Shaw N, Millward A, Demaine A, Whiteman M, Hodgkinson A, « Hydrogen sulfide induces heme oxygenase-1 in human kidney cells », *Acta Diabetol.* 2014 Feb ; 51(1) : 155-7. DOI : 10.1007/s00592-013-0501-y. Epub 2013 Jul 13.

Zhou J, Liu D, Li X, Ma J, Zhang J, Fang J, « Pink noise : effect on complexity synchronization of brain activity and sleepconsolidation », *J Theor Biol.* 2012 Aug 7 ; 306 : 68-72. DOI : 10.1016/j.jtbi.2012.04.006. Epub 2012 Apr 25.

Jones SE, Lane JM, Wood AR, *et al.*, « Genome-wide association analyses of chronotype in 697,828 individuals provides insights into circadian rhythms », *Nat Commun.* 2019 Jan 29 ; 10(1) : 343. DOI : 10.1038/s41467-018-08259-7.

Facer-Childs ER, Campos BM, Middleton B, Skene DJ, Bagshaw AP, « Circadian phenotype impacts the brain's resting-state functional connectivity, attentional performance, and sleepiness », *Sleep.* 2019 May 1 ; 42(5). pii : zsz033. DOI : 10.1093/sleep/zsz033.

Facer-Childs ER, Middleton B, Skene DJ, Bagshaw AP, « Resetting the late timing of "night owls" has a positive impact on mental health and performance », *Sleep Med.* 2019 Aug ; 60 : 236-247. DOI : 10.1016/j. sleep.2019.05.001. Epub 2019 May 10.

Eti Ben Simon and Matthew P. Walker, « Sleep loss causes social withdrawal and loneliness », *Nat Commun* 9, 3146 (2018) DOI : 10.1038/s41467-018-05377-0

Heenam Yoon, Sang Ho Choi, Sang Kyong Kim, Hyun Bin Kwon, Seong Min Oh, Jae-Won Choi, Yu Jin Lee, Do-Un Jeong, and Kwang Suk Park, « Human Heart Rhythms Synchronize While Co-sleeping », *Front Physiol.* 2019 ; 10 : 190. Published online 2019 Mar 11. DOI : 10.3389/fphys.2019.00190

Sanders R, « Disrupted sleep in one's 50s, 60s raises risk of Alzheimer's disease. Protein tangles in the aging brain throw sleep rhythms out of sync, likely leading to memory loss », Berkeley, California : University of California, Berkeley ; June 26, 2019.

Park YM, White AJ, Jackson CL, Weinberg CR, Sandler DP, « Association of Exposure to Artificial Light at Night While Sleeping With Risk of Obesity in Women », *JAMA Intern Med.* 2019 Jun 10. DOI : 10.1001/jamainternmed.2019.0571.

Kalmbach D, Arnedt JT, Pillai V, Ciesla JA, « The impact of sleep on female sexual response and behavior : a pilot study », *J Sex Med.* 2015 May ; 12(5) : 1221-32. DOI : 10.1111/jsm.12858. Epub 2015 Mar 16.

Mishra AK, van Ruitenbeek AM, Loomans MGLC, Kort HSM, « Window/door opening-mediated bedroom ventilation and its impact on sleep quality of healthy, young adults », *Indoor Air.* 2018 Mar ; 28(2) : 339-351. DOI : 10.1111/ina.12435. Epub 2017 Nov 21.

Anke Hüls, Dorothee Sugiri, Michael, J Abramson, Barbara Hoffmann, Ursula Krämer, Tamara Schikowski, « Benefits of improved air quality on the aging lungs », *European Respiratory Journal* 2018 52 : PA5073 ; DOI : 10.1183/13993003.congress-2018.PA5073

Bibliographie et références scientifiques

Park SH, Mattson RH, « Ornamental indoor plants in hospital rooms enhanced health outcomes of patients recovering from surgery », *J Altern Complement Med.* 2009 Sep ; 15(9) : 975-80. DOI : 10.1089/acm.2009.0075.

Sawada, Ayako, Yoshida, Taketoshi, Kuroda, Hiroyuki, Oyabu, Takashi, Takenaka, Kozaburo, « Purification Effects of Golden Pothos and Peace Lily for Indoor Air-Pollutants and its Application to a Real Environment », *IEEJ Transactions on Sensors and Micromachines* 125(3) : 118-123. January 2005.

Field T, Field T, Cullen C, Largie S, Diego M, Schanberg S, Kuhn C, « Lavender bath oil reduces stress and crying and enhances sleep in very young infants », *Early Hum Dev.* 2008 Jun ; 84(6) : 399-401. Epub 2007 Nov 28.

Kamalifard M, Farshbaf-Khalili A, Namadian M, Ranjbar Y, Herizchi S, « Comparison of the effect of lavender and bitter orange on sleep quality in postmenopausal women : A triple-blind, randomized, controlled clinical trial », *Women Health* 2018 Sep ; 58(8) : 851-865. DOI : 10.1080/03630242.2017.1353575. Epub 2017 Aug 25.

O'Malley PA, « Lavender for Sleep, Rest, and Pain : Evidence for Practice and Research », *Clin Nurse Spec.* 2017 Mar/Apr ; 31(2) : 74-76. DOI : 10.1097/NUR.0000000000000273.

Stephen Bent, MD, Amy Padula, MS, Dan Moore, PhD, Michael Patterson, MS, and Wolf Mehling, MD, « Valerian for Sleep : A Systematic Review and Meta-Analysis », *Am J Med.* 2006 Dec ; 119(12) : 1005–1012. DOI : 10.1016/j.amjmed.2006.02.026

Mishra AK, van Ruitenbeek AM, Loomans MGLC, Kort HSM, « Window/door opening-mediated bedroom ventilation and its impact on sleep quality of healthy, young adults », *Indoor Air.* 2018 Mar ; 28(2) : 339-351. DOI : 10.1111/ina.12435. Epub 2017 Nov 21.

Jones RD, Jackson WB 2nd, Mazzei A, Chang AM, Buxton OM, Jackson CL, « Ethnoracial sleep disparities among college students living in dormitories in the United States : a nationally representative study », *Sleep Health.* 2019 Nov 20. pii : S2352-7218(19)30219-0. DOI : 10.1016/j. sleh.2019.10.005.

Stock AA, Lee S, Nahmod NG, Chang AM, « Effects of sleep extension on sleep duration, sleepiness, and blood pressure in college students », *Sleep Health.* 2019 Nov 16. pii : S2352-7218(19)30217-7. DOI : 10.1016/j. sleh.2019.10.003.

Ness KM, Strayer SM, Nahmod NG, Schade MM, Chang AM, Shearer GC, Buxton OM. « Four nights of sleep restriction suppress the postprandial lipemic response and decrease satiety », *J Lipid Res.* 2019 Nov ; 60(11) : 1935-1945. DOI : 10.1194/jlr. P094375. Epub 2019 Sep 4.

Bonheur

Matthew A. Killingsworth, Daniel T. Gilbert, « A Wandering Mind Is an Unhappy Mind », *Science* 12 Nov 2010 : Vol. 330, Issue 6006, pp. 932. DOI : 10.1126/science.1192439

Collins E, Cox A, Wilcock C, Sethu-Jones G, « Digital Games and Mindfulness Apps : Comparison of Effects on Post Work Recovery », *JMIR Ment Health.* 2019 Jul 18 ; 6(7) : e12853. DOI : 10.2196/12853.

Johan Bollen, Bruno Gonçalves, Ingrid van de Leemput, Guangchen Ruan, « The happiness paradox : your friends are happier than you », *EPJ Data Sci.* 6, 4 (2017) DOI : 10.1140/epjds/s13688-017-0100-1

Zachary Adolph Niese, Lisa K. Libby, Richard P. Eibach, Clare Carlisle, « I can see myself enjoying that : Using imagery perspective to circumvent bias in self-perceptions of interest », *Journal of Experimental Psychology : General*, 2019 ; DOI : 10.1037/xge0000612

Bibliographie et références scientifiques

University of Hertfordshire, « Happiness : it's not in the jeans », *ScienceDaily*, 8 March 2012. www.sciencedaily.com/releases/2012/03/120308062537.htm

Y-Hassan S, « Clinical Features and Outcome of Pheochromocytoma-Induced TakotsuboSyndrome : Analysis of 80 Published Cases », *Am J Cardiol.* 2016 Jun 1 ; 117(11) : 1836-44. DOI : 10.1016/j.amjcard.2016.03.019. Epub 2016 Mar 19.

Cammann VL, Templin C, « Clinical Features and Outcomes of Patients With Malignancy and TakotsuboSyndrome : Observations From the International Takotsubo Registry », *J Am Heart Assoc.* 2019 Aug 6 ; 8(15) : e010881. DOI : 10.1161/JAHA.118.010881. Epub 2019 Jul 17.

Remerciements

Pour leurs avis scientifiques, leurs conseils avisés, et surtout pour leur fidèle amitié qui m'a accompagné pendant l'écriture de ce livre, je tiens à remercier chez Plon mon éditeur Thierry Billard, Sophie Charnavel, Grégoire Arseguel, Caroline Babulle, Marie-Laure Nolet, Cécile Kilburg, l'équipe des correctrices et Deborah Vedel, ainsi que Michèle Benbunan et Sofia Bengana chez Editis. Mais aussi le Pr Gérard Friedlander, le Pr Michèle Vialette, le Pr Selim Aratingui, le Pr Emmanuel Messas, le Pr Anh Tuan Dinh Xuan, le Pr Romain Coriat, le Pr Emmanuel Masméjean, le Pr Nicolas Thioun, le Pr Fabrice Bonnet, le Pr François Rannou, le Pr Michel Lejoyeux, le Pr Stéphane Oudard, le Pr Denis Allemand, le Dr Laurent Abramowitz, Bernard Werber, Léonie James, Hugo, Antonin, Sixtine, Manon et Marie Saldmann.

Table

Recommandations	9
Prologue	11

Première partie
Maigrir

La nouvelle zone pondérale	15
Cessez d'être votre propre boulet	19
Les règles du bien-manger, une question de plaisir	19
Manger en pleine conscience	20
Maigrir, c'est du gâteau !	22
Suis-je en surpoids ?	22
Quels sont les risques liés à l'obésité ?	23
Les régimes, un cercle vicieux	24
Les nouvelles approches de la perte de poids : l'aliment plaisir	25
Un gâteau en entrée !	26
Déculpabilisez !	27
Du gâteau, oui, mais à la fourchette !	28
Quel gâteau choisir ?	29
Le gâteau aux plantes	29
Le gâteau coupe-faim au chocolat	31

On n'est jamais mieux soigné que par soi-même

La satiété jusqu'à plus soif 33
   L'eau « qui fait maigrir » 33
   Quand la faim dirige 34
   L'expérience épinards 34

Vérifiez vos plaquettes de frein pour éviter l'accident 36
   L'alcool, l'ennemi numéro un 36
   À consommer avec modération 37

Les Japonais, champions du monde
de la lutte contre l'obésité 39
   « Laver les calories » des aliments avant de les manger 39
   Abuser du thé vert 41
   Mon conseil minceur : la recette double effet 42

Rangez votre cuisine, et vite ! 43
   Pour éviter de grossir... 43
   ... et pour contrôler ses pulsions alimentaires 43
   Vider ses placards pour mieux les remplir 44

Les papilles gustatives, nos alliées pour maigrir 46
   La langue, l'organe du goût 46
   Des papilles gustatives existent ailleurs 47
   Le goût des aliments sains, c'est bon pour le moral ! 48
   Goût et surpoids 48

Le jeûne nu 49
   Le nouveau jeûne séquentiel 50
   Un jeûne qu'il faut strict 50
   Jeûner, c'est être libre 52
   Jeûne séquentiel, tour de taille et ventre plat 54
   Des souris et des hommes 55
   Le jeûne séquentiel rend heureux 55
   Le jeûne, un excellent anti-âge 56
   Le jeûne comme prévention du diabète de type 2 56

Table

Quel repas supprimer ?	57
Un repas par jour ?	57
Faire pénitence	59
Dix heures pour s'alimenter	60
À la bonne heure !	60
Savoir briser le jeûne pour mieux le reprendre ensuite	62

Les nouveaux jeûnes sélectifs 63

L'aliment miracle n'existe pas	64
L'expérience du café	65
Exercice pratique : arrêter le sel	65
Osez bannir d'autres produits	66
L'avocat me fait mentir	67

Objectif ventre plat 69

Le sel, star de la gonflette	69
Le cumin : une épice moderne	70
La menthe poivrée, chef d'orchestre de la digestion	71

Six conseils pour maîtriser son poids 73

« Dis-moi comment tu te tiens, je te dirai ce que tu manges »	73
Que se passe-t-il en cas d'orage calorique inhabituel ?	74
Ces stress qui font grossir	74
Vraiment bon, le poisson ?	76

Mon intime conviction 77

On n'est jamais mieux soigné que par soi-même

Deuxième partie
Jeux sérieux pour adultes
Leçon de médecine très particulière

À sexe vaillant, rien d'impossible 85

La sexualité, de la puberté à 40 ans 85
La façon de marcher traduit la qualité de l'érection 86
La sexualité de 40 à 120 ans... 87
Facile comme un timbre-poste 88
Les interrupteurs de l'excitation 89

Quand la machine s'enraye… 90

Les aliments aphrodisiaques 91
De belles noix dans le slip 92
Booster l'érection sans médicament ?
Mangez sainement et faites de l'exercice... 92
... et lâchez vos écrans ! 93
Panne sexuelle et attrait de la nouveauté 94
Parlons technique : la méthode du « bourrage » 95
L'âge avance, les envies évoluent 96
Passer du mode sympathique
au mode parasympathique 97
Un café, l'addition ? Non : un dessert d'abord ! 99
Les bonheurs de l'after-sex 100

Le royaume mystérieux des odeurs corporelles 102

Notre odeur, notre identité 102
Sentir avec les doigts 103
Odorat altéré, santé fragilisée 103
Le langage des odeurs corporelles 104
L'odeur des larmes 105
Les odeurs des poignées de main 105

Table

Des petites fuites aux petites hontes 107

L'incontinence urinaire :
un sujet à prendre très au sérieux 108
Incontinence urinaire, la double peine 109
Musclons le périnée pour éviter les fuites 110
Préservons la vessie pour contrôler notre continence 110
Anus pas horribilis 111
Assumer sa sexualité
tout en prenant soin de soi/de son anus 112

Ensemble maintenir la flamme 116

Les secrets de l'orgasme féminin 117
La chimie de l'orgasme 118
Prédispositions physiques 118
Orgasme vaginal ou clitoridien ? 119
Le sérum de vérité 119
Sexualité : l'ouverture vers sa liberté intérieure 120
Branchez-vous sur la bonne fréquence sexuelle 121
Quand l'excitation précède le désir 121
Un espoir pour les troubles de la libido 122

Quand la sexualité interroge 124

Le sexe et l'argent 124
Faire l'amour pour maigrir ?
Oui, mais pas comme on le pense 125
De belles dents pour une sexualité magnifique 126

TROISIÈME PARTIE
L'hygiène ciblée

Les réservoirs cachés de microbes
qui déclenchent des maladies 127

Les doigts dans le nez 131

Se curer le nez, un geste santé ? 131

On n'est jamais mieux soigné que par soi-même

Ne vous curez pas le nez avec des doigts sales	132
On ne mange pas !	133
S'arracher les poils du nez : attention danger	133
Bien se curer le nez, tout un art	134
Le grand ménage nasal	135

Culottes et jeans 137

Déculottée toute la nuit	137
Épilation intégrale et jean trop serré, le cocktail détonnant	138

Les menaces contre l'hygiène sont partout 140

Crédit de microbes illimité : les cartes bancaires	140
Le sale menu	141
Les habitacles des voitures, viviers de microbes	142
La solution : « Citron express »	142
Les bracelets douteux	144
Les risques pris sans le savoir	145
Le téléphone portable, c'est très personnel	146
Ne coupez pas le film avant la fin	147
Ne vous éternisez pas non plus	148
Dans un premier temps, oubliez le chronomètre	149
Dans un couple, on aime échanger les microbes	149
La barbe à papa	150
Les salades qui rendent malades	151

QUATRIÈME PARTIE
Rester jeune

Avoir, à 70 ans, le corps d'une personne de 40 ans ?
Ce miracle ne tient qu'à vous ! 155

Les secrets du vieillissement... 159

Âge chronologique, âge réel ou âge immunitaire ?	159
Le capital immunitaire, ça s'entretient	160
Le miracle d'Okinawa	160

Table

Nos organes ne vieillissent pas à la même vitesse 161
Les seins vieillissent plus vite, le cœur moins 161
Parler plusieurs langues pour rester jeune ! 162

Bougez ! 163

Une incroyable découverte 163
L'élixir de jeunesse existe ! 164
L'exercice physique à jeun 165
L'âge biologique, une question de souplesse 165

Des haltères pour ne pas s'altérer trop vite 167

Un investissement pour un avenir en forme 167
Un programme adapté à tous 168
*Entretenir sa forme musculaire
afin de vivre plus longtemps* 169
Des vertus thérapeutiques 169
L'importance du mental dans la longévité 169
Séance de rattrapage 170

Les limites du corps humain 171

La fréquence cardiaque, un indicateur fiable 171
Aller au-delà de ses limites sans courir de risque 172
Progresser chaque jour un peu plus 172
La « compète » espagnole 173
Surtout ne jamais se démotiver 174

L'autre dimension de la longévité 175

Le temps s'accélère avec les années 175
Vivre dans le présent 176
29, 39, 49, 59, 69, 79 ans... des anniversaires surprenants 177

Le lâcher-prise, un excellent anti-âge 179

Retrouver un rire d'enfant 179
Les effets de la méditation 180
Pensez à ce que vous faites 181

*Arriver au même résultat
que la méditation... sans la pratiquer* 181
Quand la méditation stresse plus qu'elle ne détend 182
Le juste équilibre 183
Agir en pleine conscience 183

Éloge de la lenteur : l'exemple du corail 184

Prendre exemple sur la nature 184
Les coraux : définition 185
Un demi-degré qui fait la différence 186
La fascinante observation des coraux 187
Les coraux, précurseurs du clonage 187
Un système immunitaire mystérieux 188
La philosophie des coraux 189

Cinquième partie
La magie du corps

Savoir faire jaillir sa puissance intérieure 191

Le droit du corps 197

L'avenir de la santé est entre nos mains 197
Un cadeau de 30 minutes par jour 198
Devenez votre propre coach 199

Est-il utile de faire 10 000 pas par jour ? 200

Comptez vos pas ? Comptez sur vous ! 201
Pourquoi 10 000 pas ? 202
Avec 4 400 pas, vous avez déjà tout bon 202
La formule miracle 203
4 400 pas, mais aussi du vélo, de la natation... ou du golf ! 203
Marcher lentement est le signe d'un vieillissement accéléré 204
Salade et dessert 205
Ce qui se voit à l'intérieur se verra à l'extérieur 205
Avec l'âge, accélérez ! 206
Le matin ou le soir ? 207
Ce qui ne nous détruit pas nous rend plus fort 208

Table

L'ultime secret de Léonard de Vinci 210
   À l'origine de la découverte du 79ᵉ organe 211
   Consacrez du temps à votre abdomen 212
   Mon conseil : en faire un rituel 213
   Léonard : un message d'avenir 214

SIXIÈME PARTIE
Un cerveau Formule 1

Les mystères de l'esprit 215
Les freins à l'expression de notre puissance cérébrale 219
   Ces 11 secondes qui privent de liberté 219
   Les vertus de l'échec 220
   L'âge à partir duquel on vieillit dépend de nous 220
   La puissance de la créativité
   n'est pas réservée aux jeunes 221
   Les pics de canicule abîment le cerveau 222
   Se protéger des canicules
   en suivant des exemples millénaires 223

Les coulisses de la mémoire 225
   L'utérus, un organe mémoriel 225
   Je me souviens des visages mais pas des noms... 226
   Le thé vert contre Alzheimer 227
   Le pouvoir du papier 228
   Associer activité physique et intellectuelle, le duo gagnant 229
   La maternité : la mémoire dans la peau 229

La puissance du mental 231
   Diminuer la douleur par la force du mental 231
   Notre état d'esprit peut nous protéger
   ou nous détruire 232
   Ce qui se passe chez ceux qui marchent
   sur des charbons ardents 232

On n'est jamais mieux soigné que par soi-même

Le mal combat le mal	233
Les nouveaux systèmes de détection pour se protéger des AVC	234

Septième partie
La nuit, la santé s'appelle sommeil

Comment bien dormir	237
Mettre tous les atouts de son côté pour une nuit réparatrice	241
Un bon bain et au lit	241
Le mystérieux bruit rose	243
Des cœurs à l'unisson pour bien dormir	244
Ceux qui sont du matin marquent des points	244
Un coup de marteau sur le réveille-matin	245
Les 43 minutes qui changent tout	246
Les positions pour bien dormir	246
Les plantes et le sommeil	247
Le marchand de sable est passé...	248
Les mauvaises habitudes à éradiquer pour dormir comme un bébé	249
Dormir avec une petite lumière dans la chambre ferait grossir	249
Les oiseaux de nuit dépriment	250
Les dangers des nuits fragmentées	251
La cigarette du condamné aux insomnies : l'heure où il ne faut jamais l'allumer	252
Ne pas assez dormir perturbe les centres de décision	252
Les gaz dans la chambre à coucher	253
Les gaz nocturnes nous concernent tous	253
Les mauvais côtés du gaz carbonique	254
Les plantes et le sommeil (suite)	255

Table

Libérer des gaz en dormant augmente-t-il la pollution de la chambre ?	256
L'étrange effet des gaz intestinaux	256
Le brocoli, malodorant mais anticancer efficace	257
Quand et comment manger du brocoli ?	258

HUITIÈME PARTIE
Les médecines du bout du monde

Comment vivre mieux en regardant ailleurs	259
Ce que nous enseignent nos gènes	263
Un code génétique unique	263
Le destin génétique n'existe pas	264
Un dépistage précoce pour une meilleure prise en charge	264
Une avancée technologique : CRISPR-Cas9	265
L'ayurvédique : une pratique millénaire d'actualité	266
L'harmonie	266
L'approche ayurvédique	267
La puissance des énergies	268
Les principes fondamentaux	269
Passer l'environnement au crible	269
L'exemple de l'obésité	270
Le cas du diabète	270
Être riche et se sentir riche	271
Apprenons à apprécier ce que nous possédons	272
Vivre d'amour et d'eau fraîche, mais où ?	274
Les bienfaits de l'altitude	274
Respirer l'air pur	275
Le paradoxe de l'oxygène	276
L'altitude augmente, les flatulences aussi	277

L'énigme de la Sardaigne 278

    Une activité physique régulière 279
    Deuxième point commun :
    l'effet grand-mère 279
    Troisième point commun : la communauté 280
    Quatrième point commun : le régime alimentaire 281
    Cinquième point commun : le vin rouge local 282
    Vin rouge et santé : une nouvelle découverte 283
    Sixième point commun : l'arbre de Marie 283
    Septième point commun : le myrte 284
    Huitième point commun : la bienveillance 284
    Dernier point commun : l'air pur 285

Neuvième partie
The Ten Commandments Code

Tu ne te feras pas de sculpture sacrée ni de représentation
de ce qui est en haut dans le ciel, en bas sur la terre
et dans l'eau plus bas que la terre 291

    Préserver la spiritualité individuelle 291
    Le plaisir de l'imaginaire 292
    La saveur de l'irrationnel 292

Tu n'auras qu'un seul Dieu 294

    L'héritage épigénétique 295
    Ce que vous mangez peut impacter
    jusqu'à vos arrière-petits-enfants 297

Tu ne tueras point 298

    L'enfant qui est en toi 298
    Toi-même 298
    Les autres après ta propre mort 299
    Des idées 300

Table

Tu ne voleras point.. 301

Tu ne seras pas jaloux.. 302
   Les ressorts d'un sentiment dévastateur 302
   La jalousie, un handicap au bonheur.................................. 303
   Les ravages du stress chez les malades du cancer............... 303

Tu ne commettras pas d'adultère.. 305

Tu n'invoqueras pas le nom du Seigneur,
ton Dieu, pour le mal... 307

Le septième jour est le jour de repos 309

Tu ne porteras pas de faux témoignage contre ton prochain ... 312

Honore ton père et ta mère,
afin d'avoir longue vie sur la terre
que te donne le Seigneur ton Dieu 314
   Grandir dans l'amour inconditionnel
   de nos parents 314
   Le deuil impossible ? 315
   Honorer leur mémoire 315
   Passer outre les désaccords... 315
   L'instinct maternel 316
   L'héritage enchanteur 317

Épilogue. Devenez votre ange gardien.................................. 319

Bibliographie et références scientifiques............................... 323

Remerciements 351

Pour en savoir plus
sur les Éditions Plon
(catalogue, auteurs, vidéos, actualités…),
vous pouvez consulter
www.plon.fr
www.lisez.com

et nous suivre sur les réseaux sociaux

 Editions Plon

 @EditionsPlon

 @editionsplon

L'Éditeur de cet ouvrage s'engage
pour la préservation de l'environnement
et utilise du papier issu de forêts gérées
de manière responsable.

Achevé d'imprimer en décembre 2019

Imprimé en France par CPI
en janvier 2020

N° d'impression : 3036885